utb 5267

Eine Arbeitsgemeinschaft der Verlage

Brill | Schöningh – Fink · Paderborn –
Vandenhoeck & Ruprecht · Göttingen – Böhlau · Wien · Köln
Verlag Barbara Budrich · Opladen · Toronto
facultas · Wien
Walter de Gruyter · Berlin · Boston
Haupt Verlag · Bern
Verlag Julius Klinkhardt · Bad Heilbrunn
Mohr Siebeck · Tübingen
Narr Francke Attempto Verlag – expert verlag · Tübingen
Psychiatrie Verlag · Köln
Psychosozial-Verlag · Gießen
Ernst Reinhardt Verlag · München
transcript Verlag · Bielefeld
Verlag Eugen Ulmer · Stuttgart
UVK Verlag · München
Waxmann · Münster · New York
wbv Publikation · Bielefeld
Wochenschau Verlag · Frankfurt am Main

Prof. Dr. Michael von Hauff war bis 2000 Inhaber des Lehrstuhls für Volkswirtschaftslehre, insbesondere Wirtschaftspolitik und internationale Wirtschaftsbeziehungen an der TU Kaiserslautern.
Seine Forschungsschwerpunkte liegen in der Umwelt- und Entwicklungsökonomie. Er hat eine Vielzahl von Arbeiten über den Zusammenhang von Ökologie und Ökonomie und über die ökonomische und ökologische Entwicklung von Entwicklungsländern wie Indien, Vietnam und Myanmar publiziert.
In den letzten Jahren hat er sich besonders dem Leitbild Nachhaltiger Entwicklung im Rahmen von Publikationen und Forschungsprojekten zugewandt. Der Studiengang „Nachhaltige Entwicklungszusammenarbeit" am Fernstudienzentrum der TU Kaiserslautern geht auf seine Initiative zurück.

Michael von Hauff

Nachhaltige Entwicklungspolitik

2., vollständig überarbeitete Auflage

UVK

Umschlagabbildung: © Kee Seng Chew · iStockphoto

Bibliografische Information der Deutschen Nationalbibliothek
Die Deutsche Nationalbibliothek verzeichnet diese Publikation in der Deutschen Nationalbibliografie; detaillierte bibliografische Daten sind im Internet über http://dnb.dnb.de abrufbar.

2., vollständig überarbeitete Auflage 2026
1. Auflage 2019

DOI: https://doi.org/10.36198/9783838565576

– Ein Unternehmen der Narr Francke Attempto Verlag GmbH + Co. KG
Dischingerweg 5 · D-72070 Tübingen

Internet: www.narr.de
eMail: info@narr.de

Einbandgestaltung: siegel konzeption | gestaltung
Druck: Elanders Waiblingen GmbH

utb-Nr. 5267
ISBN 978-3-8252-6557-1 (Print)
ISBN 978-3-8385-6557-6 (ePDF)
ISBN 978-3-8463-6557-1 (ePub)

MIX
Papier | Fördert gute Waldnutzung
FSC
www.fsc.org
FSC® C016368

Für

Lilia, Eluna, Lorelie und Aurel

Inhalt

Vorwort

Die ersten Publikationen zu den Problemen von Entwicklungsländern erschienen bereits in den 1940er Jahren. Als Begründer der Diskussion um die *„nachholende Entwicklung“* wird vielfach Paul Rosenstein-Rodan genannt. In den 1950er Jahren begannen vier aufeinander folgende Dekaden, in denen teilweise konträre Entwicklungstheorien und –strategien die entwicklungspolitische Diskussion prägten. Die Mehrzahl der Ansätze waren wesentlich durch die Relevanz wirtschaftlichen Wachstums geprägt. In jüngerer Vergangenheit wurde die entwicklungspolitische Diskussion durch postkoloniale Ansätze erweitert, die in Kapitel 2 berücksichtigt werden.

In den 1990er Jahren hat die Entwicklungspolitik dann einen inhaltlichen Wandel erfahren, der sich in den folgenden Jahren fortsetzte. Das gilt sowohl für die Theorie als auch für die Strategien und Konzepte der Entwicklungspolitik. Die Neuorientierung der Entwicklungspolitik basiert auf dem Paradigma der nachhaltigen Entwicklung. Die nachhaltige Entwicklungspolitik fand zunächst in der Millennium Declaration und den Millennium Development Goals (MDG) und anschließend in der Agenda 2030 und den Sustainable Development Goals (SDGs) eine Konkretisierung.

Im Herbst 2015 haben sich alle UN-Mitgliedstaaten, d.h. Entwicklungs- als auch Industrieländer dazu verpflichtet, auf der Grundlage der Agenda 2030 mit den 17 Nachhaltigkeitszielen eine nationale Nachhaltigkeitsstrategie zu entwickeln. Dadurch sollte global ein einheitliches Grundverständnis und eine globale Umsetzung des Paradigmas der nachhaltigen Entwicklung initiiert werden. In die nationale Nachhaltigkeitsstrategie eines Landes sollen alle Politikbereiche, so auch die Entwicklungspolitik, integriert werden.

Sowohl die Ausgestaltung der nationalen Nachhaltigkeitsstrategie als auch deren Umsetzung erfordern einen Transformationsprozess und einen neuen Politikstil. Viele Länder, d.h. sowohl Industrie- als auch Entwicklungsländer befinden sich hierbei noch in einem mehr oder weniger fortgeschrittenen Prozess. Dabei gilt zu berücksichtigen, dass sich eine nationale Nachhaltigkeitsstrategie durch eine stetige Weiterentwicklung auszeichnen muss. Das begründet sich daraus, dass alle Länder weltweit mit neuen Herausforderungen konfrontiert werden, die sie im Kontext der nationalen Nachhaltigkeitsstrategie zu bewältigen haben. Das Buch zeigt den Weg von dem Mainstream der entwicklungsökonomisch orientierten

Entwicklungspolitik, wie er in den ersten vier Dekaden bis in die 1990er Jahre dominierte, zu einer Entwicklungspolitik, die auf der Agenda 2030 basiert, auf. Dadurch lässt sich der Prozess des inhaltlichen Wandels der Entwicklungspolitik nahvollziehen. Der Schwerpunkt des Buches liegt auf der nachhaltigen Entwicklungspolitik.

Während der Mainstream der Entwicklungspolitik in den ersten vier Dekaden wesentlich auf wirtschaftliches Wachstum ausgerichtet war, fordert die nachhaltige Entwicklungspolitik eine ausgewogene Zusammenführung der drei Dimensionen Ökologie, Ökonomie und Soziales nach dem Grundsatz: das menschliche Überleben hängt von der Stabilität ökologischer Systeme ab. Daraus begründet sich die Forderung, dass das Wirtschaften, aber auch gesellschaftliche Prozesse als Subsysteme in die Grenzen ökologischer Systeme integriert werden sollen. Hierbei hat sich der Begriff der ökologischen Planken etabliert, die nicht überschritten werden dürfen.

Ein weiteres konstitutives Merkmal nachhaltiger Entwicklung und damit auch einer nachhaltigen Entwicklungspolitik ist die intra- und intergenerationelle Gerechtigkeit. Auf der Dreidimensionalität und der Forderung nach Gerechtigkeit basieren auch die Agenda 2030 mit den 17 Nachhaltigkeitszielen. Das führt zu einem neuen Gleichgewichts- bzw. Stabilitätsverständnis, wodurch die Komplexität des Transformationsprozesses zu einer nachhaltigen Entwicklung schon erkennbar wird.

Für das grundlegende Verständnis nachhaltiger Entwicklung sind einige theoretische Grundlagen notwendig. Die Ausgestaltung und Umsetzung einer nationalen Nachhaltigkeitsstrategie lässt sich am besten durch ein konkretes Beispiel verdeutlichen. Hierzu wurde das Fallbeispiel Vietnam ausgewählt. Für die Umsetzung einer nationalen Nachhaltigkeitsstrategie ist jedoch die Existenz von Good Governance Strukturen eine wichtige Voraussetzung, was in der Literatur bisher weitgehend vernachlässigt wird. Die Bedeutung und die Konkretisierung von Good Governance Strukturen wird am Beispiel von Indien aufgezeigt.

Einige thematische Ausführungen können auf der Grundlage des vorgegebenen Umfangs des Buches nicht in der gewünschten Ausführlichkeit behandelt werden. Daher ermöglichen die angegebenen Literaturquellen eine Vertiefung. Das Buch wurde durch eine Vielzahl von Diskussionen mit Studierenden, Kolleginnen und Kollegen aber auch Freunden in Deutschland und in Entwicklungsländern bereichert. Für die Bereitschaft zum Dialog möchte ich mich bei allen Beteiligten sehr bedanken. Es ist mir jedoch nicht möglich hier alle Personen namentlich zu nennen. Ein besonderer Dank für die Entstehung des Buches gilt meiner ehemaligen Mitarbeiterin Julie Vesque, die mich bei der Suche nach neuerer Literatur, Statistiken und bei der Erstellung von Schaubildern sehr hilfreich unterstützt hat.

Stuttgart, März 2026
Michael von Hauff

1 Einleitung

1992 fand in Rio de Janeiro die *United Nations Conference on Environment and Development (UNCED)* statt, auf der sich 178 Nationen zu dem Leitbild der nachhaltigen Entwicklung verpflichteten. Das war auch für die Entwicklungspolitik der Beginn einer grundlegenden Neuorientierung. Dabei setzte sich die Erkenntnis einiger internationaler Organisationen, NGOs, aber auch von Expertinnen und Experten der Wissenschaft durch, dass die entwicklungspolitischen Ergebnisse der bis dahin dominierenden Entwicklungspolitik der letzten vier Dekaden unbefriedigend waren. In diesem Zusammenhang sprach man teilweise auch von dem Versagen der Entwicklungstheorie und -politik bzw. von dem verlorenen Jahrzehnt der 1980er Jahre.

Bei der Konferenz in Rio de Janeiro erfuhr die handlungsorientierte Agenda 21 eine besondere Beachtung. Sie ist als Programm nachhaltiger Entwicklung für das 21. Jahrhundert zu verstehen. Da die Agenda 21 auch heute noch von hoher Aktualität ist, wird sie ausführlicher vorgestellt. Dieses Aktionsprogramm war darauf ausgerichtet, Umwelt- und Entwicklungsaspekte zusammen zu führen. Die Agenda 21 benennt alle wesentlichen Politikbereiche, die für eine zukunftsorientierte Entwicklung notwendig sind. Diese Entwicklung zielt auf eine ökologisch, ökonomisch und sozial gerechte bzw. ausgewogene Entwicklung heutiger und zukünftiger Generationen ab.

> „Die Agenda 21 ist Ausdruck eines globalen Konsenses und einer politischen Verpflichtung auf höchster Ebene zur Zusammenarbeit im Bereich von Entwicklung und Umwelt. Ihre erfolgreiche Umsetzung ist in erster Linie Aufgabe der Regierungen“ (UNCED 1992, S. 9).

Zur Problemsituation wird in der Präambel festgestellt:

> „Die Menschheit steht an einem entscheidenden Punkt ihrer Geschichte. Wir erleben eine zunehmende Ungleichheit zwischen Völkern und innerhalb von Völkern, eine immer größere Armut, immer mehr Hunger, Krankheit und Analphabetismus sowie eine fortschreitende Schädigung der Ökosysteme, von denen unser Wohlergehen abhängt. Durch eine Vereinigung von Umwelt- und Entwicklungsinteressen und ihre stärkere Beachtung kann es uns jedoch gelingen, die Deckung der Grundbedürfnisse, die Verbesserung des Lebensstandards aller Menschen, einen größeren Schutz und eine bessere Bewirtschaftung der

Ökosysteme und eine gesicherte, gedeihliche Zukunft zu gewährleisten. Das vermag keine Nation allein zu erreichen, während es uns gemeinsam gelingen kann: in einer globalen Partnerschaft, die auf eine nachhaltige Entwicklung ausgerichtet ist." (Quelle: Agenda 21 Abschnitt 1.1 aus der Präambel (UNCED 1992)

Nach einer ersten globalen Euphorie, kommt anlässlich der Konferenz Rio+20, die 2012 wieder in Rio de Janeiro stattfand, Dittmar zu einer weit verbreiteten ernüchternden Erkenntnis:

> "The scientific data about the state of our planet, presented at the 2012 (Rio+20) summit, documented that today's human family lives even less sustainably than it did in 1992. The data indicate furthermore that the environmental impacts from our current economic activities are so large, that we are approaching situations where potentially controllable regional problems can easily lead to uncontrollable global disasters." (Dittmar 2014, S. 282)

Auch wenn es in einzelnen Bereichen zumindest regional Fortschritte gab, so ist die Mehrzahl der in der Agenda 21 benannten Ziele und Aufgaben bis heute noch nicht befriedigend erfüllt. Das Leitbild nachhaltiger Entwicklung ist eine normative Vereinbarung der Weltgemeinschaft, die im Grundsatz in den vergangenen Dekaden jedoch eine breite Zustimmung gefunden hat. Der Ausgangspunkt vieler Beiträge zur nachhaltigen Entwicklung ist die Definition des Brundtland-Berichts. Die Brundtland-Kommission legte im Jahr 1987 der „World Commission of Environment and Development (WCED)" ihren Bericht *„Our Common Future"* vor. In dem Brundtland-Bericht wird nachhaltige Entwicklung definiert als: *„Dauerhafte Entwicklung ist Entwicklung, die die Bedürfnisse der gegenwärtigen Generation befriedigt, ohne zu riskieren, dass künftige Generationen ihre eigenen Bedürfnisse nicht befriedigen können."* (Hauff 1987, S. 46).

Die Definition des Brundtland-Berichts enthält im Prinzip zwei Zielrichtungen:

- Zunächst geht es um einen gerechten Ausgleich zwischen den Lebenslagen der Menschen in Industrie- und Entwicklungsländern, also um intragenerative Gerechtigkeit. Die intragenerative Gerechtigkeit zielt aber auch auf Gerechtigkeit in den einzelnen Ländern ab.
- Die zweite Forderung zielt darauf ab, dass zukünftige Generationen in ihrer Bedürfnisbefriedigung nicht durch die Lebensweise der ge-

genwärtigen Generation beeinträchtigt werden sollen (intergenerative Gerechtigkeit).

Die Übereinkunft zur nachhaltigen Entwicklung auf der Weltkonferenz in Rio de Janeiro ist so zu interpretieren, dass die drei Dimensionen Ökologie, Ökonomie und Soziales ausgewogen, unter der Bedingung stabiler Ökosysteme, zusammen zu führen sind. Diese Dreidimensionalität findet auf internationaler Ebene einen breiten Konsens. Sie ist das am meisten verbreitete Kriterium für die zahlreichen inhaltlichen Abgrenzungen zur nachhaltigen Entwicklung. Das stellt die bis heute festzustellende Dominanz der Ökonomie in Frage.

Auf nationaler und internationaler Ebene entstanden zunehmend handlungsorientierte Ansätze in Politik, Wirtschaft und in bürgerschaftlichem Engagement. Schließlich beschleunigte die zweite Weltkonferenz in Johannesburg 2002 die Erstellung von Nachhaltigkeitsstrategien auf nationaler Ebene, wozu sich die Länder bereits 1997 verpflichtet hatten. Eine nationale Nachhaltigkeitsstrategie soll gemäß Agenda 21 die nachhaltige Entwicklung kooperativ, partizipativ und umfassend umsetzen:

> „Governments, in cooperation, where appropriate, with international organizations, should adopt a national strategy for sustainable development based on, inter alia, the implementation of decisions taken at the Conference, particularly in respect of Agenda 21. This strategy should build upon and harmonize the various sectoral economic, social and environmental policies and plans that are operating in the country. The experience gained through existing planning exercises such as national reports for the Conference, national conservation strategies and environment action plans should be fully used and incorporated into a country-driven sustainable development strategy. Its goals should be to ensure socially responsible economic development while protecting the resource base and the environment for the benefit of future generations. It should be developed through the widest possible participation. It should be based on a thorough assessment of the current situation and initiatives." (UNCED 1992, Kapitel 8.7)

2012 kam es – wie schon erwähnt - in Rio de Janeiro zu einem weiteren Weltgipfel Rio+20. Dabei wurden der politische Wille und die Bemühungen für eine nachhaltige Entwicklung erneut eingefordert und konkretisiert. Das Abschlussdokument hat den auffordernden Titel „*The future we want*", das bereits bei dem Vortreffen ausgehandelt wurde. Die zentrale Forderung dieses Weltgipfels war, nachhaltige Entwicklung im Rahmen einer „Green

Economy“ umzusetzen. Die europäische Kommission versteht darunter eine Wirtschaftsweise,

> „die Wachstum generiert, Arbeitsplätze schafft und Armut bekämpft, indem sie in das Naturkapital, von dem langfristig das Überleben unseres Planeten abhängt, investiert und dieses erhält.“ (KOM 2011, S.2)

Die Diskussion zur nachhaltigen Entwicklung bzw. die Entwicklung und Umsetzung einer Nachhaltigkeitsstrategie weist einen hohen Grad an Komplexität auf. Die vielfältigen Zusammenhänge sollen an einem einfachen Beispiel, d. h. an den Auswirkungen der Kohlendioxid-Emissionen veranschaulicht werden: Kohlendioxid ist wegen der Einwirkung auf das Klima zunächst eines der größten ökologischen Probleme. Die Umweltschäden haben aber durch den Klimawandel auch ökonomische und soziale Auswirkungen, etwa auf das Gesundheitsniveau der heutigen und der nachfolgenden Generationen. Weiterhin kommt es durch die Klimaveränderungen zu einer Zunahme von Extremwetterereignissen die zu Überflutungen bzw. Trockenphasen, aber auch zu Stürmen und Unwettern führen, die große wirtschaftliche Schäden verursachen. Das wirkt sich besonders auf die Lebenssituation vieler Menschen in Entwicklungsländern sehr negativ aus, indem sich Armut und Hunger in den betroffenen Regionen verschärfen. Dabei sind die Menschen für den Klimawandel nur in relativ geringem Maße verantwortlich. Andererseits kommt es in bestimmten Regionen zu einem milderen Klima, was sich für landwirtschaftliche Aktivitäten positiv auswirken kann. Insgesamt sind die Folgen des Klimawandels jedoch deutlich negativ einzuschätzen.

Die negativen Folgen des Klimawandels verdeutlichen, dass es im Rahmen von nachhaltiger Entwicklung eine Vielzahl von Handlungsfeldern gibt, die wiederum in vielfältigen Beziehungen zueinanderstehen. Bevor die Handlungsfelder nachhaltiger Entwicklung jedoch konkretisiert und die Beziehungsstrukturen analysiert werden können, gilt es zunächst den Handlungsrahmen aufzuzeigen, wie er von der Völkergemeinschaft auf der Konferenz von Rio de Janeiro im Rahmen der Agenda 21 beschlossen wurde. Dieser Handlungsrahmen wurde durch die Agenda 2030, die 2015 von den UN-Mitgliedsstaaten beschlossen wurde, weiter konkretisiert (v. Hauff 2024). Dieser Handlungsrahmen verpflichtet besonders Regierungen aber auch Entwicklungsorganisationen, nationale und internationale NGOs und Unternehmen.

Zunächst ist jedoch zu berücksichtigen, dass das Leitbild nachhaltiger Entwicklung recht neu ist und in den Jahrzehnten davor eine umfassende und teilweise auch heterogene bzw. kontroverse entwicklungsökonomische Diskussion stattfand. Das „Neue“ an dem Leitbild nachhaltiger Entwicklung lässt sich dadurch verdeutlichen, dass die wesentlichen Ansätze und Strategien des entwicklungsökonomischen Mainstreams aufgezeigt und von dem Leitbild nachhaltiger Entwicklung abgegrenzt werden. Daher wird in dem folgenden Kapitel zunächst ein Überblick über den Mainstream der entwicklungsökonomischen Diskussion gegeben. Ausgangspunkt sind die zentralen Problemstellungen der Entwicklungsländer und die daraus abgeleiteten Ziele der UNO für die einzelnen Entwicklungsdekaden. In dem folgenden Abschnitt werden einige entwicklungsökonomische Ansätze in chronologischer Reihenfolge vorgestellt. Abschließend werden wesentliche entwicklungsökonomische Strategien kurz aufgezeigt.

Die folgenden Kapitel wenden sich dann ausschließlich dem Leitbild nachhaltiger Entwicklung zu.

- In dem Kapitel drei geht es zunächst um eine kurze Darstellung des Handlungsrahmens und des Handlungsauftrags, wie ihn die Agenda 21 vorgibt. Dabei ist zu berücksichtigen, dass die Agenda 21 schon wesentliche Grundlagen für die inhaltlichen Anforderungen aber auch für die Umsetzung legte. Daher ist es heute noch lohnend sich der Agenda 21 intensiver zuzuwenden. Anschließend werden weiterführende Anforderungen an die Implementierung aufgezeigt. Sie wurden in dem *„Plan of Implementation of the World Summit on Sustainable Development“*, der auf der Konferenz von Johannesburg im Jahr 2002 beschlossen wurde, ausgeführt.
- Kapitel vier wendet sich der theoretischen Begründung nachhaltiger Entwicklung zu. Ziel dieses Kapitels ist es die theoretischen Ansätze, die auf dem Anspruch des Leitbildes nachhaltiger Entwicklung basieren, vorzustellen. Dabei wird deutlich, dass es diesbezüglich bis heute Kontroversen gibt, die sich weitgehend unversöhnlich gegenüberstehen. So lässt sich aufzeigen, wie sich die theoretischen Ansätze das Leitbild begründen, voneinander abgrenzen und in welchem Maße sie dem normativen Anspruch des Leitbildes gerecht werden. Das gilt auch für die theoretische Begründung intra- und intergenerationeller Gerechtigkeit. Die Relevanz dieses Vorgehens ist nicht nur von akademischem Interesse. Die Entwicklung einer Strategie bzw. eines

konkreten Konzeptes nachhaltiger Entwicklung hängt wesentlich von der theoretischen Begründung des Leitbildes nachhaltiger Entwicklung und von Gerechtigkeit ab.

- In Kapitel fünf werden dann die drei Dimensionen nachhaltiger Entwicklung, d. h. Ökologie, Ökonomie und Soziales, inhaltlich abgegrenzt und erläutert. Nach der inhaltlichen Abgrenzung und Darstellung der drei Dimensionen lässt sich aufzeigen, wie sie zusammengeführt und vernetzt werden können. Dabei lassen sich Synergieeffekte aber auch Konflikte für Entwicklungsländer verdeutlichen, die im Rahmen einer Nachhaltigkeitsstrategie gestärkt bzw. verringert bzw. beseitigt werden können.
- Das Kapitel sechs wendet sich schließlich der methodischen Vorgehensweise zur Entwicklung einer Nachhaltigkeitsstrategie zu. Die ersten Nachhaltigkeitsstrategien, die nach Vereinbarung der Völkergemeinschaft bereits 2002 von einigen wenigen Industrieländern vorgelegt wurden, unterschieden sich nach Struktur und inhaltlichen Schwerpunkten teilweise grundlegend. Das erklärt sich daraus, dass die Agenda 21 für die Ausgestaltung nationaler Nachhaltigkeitsstrategien keine klaren Vorgaben machte. Dies änderte sich erst mit der Agenda 2030 und den 17 Nachhaltigkeitszielen, die sowohl für Entwicklungs- als auch für Industrieländer ein gemeinsames Verständnis von Nachhaltigkeit intendiert und auch klare Ziele vorgibt.
- Eine Nachhaltigkeitsstrategie erfordert einen adäquaten politischen Rahmen bzw. Ansatz. Dieser lässt sich durch das Konzept Good-Governance aufzeigen. Daher wendet sich Kapitel sieben der Frage zu, welche Merkmale leistungsfähige Good-Governance Strukturen haben sollten, damit es zu einer erfolgreichen Entwicklung und Implementierung einer Nachhaltigkeitsstrategie kommen kann. Dies wird an der Länderstudie Indien konkretisiert. Viele der in diesem Kapitel gewonnenen Erkenntnisse lassen sich jedoch zumindest in ähnlicher Form auf andere Entwicklungsländer übertragen. Wichtige Erkenntnisse werden in dem abschließenden Kapitel, d. h. den Schlussfolgerungen, noch einmal zusammengeführt.

2 Von den entwicklungsökonomischen Mainstream Theorien und Strategien zu dem Leitbild nachhaltiger Entwicklung

Seit dem aufkommenden Bewusstsein über die Existenz und die spezifischen Probleme sogenannter Entwicklungsländer kam es zu einer Vielzahl und Vielfalt von theoretischen Erklärungsansätzen mangelnder Entwicklung bzw. Unterentwicklung. Dieses Kapitel beschränkt sich auf die ökonomisch begründeten Theorien und Strategien. In diesem Zusammenhang wird aufgezeigt, wie es von den verschiedenen entwicklungsökonomischen Erklärungsansätzen zu dem Leitbild nachhaltiger Entwicklung kam (v. Hauff, Kuhnke, Hobelsberger 2017, S. 3 ff).

Für den Beginn einer Neuorientierung der entwicklungsökonomischen Diskussion waren die 1980er Jahre von großer Bedeutung. Das begründet sich daraus, dass sich die Probleme vieler Entwicklungsländer besonders in dieser Dekade drastisch verschärften. Die Schuldenkrise, die Zunahme der absoluten Armut und die Verschlechterung der Umweltbedingungen waren Symptome für die Verschärfung der Krise in vielen Entwicklungsländern. Daraus erklärt sich einerseits die in der Literatur viel diskutierte These der Krise der Entwicklungstheorien und -strategien und andererseits die von der *„World Commission of Environment and Development (WCED)"* in Auftrag gegebene Studie über die zukünftigen Anforderungen einer dauerhaften Entwicklung. Aus dem Auftrag entstand der Brundtland-Bericht der 1987 erschien.

Das Krisenmanagement der 1980er Jahre war ganz wesentlich durch die Stabilisierungs- und Strukturanpassungsstrategie (SAP) des IWF und der Weltbank dominiert. Sie zielten auf eine makroökonomische Stabilisierung der Volkswirtschaften der meist hochverschuldeten Entwicklungsländer ab. Verteilungs- und umweltpolitische Aspekte wurden zumindest zunächst vernachlässigt. In den 1990er Jahren wurde den beiden Organisationen dann vielfach angelastet, dass sie mit diesen Strategien die Krise in vielen Entwicklungsländern, bezogen auf die konkreten Lebensbedingungen der Menschen, noch verschlechtert hätten.

Vor dem Hintergrund der sich verschärfenden Krise in vielen Entwicklungsländern bzw. dem weitgehenden Versagen der dritten UN-Entwicklungsdekade (s.u.) kann festgestellt werden, dass die Strategiediskussion zu Beginn der 1990er Jahre in Bewegung geriet. Hierzu stellte Lawrence Summers, damaliger Vizepräsident der Weltbank, auf der entwicklungspolitischen Jahrestagung der Weltbank im April 1991 fest:

> „Wie können wir dazu beitragen, Milliarden von Menschen aus der Armutsfalle zu befreien und auf den Weg einer dauerhaften positiven Entwicklung zu führen? Die Hauptpriorität für die Weltbank und selbstverständlich auch für die ganze internationale Gemeinschaft im nächsten Jahrzehnt wird mehr denn je darin bestehen, bessere Entwicklungsstrategien zu entwickeln und durchzusetzen. Diese Strategien müssen stärker als bisher auf der Übertragung und Umsetzung von Wissen beruhen, damit der zu erwartende geringere Umfang der Entwicklungshilfe in den letzten Jahren dieses Jahrhunderts kompensiert werden kann. Kurz: Wenn es im kommenden Jahrzehnt nicht mehr so viel Geld für die Entwicklungshilfe geben wird, ist es besser, eine Menge guter Ideen zu haben." (Summers 1991, S. 2)

Auffällig ist, dass es in dem folgenden Jahr schon zu der UN-Konferenz in Rio de Janeiro kam, auf der die Agenda 21 beschlossen wurde. Damit wurde für die entwicklungsökonomische Theorie- und Strategiediskussion ein neues Paradigma vorgegeben, das in der entwicklungsökonomischen Literatur bisher jedoch noch nicht die angemessene Beachtung gefunden hat. Nach diesem Paradigma geht es nicht mehr primär um die theoretische Begründung von ökonomischer Entwicklung bzw. Unterentwicklung und den daraus abgeleiteten Strategien zur Überwindung der Probleme. Das Paradigma nachhaltiger Entwicklung fordert vielmehr eine Neuorientierung der theoretischen Begründung und Gestaltung der zukünftigen Entwicklung. Dabei sollen, wie schon erwähnt, die drei Dimensionen Ökologie, Ökonomie und Soziales ausgewogen berücksichtigt werden. Ausgewogenheit bedeutet einen Idealzustand, bei dem die Entwicklung der drei Dimensionen in einem konsistenten Verhältnis zueinanderstehen und zu einem neuen Gleichgewichtsverständnis führen.

Bevor nun die einzelnen entwicklungstheoretischen Erklärungsansätze und Entwicklungsstrategien vorgestellt werden, geht es zunächst darum, wichtige Entwicklungstrends in den vergangenen Entwicklungsdekaden aufzuzeigen.

2.1 Entwicklungstendenzen und -trends der vergangenen Entwicklungsdekaden

Die Entwicklungsländer zeichneten sich von Beginn an durch eine ausgeprägte ökonomische und soziale Heterogenität und ihrer Entwicklungswege aus. Daher wurde schon früh darüber diskutiert, ob es die Gruppe der Entwicklungsländer bzw. die Kategorie *„Dritte Welt"* überhaupt gibt. So sah Abdalla beispielsweise schon Ende der 1970er Jahre *„The End of Third World"* gekommen (Abdalla 1978, S. 245 ff). Es gibt keinen Zweifel: Die Dritte Welt stellte sich schon in der Phase der Dekolonisation nach 1945 sowohl hinsichtlich der Größe der einzelnen Länder als auch ihrer ökonomischen und sozialen Strukturen als heterogenes Länderkonglomerat dar. Dritte Welt ist also eher ein politischer Begriff, mit dem eine Abgrenzung zu der Ersten (Industrieländer) und Zweiten Welt (sozialistische Länder) vorgenommen wurde. Später kam es zu der Begrifflichkeit des globalen Südens.

Daraus begründete sich von Beginn an eine Differenzierung in Ländergruppen, auch wenn die Frage gerade bei Entwicklungsländern der *„adäquaten Indikatoren"* für die Differenzierung in entsprechende Ländergruppen bis heute kontrovers diskutiert wird. Während die Weltbank eine Differenzierung der Länder in Gruppen nach dem Pro-Kopf-Einkommen vornimmt, kam es zu abweichenden Indikatoren wie jenem des Human Development Index (HDI) der UNDP. Der HDI ist ein mehrdimensionaler Indikator, der u. a. die Lebenserwartung, aber auch die Schulbildung berücksichtigt.

Die Vereinten Nationen proklamierten seit 1960 die folgenden Jahrzehnte als Entwicklungsdekaden (Fischer et al. 2023).

Die erste Entwicklungsdekade wurde 1961 verkündet. Für die einzelnen Entwicklungsdekaden wurden von der UN-Vollversammlung sogenannte *„Dekadenstrategien"* beschlossen, die zur Realisierung globaler und sektoraler Wachstumsziele beitragen sollten. Einerseits hatten die Strategien einen weitgehend unverbindlichen Charakter. Andererseits enthielten sie eine entwicklungspolitische Orientierung, die öffentlich gemacht wurde.

Für die erste Entwicklungsdekade war von Bedeutung, dass zwischen 1945 und 1960 etwa 50 asiatische, afrikanische und karibische Länder ihre formale Unabhängigkeit erreichten. Ab Anfang der 1960er Jahre kamen noch eine Reihe von Ländern zu der Gruppe der Entwicklungsländer hinzu, die sehr spezifische Probleme auslösten bzw. zur Folge hatten. Ein wesentliches Problem bestand darin, dass viele dieser Länder nicht auf die Unabhängigkeit vorbereitet waren und vielfach in einem politisch und wirtschaftlich desolaten Zustand *„ihrem Schicksal“* überlassen wurden.

Erste Entwicklungsdekade

Die erste Entwicklungsdekade lässt sich aus ökonomischer Sicht und unter Berücksichtigung der Zielvorgaben für die Mehrzahl der Entwicklungsländer insgesamt positiv werten. Die inländischen Investitionen stiegen auf 18 % des Bruttoinlandsprodukts (BIP), während sie in den 1950er Jahren nur auf 10 % bis 12 % stiegen. Das BIP der Entwicklungsländer erhöhte sich durchschnittlich um 6 % pro Jahr. Insofern konnte die Zielvorgabe für diese Entwicklungsdekade mit einem Mindestwachstum von 5 % pro Jahr sogar übertroffen werden.

Bei näherer Betrachtung sind diese Wachstumserfolge jedoch zu relativieren. So blieb das Wirtschaftswachstum in der Landwirtschaft, besonders in den afrikanischen Ländern und in Südasien, deutlich darunter. Die Wachstumserfolge beschränken sich primär auf den industriellen Sektor. Weiterhin betrug das Wachstum pro Kopf in den drei Entwicklungskontinenten aufgrund der Bevölkerungszunahme nur zwischen 1,5 % und 2,5 %, was natürlich ein Durchschnittswert ist, der nicht allen Mitgliedern zukam. Das Wachstum des industriellen Sektors führte jedoch in zahlreichen Entwicklungsländern, besonders in Asien und Lateinamerika, zu erheblichen Veränderungen der Produktions- und häufig auch der Sozialstrukturen. Dadurch wurde auch die Einkommensverteilung zwischen dem primären und sekundären Sektor ungleicher.

Die Industrialisierung wurde in vielen Entwicklungsländern durch eine entsprechende Industriepolitik des Staates vorangetrieben. Im Mittelpunkt standen die Industrieplanung und Industrieförderung, protektionistische Maßnahmen für den Handel, Entwicklungsfinanzierung und öffentliche Investitionen in Schlüsselindustrien. Das führte auch zu einer verstärkten Produktion von Konsumgütern für den inländischen Markt. Besonders in den größeren Entwicklungsländern wie Brasilien, China und Indien kam es aber auch zu einem beachtlichen Auf- bzw. Ausbau der Investitionsgüterindustrie.

Die Wachstumserfolge der ersten Entwicklungsdekade stehen jedoch auch in engem Zusammenhang mit den zunehmenden Aktivitäten multinationaler Konzerne. Daraus erklärt sich, dass von dem Wirtschaftswachstum nur eine kleine Minderheit der Bevölkerung in Entwicklungsländern profitierte und viele Probleme mangelnder Entwicklung nur geringfügig verringert werden konnten. Das begründet in dieser Phase die rasche Zunahme von Basisorganisationen und -bewegungen sowohl in ländlichen als auch städtischen Regionen. Die Non Governmental Organisations (NGOs) waren eine Reaktion auf eine unzureichende Berücksichtigung ökonomischer, sozialer, kultureller und politischer Bedürfnisse besonders der Armutsbevölkerung, die von den staatlichen Institutionen nicht hinreichend wahrgenommen oder von ihnen ignoriert wurden (Böll 1991, S. 3ff). Daraus wird deutlich, dass sich schon sehr frühzeitig unterschiedliche Vorstellungen über Entwicklung und Entwicklungskonzeptionen bzw. -strategien entwickelten und sich teilweise auch konträr gegenüberstanden.

Zweite Entwicklungsdekade

Die zweite Entwicklungsdekade zeichnete sich ebenfalls durch eine Fokussierung auf wirtschaftliches Wachstum und industrielle Entwicklung aus. Das globale Wachstumsziel wurde auf 6 % pro Jahr festgesetzt. Die Wachstumserfolge der 1960er Jahre konnten jedoch nicht in gleichem Maße fortgesetzt werden. Sowohl die monetäre Instabilität, die sich Anfang der 1970er Jahre weltweit verschärfte, als auch die Ölpreisschocks von 1973 und 1979 trugen ganz wesentlich zum Rückgang des Wirtschaftswachstums vieler Entwicklungsländer bei. Besonders die ölimportierenden Entwicklungsländer erfuhren eine deutliche Verschlechterung der Rahmenbedingungen. Daher ist die Wachstumsrate der 1970er Jahre besonders regional sehr differenziert zu bewerten. Während beispielsweise Länder südlich der Sahara noch verstärkt durch Klimakatastrophen starke Einbrüche der Wachstumsraten zu verzeichnen hatten, konnten die ölexportierenden Entwicklungsländer beachtliche Wachstumsraten aufweisen.

Die sogenannten Wachstumserfolge und die einseitige Förderung von Wachstum wurden jedoch schon früh kritisch hinterfragt. Besonders hervorzuheben ist der Pearson-Bericht, der schon 1969 die Krise der Entwicklungshilfe, aber auch die drastische Zunahme der Verschuldung einiger Entwicklungsländer in den 1960er Jahren anprangerte. Dieser Bericht wurde von dem damaligen Weltbankpräsidenten Robert McNamara in Auftrag gegeben, während der kanadische Ministerpräsident und Friedensnobelpreisträger Lester Pearson die *„Kommission für Internationale Entwicklung“* leitete. Der Auftrag an die Kommission war, die Resultate der Entwicklungspolitik der letzten 20 Jahre zu evaluieren und Empfehlungen für die zweite Entwicklungsdekade zu formulieren.

Weiterhin ist die Kritik an dem Wachstumskonzept durch den damaligen Weltbankpräsidenten Robert McNamara hervorzuheben, die er in seiner berühmt gewordenen Rede von 1973 vortrug (McNamara 1973). In seiner Rede beklagte er besonders das unbewältigte Problem der absoluten Armut und die Folgen für die Betroffenen:

> „Die absolute Armut ist durch derart katastrophale Lebensumstände gekennzeichnet, dass die Entfaltung der Gene, mit denen die Menschen bei der Geburt ausgestattet sind, unmöglich gemacht und die menschliche Würde beleidigt wird. Und doch sind diese Bedingungen so weit verbreitet, dass sie das Los von etwa 40 % der Menschen in den Entwicklungsländern bestimmen."

Auffällig an seiner Rede war, dass er im Prinzip die Wachstumspolitik für das Problem der absoluten Armut mitverantwortlich machte und als Konsequenz die Verteilungsfrage aufwarf. Es ging ihm jedoch nicht darum, Verteilung und Wachstum als Antipoden zu verstehen, d. h. Produktionszuwächse infrage zu stellen.

Der Weltbankdirektor Mahbub Ul Haq brachte die Beziehung von Wachstum und Verteilung schon Ende der 1970er Jahre sehr treffend auf den Punkt, als er feststellte:

> „Wir haben erkannt, dass das Wachstum des BSP absolut notwendig ist, aber dass es auf die Probleme der Massenarmut hingelenkt werden muss" (Ul Haq 1978, S. 12).

Es kam noch zu weiteren kritischen Stellungnahmen zu der dominierenden Wachstumsstrategie und zur Formulierung einer Reihe von alternativen Entwicklungsmodellen z. B. des Weltmodells der argentinischen Bariloche-Stiftung, die auf eine Verringerung der Massenarmut abzielten. Eine besondere Popularität erfuhr in diesem Zusammenhang die grundbedürfnisorientierte Strategie, die im Abschnitt 2.4 noch dargestellt wird. Die Nord-Süd-Kommission (Stiftung Entwicklung und Frieden 1991), die als *„Unabhängige Kommission für internationale Entwicklungsfragen"* 1977 unter dem Vorsitz von Willy Brandt von Robert McNamara gegründet wurde, reflektiert sehr treffend die unbewältigten Probleme des Wirtschaftswachstums der ersten und zweiten Entwicklungsdekade. Dabei weist sie darauf hin, dass es nur in den seltensten Fällen gelungen ist, mit Wirtschaftswachstum die vorhandenen strukturellen Ungleichgewichte abzubauen.

Das Wirtschaftswachstum hat zwar in vielen Ländern zum Auf- bzw. Ausbau einer kleinen Mittelschicht geführt, aber eben auch zu einer Vergrößerung der Einkommensdifferenz zwischen Arm und Reich. Abgesehen von einigen wenigen Ausnahmen hat das Wirtschaftswachstum somit nicht zu mehr nationaler Einheit und Stabilität oder zu einem stärkeren gesellschaftlichen Zusammenwachsen geführt. Weiterhin wurde das Ziel verfehlt, den sozialen und ökonomischen Status von Frauen nachhaltig zu verbessern.

Dritte Entwicklungsdekade

Diese Entwicklungsdekade wird vielfach als das „verlorene Jahrzehnt" bezeichnet. Während die UN-Generalversammlung das jährliche Wachstumsziel 1980 für die dritte Entwicklungsdekade auf 7 % festsetzte, kam es in den folgenden Jahren bei vielen Entwicklungsländern zu drastischen Einbrüchen der Wachstumsraten. Obwohl es in einigen Entwicklungsländern in der zweiten Hälfte der 1980er Jahre wieder zu einem Anstieg der Wachstumsrate kam, reichte dies nicht aus, die wirtschaftliche Krise und das steigende Bevölkerungswachstum auch nur annähernd aufzufangen. In diesem Zusammenhang ist auch die deutliche Zunahme der *Least Developed Countries (LDC)*, d.h. der ärmsten Entwicklungsländer, zu erwähnen, die sich von 31 auf 42 Länder erhöhte. Im Dezember 1991 wurden fünf weitere Länder in diese Ländergruppe aufgenommen.

Das Ziel der Entwicklungspolitik für diese Entwicklungsdekade war es, das wirtschaftliche und soziale *„Nord-Süd-Gefälle"* zu verringern. Es kam jedoch tendenziell zu einer gegenläufigen Entwicklung, die sich u. a. in einer Verschlechterung der Lebensverhältnisse breiter Bevölkerungsgruppen in vielen Entwicklungsländern zeigte (Nuscheler 1992 S. 158 ff.). Die wirtschaftliche Krise, die in vielen Entwicklungsländern in der dritten Entwicklungsdekade zu beobachten war, begründet sich ganz wesentlich durch den Ausbruch bzw. die Verschärfung der Verschuldungskrise, die durch die Bemühungen um ein Krisenmanagement nicht aufgehalten werden konnte.

Die Verschuldung der Entwicklungsländer ist jedoch bereits seit 1970 angestiegen. Sie betrug 1970 ca. 70 Mrd. US-$ und erreichte 2017 einen Stand von ca. 7.000 Mrd. US-$. Das war eine Erhöhung um über 8.000 % innerhalb von viereinhalb Jahrzehnten. Die Verschuldung hat sich in vielen Ländern durch die internationale Finanz- und Wirtschaftskrise noch verstärkt, wie aus dem folgenden Schaubild zu entnehmen ist, d.h., dass die Verschuldungsproblematik seit dem Jahr 2009 noch einmal deutlich zugenommen hat.

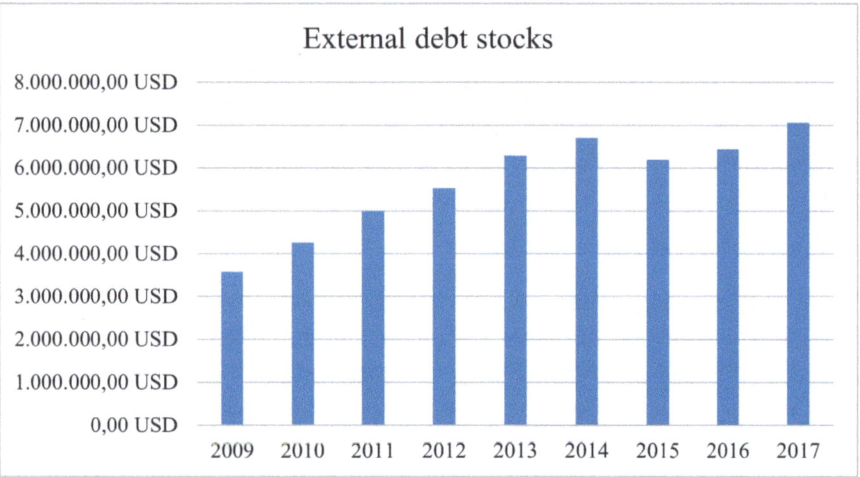

Abbildung 1: Gesamtverschuldung der Entwicklungsländer (Quelle: International Debt Statistics, The World Bank, 2019)

Die Konsequenzen der Verschuldung für die Schuldnerländer lassen sich dadurch verdeutlichen, indem die Entwicklung der relevanten Indikatoren näher betrachtet wird. So hat sich beispielsweise der Schuldendienst von 20 Mrd. US-$ in den 1970er Jahren auf knapp 170 Mrd. US-$ im Jahr 1990 erhöht und betrug im Jahr 2010 1742,21 Mrd. US-$. Im Jahr 2012 waren es bereits 2005,85 Mrd. US-$. Daraus begründet sich der steigende Netto-Kapitaltransfer durch den Schuldendienst von Süd nach Nord, der bei den Schuldnerländern zu einer Verringerung der Ausgaben für entwicklungspolitisch relevante Bereiche wie Bildung und Gesundheit geführt hat.

Die Dominanz der Schuldenkrise in den 1980er Jahren erklärt auch, dass den Strategien des Internationalen Währungsfonds und der Weltbank eine besondere Beachtung zukam. Dabei wurde von vielen Expertinnen und Experten von Beginn an kritisch hinterfragt, ob die Stabilisierungspolitik des IWF und die Strukturanpassungspolitik der Weltbank geeignet sind, die eigentlichen Ursachen der Verschuldung nachhaltig zu lösen. Aus dieser Situation heraus begründet sich, dass die Entwicklungsperspektiven der Mehrzahl der Entwicklungsländer für die vierte Entwicklungsdekade so bedrohlich wurden, dass die Suche nach neuen Entwicklungswegen und Entwicklungsstrategien dringender als je zuvor erschien.

Vierte Entwicklungsdekade

Im Jahr 1990 kam die Generalversammlung der UN zu dem selbstkritischen Beschluss, dass die Ziele der dritten Entwicklungsdekade der Vereinten Nationen nicht erreicht werden konnten. Daher wurde es notwendig für die vierte Entwicklungsdekade neue Prioritäten und Ziele, besonders für das Wachstum der Entwicklungsländer, festzulegen:

> "We, the state's members of the United Nations, adopt the following international development strategy (IDS) and designate 1 January 1991 to 31 December 2000 as the Fourth United Nations Development Declare. The global consensus reached in the declaration on international economic cooperation, in particular the revitalization of economic growth and development of the developing countries, contained in the annex to general assembly resolution S 18/3, provides the basis for the Strategy. We pledge ourselves individually and collectively to undertake the measures necessary to implement the Strategy." (United Nations 2000, S. 125).

Im September 1990 kam es zur zweiten Konferenz der Vereinten Nationen über die am wenigsten entwickelten Länder (LDCs). Dabei wurden die Industrieländer aufgefordert, ihre Anstrengungen gegenüber dieser Ländergruppe zu verstärken. Den Entwicklungsländern wurde empfohlen, ihre Industrialisierung um 8 bis 10 % zu erhöhen und eine Steigerung der jährlichen Nahrungsmittelproduktion um 4 % anzustreben. In dieser Entwicklungsdekade sollte weiterhin eine deutliche Verbesserung der Lebensbedingungen für die Menschen in Entwicklungsländern erreicht und die Kluft zwischen reichen und armen Ländern verringert werden.

Die Verbesserung der Lebensbedingungen sollte ohne eine weitere Belastung der Umwelt erfolgen. In dieser Entwicklungsdekade sollten alle Männer und Frauen in die wirtschaftliche und politische Entwicklung mit einbezogen werden. Weiterhin sollten die kulturelle Identität und alle notwendigen Maßnahmen des Überlebens angestrebt werden. Die Entwicklungsstrategie sollte eine Atmosphäre schaffen, wonach in allen politischen Systemen die Menschenrechte, aber auch die sozialen und wirtschaftlichen Rechte gefördert werden und die Systeme sich durch Gleichheit und Gerechtigkeit gegenüber allen Bürgern auszeichnen.

Um diese grundlegenden Ziele zu erreichen, wurden sechs miteinander in Verbindung stehende Ziele formuliert:

- A surge in the pace of economic growth in the developing countries;
- A development process is responsive to social needs, seeks a significant reduction in extreme poverty, promotes the development and utilization of human resources and skills and is environmentally sound and sustainable;
- An improvement of the international systems of money, finance and trade so as to support the development process;
- A setting of strength and stability in the world economy and sound macroeconomic management, nationally and internationally;
- A decisive strengthening of international development cooperation;
- A special effort to deal with the problems of the least developed countries, the weakest among the developing countries.

Diese Ziele stellten eine große Herausforderung dar und können als Vorläufer des auf der internationalen Konferenz in Rio de Janeiro 1992 von Vertretern aus 178 Nationen verabschiedeten Leitbildes der nachhaltigen Entwicklung eingeordnet werden. Die *„International Development Strategy (IDS)"* basiert auf dem Grundsatz, dass die entwickelten Länder den größten Einfluss auf die internationalen wirtschaftlichen Rahmenbedingungen und Entwicklungen haben. Damit haben sie auch eine besondere Verantwortung für einen stärkeren Erfolg der Entwicklungsbemühungen in Entwicklungsländern. Hervorzuheben ist, dass die Entwicklung bzw. Förderung des wirtschaftlichen Wachstums in einem sehr viel breiteren Kontext gesehen wurde:

> „Human resources development, entrepreneurship and innovation, and the energetic application of science and technology, in a context of political freedom, respect for human rights, justice and equity, are all essential and relevant to growth and development."

Bei der Bewertung dieser Dekade muss zunächst berücksichtigt werden, dass ein Jahr nach dem Beginn der Dekade die ehemalige UdSSR *„auseinanderfiel"* und sich sowohl die politische als auch die wirtschaftliche Weltstruktur maßgeblich veränderte. Weiterhin ist festzustellen, dass in dieser Dekade das Leitbild der nachhaltigen Entwicklung von der Völkergemeinschaft beschlossen wurde. Als Handlungsrahmen ist in diesem Zusammenhang noch einmal die Agenda 21 zu nennen. In der Folge der Rio-Konferenz kam es zu weiteren Konferenzen in Wien, Kairo und Kopenhagen, auf denen ökologische, aber auch soziale Schwerpunkte gesetzt wurden.

Insofern kann man bei der vierten Entwicklungsdekade der UN von einer Neuorientierung des Entwicklungsverständnisses sowohl für Entwicklungs- als auch für Industrieländer ausgehen. Die Diskussion und Ausgestaltung des Leitbildes nachhaltiger Entwicklung, beispielsweise im Rahmen von nationalen Nachhaltigkeitsstrategien bzw. nachhaltigen Managementsystemen auf Unternehmensebene, wurde dann in der folgenden Dekade fortgesetzt (v. Hauff 2021). Hervorzuheben ist u.a. die Folgekonferenz zu der Rio-Konferenz in Johannesburg im Jahr 2002 und die weitere Folgekonferenz, die im Jahr 2012 stattfand. Abschließend lässt sich feststellen, dass die Umsetzung des Leitbildes nachhaltiger Entwicklung nach der Euphorie, die während der Rio-Konferenz 1992 aufkam und damit hohe Erwartungen auslöste, langsamer als erwartet voranschreitet, jedoch auch erste Erfolge sowohl auf nationaler als auch auf internationaler Ebene festzustellen sind.

2.2 Die zentralen Entwicklungsprobleme der 1990er Jahre

Das von der *„World Federation of UN Associations“* konzipierte Millennium Projekt führte 15 „Globale Herausforderungen für die Menschheit“ auf (Nuscheler 2010, S. 163 ff). Die Weltbank hat jedoch bereits in ihrem Weltentwicklungsbericht von 1990 das zentrale Entwicklungsproblem der vierten Entwicklungsdekade aufgezeigt: Es geht um das Problem der zunehmenden Armut und um die Folgen für die betroffenen Entwicklungsländer. Die wichtigste Erkenntnis aus den vergangenen drei Entwicklungsdekaden sollte somit sein, dass die Massenarmut im *„Süden“* nicht allein durch zusätzliches Wirtschaftswachstum gelöst werden kann. Weiterhin ist zu berücksichtigen, dass eine gezielte und forcierte Wachstumspolitik auch negative Effekte haben kann:

- Eine Steigerung des Wirtschaftswachstums konnte bis dahin nur mit einer zunehmenden Umweltbelastung realisiert werden. Es lässt sich für viele Entwicklungsländer nachweisen, dass die Umweltbelastung zumindest für bestimmte Umweltmedien schneller als das wirtschaftliche Wachstum zugenommen hat. Das führte in einigen Ländern zu einer bedrohlichen Zunahme an Müll, einer Verknappung des Wassers oder zu einer dramatischen Luftbelastung zumindest in den urbanen

Regionen. Die Erkenntnis, wonach die Stabilität ökologischer Systeme und der Biodiversität eine zentrale Voraussetzung für eine positive wirtschaftliche Entwicklung ist, hat sich bis heute nicht in ausreichendem Maße durchgesetzt. Kommt es zu einem Überschreiten der Leitplanken von Ökosystemen und Biodiversität, besteht die Gefahr, dass Volkswirtschaften und die Bevölkerung einen hohen Schaden erleiden.

- Eine Steigerung des Wirtschaftswachstums besonders im primären Sektor, aber auch eine gezielte Förderung des Exportsektors kann zu einem Verelendungswachstum führen, worauf Bhagwati schon früh aufmerksam gemacht hat (Bhagwati 1958). Bei einer Expansion industrieller Exporte kann es zu einer tendenziellen Verschlechterung der terms of trade des betreffenden Landes kommen, die zu einem Verelendungswachstum (pauperization growth) führt (Hemmer 2002, S. 659). Das Problem besteht einerseits darin, dass die Angebotskapazitäten der betreffenden Industrie schneller zunehmen als die internationale Nachfrage nach den Produkten, und dass sich andererseits mehrere Entwicklungsländer im gleichen Zeitraum auf die Produktion derselben Produkte spezialisieren.

Die zentralen Probleme vieler Entwicklungsländer in den 1990er Jahren waren die steigende Massenarmut und die aufkommenden Umweltkrisen sowie die damit verbundenen Folgeprobleme. Das wurde sowohl durch den Human Development Report 1990, den Weltentwicklungsbericht der Weltbank 1990 als auch durch die Berichte des World Watch Institute übereinstimmend bestätigt. Die folgende Abbildung zeigt jedoch, dass die Anzahl der extrem Armen vor allem seit 1993 zurückgegangen ist. Die Weltbank spricht in diesem Zusammenhang von extremer Armut, wenn der durchschnittliche tägliche Konsum 1,90 US-$ oder weniger entspricht.

Betrug die Anzahl der Armen im Jahr 1981 noch 1.913 Mio., konnte bis zum Jahr 2010 eine Verringerung auf nur noch 1.199 Mio. erzielt werden. Dies trifft jedoch nicht auf alle Regionen zu. Afrika (ohne Subsahara) ist die einzige Region in der Welt, in der die Zahl der Armen zwischen 1981 und 2010 beständig anstieg. Die Abbildung verdeutlicht auch, dass die Armutsproblematik vor allem in den Regionen Asien (besonders in Indien) und Afrika noch stark präsent ist. Weiterhin sollte die Bevölkerung stärker berücksichtigt werden, die durch Armut gefährdet ist bzw. sich knapp über der Armutsgrenze befindet.

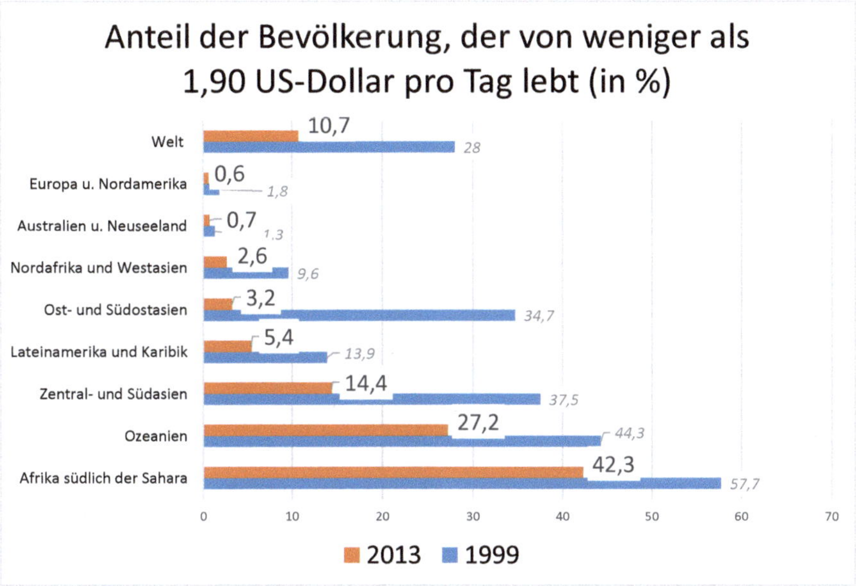

Abbildung 2: Anteil der Bevölkerung, die von weniger als 1,90 US-Dollar pro Tag lebt - 1999 und 2013 (in %) (Quelle: Vereinte Nationen: Ziele für nachhaltige Entwicklung, Bericht 2017, 2017)

Es lässt sich demnach feststellen, dass ca. 721 Mio. Menschen weniger an extremer Armut leiden, als noch vor 30 Jahren. Die Rate der Armutsreduktion überstieg dabei sogar die Erwartungen des ersten Millennium Development Goal, welches eine fünfzigprozentige Reduktion extremer Armut bis 2015 anstrebte. So ist festzustellen, dass das Ausmaß extremer Armut im Durchschnitt aller Entwicklungsländer seit 1981 stetig abgenommen hat. Mehrere Faktoren spielen für die erfolgreiche Bekämpfung der Armut eine Rolle. Dabei gilt zu berücksichtigen, dass die Reduktion von Armut vor allem in Entwicklungsländern mit niedrigem Einkommensniveau weniger erfolgreich verlief. So stieg die Zahl der extrem armen Menschen in Ländern mit niedrigem Einkommensniveau trotz der im Durchschnitt positiv zu bewertenden Entwicklungstendenzen um etwa 29 % (Abbildung 3).

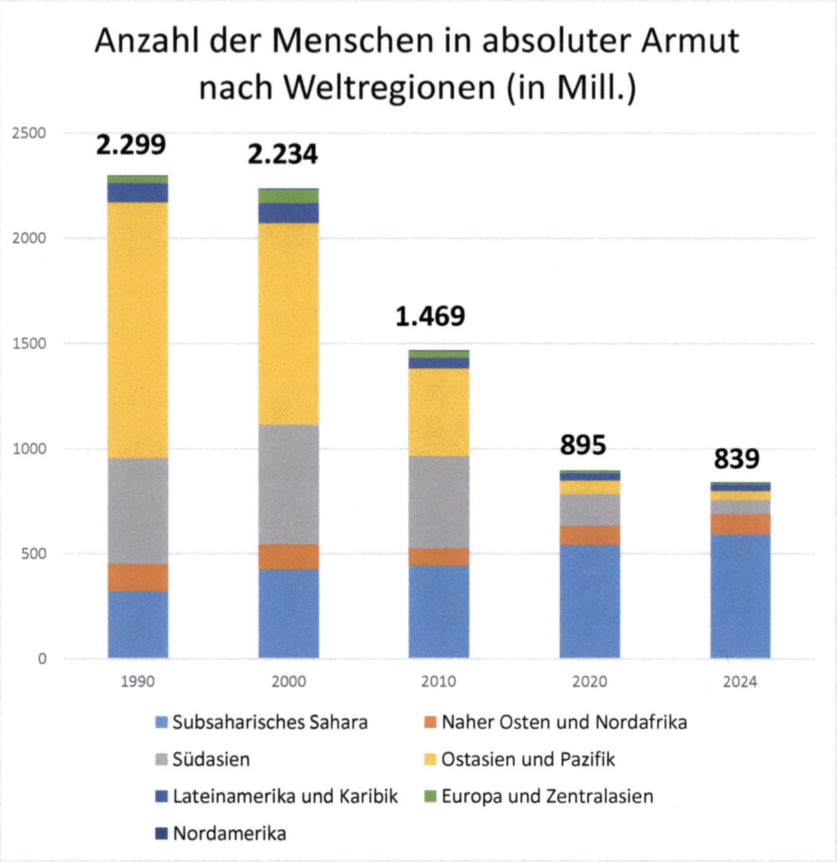

Abbildung 3: Entwicklungstendenzen extremer Armut (Quelle: International Bank for Reconstruction and Development, World Bank, 2025)

Die Ausführungen verdeutlichen zwar die positiven Entwicklungstendenzen hinsichtlich der Armutsbekampfung. Sie verdeutlichen aber auch wie komplex die Analyse von Armut ist. 2024 lebten nach einem UN Bericht, der von dem Entwicklungsprogram UNDP erstellt wurde etwa 1,1 Milliarden Menschen in extremer Armut, wobei mehr als die Hälfte Kinder sind. Wendet man sich den Ursachen zu, so kann man feststellen, dass etwa 40 Prozent, also 455 Millionen Menschen, der Armutsbetroffenen in Konfliktgebieten leben. „Die allgemeine Armutsquote ist in Konfliktgebieten drei Mal so hoch wie in konfliktfreien Gebieten“, stellte Ophi-Direktorin Sabina Alkire fest. Leider gehe auch die Reduzierung von Armut in diesen Gebieten langsamer voran.

Die entwicklungshemmenden Probleme der Massenarmut können zumindest auf zwei Ebenen aufgezeigt werden:

- **Folgen für die Betroffenen:** Armut und vor allem extreme Armut führen für die Betroffenen zu psychischer und physischer Verelendung, u.a. durch unzureichende bzw. mangelnde Ernährung, Mangel an gesundheitlicher Versorgung, einem Mangel an Grund- bzw. berufsspezifischer Bildung und die Marginalisierung auf den Arbeitsmärkten. Daneben gibt es noch weitere Folgen der Armut, weshalb man heute zwischen der ökonomischen, der sozialen oder menschlichen und der politischen Dimension von Armut unterscheidet (Durth, Körner, Michaelowa 2002 S. 13 ff). Die Betroffenen haben in der Regel nur in Ausnahmefällen eine Chance, sich aus der Armut und den Folgeproblemen herauszulösen, sodass häufig auch noch die nächste Generation darunter zu leiden hat (Vererbung von Armut). Dabei ist aber zu berücksichtigen, dass die Armutsgrenze keine unüberwindbare Hürde ist. Es gibt eine gewisse Mobilität, wonach sich ein Teil der Armutsbevölkerung – zumindest temporär – aus der Armut lösen kann, während andere unter die Armutsgrenze absinken.
- **Folgen für die Volkswirtschaft der betroffenen Länder:** Massenarmut erzeugt Folgeprobleme, zum Beispiel im Rahmen von Slumbildung in Städten, einer Verschärfung ökologischer Probleme, u. a. durch den Raubbau im landwirtschaftlichen Sektor und durch die mangelnde Nutzung des Humankapitalpotenzials. Massenarmut behindert auch die gesamtwirtschaftliche Dynamik, da die Nachfrage der Armutsbevölkerung sich auf existenziell notwendige Güter und Dienstleistungen auf niedrigem Niveau beschränkt.

Insofern lässt es sich nachvollziehen, weshalb gerade Anfang der 1990er Jahre die Konferenz von Rio de Janeiro stattfand und das Leitbild nachhaltiger Entwicklung für das 21. Jahrhundert als das neue Paradigma einer ausgewogenen Entwicklung von der internationalen Staatengemeinschaft aufgenommen wurde.

2.3 Entwicklungsökonomische Theorieansätze

Das Verständnis für die entwicklungsökonomische Theoriediskussion erfordert, dass zunächst zwischen Entwicklungstheorie und Entwicklungsökonomie unterschieden wird. Entwicklung lässt sich im allgemeinen Sinne als ein stufenweiser Prozess verstehen. Entsprechend wurden von Adam Smith bis zu Walt Rostow (1963) Stufen- oder Stadientheorien wirtschaftlicher Entwicklung formuliert. Danach sind wachsende Volkswirtschaften sich entwickelnde bzw. evolutorische Ökonomien (Hagemann 2006, S. 193). Der Entwicklungsbegriff wurde ganz wesentlich durch Joseph Alois Schumpeters *„Theorie der wirtschaftlichen Entwicklung"* (1911) schon früh in den deutschen Sprachraum eingeführt. Schumpeter wies in diesem Zusammenhang darauf hin, dass Wachstum stets auch mit Schwankungen der wirtschaftlichen Aktivitäten verbunden ist, d. h., dass Zyklen von unterschiedlicher Länge und Intensität existieren.

Hiervon ist die Entwicklungsökonomie zu unterscheiden, die als eigenständige wirtschaftswissenschaftliche Teildisziplin hauptsächlich nach dem Zweiten Weltkrieg entstand. Die Entkolonialisierung nach dem Zweiten Weltkrieg hat ganz wesentlich zu der Entstehung der Entwicklungsökonomie beigetragen (zu einer Vertiefung vgl. Akude 2011, S. 71 ff, Todaro, Smith 2020, S. 109 ff). Vielfach wird der Beitrag von Rosenstein-Rodan als Grundstein für die Entwicklungsökonomie genannt (Rosenstein-Rodan 1943). In der Folge kam es zu einer Vielzahl von entwicklungsökonomischen Theorieansätzen, die sich teilweise bis heute unversöhnlich gegenüberstehen (Menzel et al. 2016). Eine der bedeutendsten Kontroversen war jene zwischen Modernisierungstheorien und Dependenztheorien. Ein Verständnis für die Entwicklungsökonomie soll im Folgenden durch eine chronologische Abhandlung wichtiger Theorieansätze vermittelt werden. Im Anschluss an die Darstellung der verschiedenen Theorieansätze werden dann die sich daraus ableitenden Strategieansätze vorgestellt. Dabei ist jedoch zu berücksichtigen, dass nur ausgewählte Theorie- und Strategieansätze vorgestellt werden.

Betrachtet man hierzu die einschlägige Literatur, so lässt sich feststellen, dass die chronologische Systematisierung der Theorieansätze teilweise etwas voneinander abweicht. Sangmeister und Schönstedt erläutern beispielsweise nicht nur ökonomische Theorieansätze, sondern berücksichtigen auch soziologische und politikwissenschaftliche Theorieansätze (Sangmeister, Schönstedt 2009). Im Folgenden werden nur die im engeren Sinne einzuordnenden ökonomischen Theorieansätze erläutert. Hierbei handelt es sich um folgende vier Gruppen von Theorieansätzen (Todaro, Smith 2020):

- Theorien des Wachstums und der Modernisierung,
- Theorien des strukturellen Wandels,
- die Dependenztheorien,
- die neoklassische Theorie (Free Market Counterrevolution).

In jüngerer Vergangenheit kam es zu einem Aufleben postkolonialer Theorieansätze, die mit einbezogen werden.

Wachstums- und Modernisierungstheorien

Als Begründer der modernen Entwicklungstheorien wird Paul Rosenstein-Rodan (1902-1985) genannt. Er ist den wenigen Ökonomen zuzurechnen, die in ihrer Zeit davon ausgingen, dass sich die Situation der rückständigen Länder von jener der fortgeschrittenen grundlegend unterscheidet. Wichtige Merkmale seiner Theorie waren die Rolle des Staates und die Notwendigkeit externer Kapitalzufuhr, mit denen es in den Entwicklungsländern zu einem Big Push in Richtung Industrialisierung kommen sollte. Bei seiner Analyse geht er davon aus, dass es nicht möglich ist, den Großteil der Menschen aus Entwicklungsländern in entwickelte Länder zu bringen.

Wenn man jedoch die Menschen nicht zu den Produktionsinstrumenten bringen kann, wie Rosenstein-Rodan feststellt, sollten die Produktionsinstrumente zu den Menschen gebracht werden. Das bedeutet, Experten und Kapital in Entwicklungsländer zu transferieren, um die Industrialisierung zu fördern. Ein weiterer wichtiger Aspekt in seinen Überlegungen war die Förderung und Diversifizierung der landwirtschaftlichen Produktion.

> „Wenn wir uns vor Augen führen, dass der wichtigste Fortschritt einer Industrienation nicht so sehr auf dem quantitativen Wachstum der Industrieprodukte beruht, sondern auf deren zunehmender Vielfalt, dann sollte das Gleiche in sehr hohem Maße zutreffen." (Rosenstein-Rodan 1943, S. 202)

Ein weiterer wichtiger Vertreter der Wachstums- und Modernisierungstheorien ist Walt Whitman Rostow (1916-2003). Er gilt als einer der bedeutendsten Stufentheoretiker. Sein wichtigstes Werk ist ***„The Stages of Economic Growth“***. Er zeigt auf, dass jede Gesellschaft in wirtschaftlicher Hinsicht in eine Kategorie (Stadium) eingeordnet werden kann:

- Die traditionelle Gesellschaft,
- die Anlaufperiode, bei der die Voraussetzungen für den wirtschaftlichen Aufstieg (Take-off) geschaffen werden,
- die Periode des wirtschaftlichen Aufstiegs,
- die Entwicklung zur Reife,
- das Zeitalter hohen Massenkonsums.

Für Rostow war es nach seinen eigenen Erkenntnissen nicht möglich, etwas über die Entwicklung nach dem Konsumzeitalter auszusagen. Tendenziell geht er unter Betrachtung der amerikanischen Gesellschaft davon aus, dass es zu einem sinkenden Grenznutzen für dauerhafte Konsumgüter kommt. Ein zweites Merkmal ist für ihn die wachsende Bevölkerungszahl. Daraus lässt sich jedoch nach seiner Auffassung kein neues Wachstumsstadium ableiten. An der Rostow'schen Stadientheorie kam es zu einer umfassenden Kritik, bei der es hauptsächlich um die Frage ging, ob es sich hierbei um eine Theorie oder um eine Beschreibung von Entwicklungsprozessen handelt. Diese Kritik soll hier jedoch nicht weiter vertieft werden.

Als weitere Wachstumstheorie wird teilweise noch das Modell von Harrod und Domar genannt. Dabei geht es um die Frage, wie es längerfristig zu einem gleichgewichtigen Wachstum kommen kann. Hierbei berufen sich Harrod und Domar auf die Grundlagen der Keynesianischen Theorie. Bei dem Harrod-Domar-Modell handelt es sich somit um eine frühe postkeynesianische Wachstumstheorie, bei der Investitionen in den Mittelpunkt der Überlegungen gestellt werden. Dabei wird von einem dualen Charakter der Investitionen ausgegangen. So ergibt sich zum einen aus der Investitionsgüternachfrage eine gesamtwirtschaftliche Einkommenssteigerung. Zum anderen werden der Kapitalbestand der Volkswirtschaft erhöht und somit nachfolgend auch die Produktionskapazitäten vergrößert. Harrod und Domar berücksichtigten diesen längerfristigen Kapazitätseffekt und untersuchten die

> „Bedingungen für ein Wachstum, bei dem sich Güterangebot und Güternachfrage im Gleichschritt entwickeln." (Engelkamp; Sell 2011, S. 289)

Die entwicklungsökonomische Debatte der 1950er und frühen 1960er Jahre wurde weitgehend auf wirtschaftliches Wachstum fokussiert. Dabei unterschieden sich zwei ökonomische Richtungen: die Vertreter eines ausgewogenen Wachstums, die dafür plädierten, dass es zu einem gesamtwirtschaftlichen Wachstum kommen soll. Sie grenzten sich von den Vertretern eines unausgewogenen Wachstums ab, die befürworteten, dass es in einigen bedeutenden Sektoren einer Volkswirtschaft zu Wachstum kommen soll (Hagemann 2016, S. 154). Diese beiden Ansätze werden in dem Abschnitt über die Strategien noch einmal näher erläutert. Sie führten zu den Theorien des strukturellen Wandels.

Theorien des strukturellen Wandels

Im Mittelpunkt dieser Theorieansätze steht der Mechanismus, nach dem weniger entwickelte Ökonomien sich von einer agrarisch orientierten Subsistenzwirtschaft zu einer modernen auf Industrialisierung ausgerichteten Wirtschaft transformieren. Dabei bedienen sich die Vertreter dieser Theorieansätze in der Regel der neoklassischen Preistheorie und Ressourcenallokation und beschreiben, wie dieser Transformationsprozess sich vollzieht. In der Literatur wird besonders das Lewis-Modell hervorgehoben. William Arthur Lewis (1915-1991) analysierte in seinem Modell die duale Wirtschaft als wesentliches Merkmal von Entwicklungsländern. Er stellte dieses Modell erstmals 1954 in seinem Artikel *„Economic Development with Unlimited Supplies of Labour"* vor.

In seinem Modell stellt er sich gegen die neoklassischen Annahmen, wonach der Produktionsfaktor Arbeit limitiert ist. Er geht vielmehr von der Annahme aus, dass in Entwicklungsländern im Prinzip eine unbegrenzte Anzahl von Arbeitskräften zur Verfügung steht. Auf dieser Grundlage geht Lewis von einer Dualität des Marktes aus und differenziert zwischen einem traditionellen Agrarsektor und einem modernen Industriesektor. Der Agrarsektor bietet die Möglichkeit, dem Industriesektor Arbeitskräfte zur Verfügung zu stellen. Dabei zeichnet sich der traditionelle Agrarsektor durch geringe Löhne, eine niedrige Produktivität und wenig Kapital aus.

Im Gegensatz dazu weist der moderne Industriesektor hohe Löhne, eine kapitalintensive Produktion und umfangreiche Investitionen auf. Der Überhang an Arbeitskräften in dem Agrarsektor soll dazu beitragen, dass Arbeitskräfte in den Industriesektor wechseln und dort zur Steigerung der Produktion und somit auch zur Erhöhung des Wachstums im Industriesektor beitragen. Da der industrielle Sektor in Entwicklungsländern grundsätzlich noch ein großes Potenzial an Wachstum aufweist, kann der Industriesektor die überschüssigen Arbeitskräfte absorbieren. Die Abwanderung von Arbeitskräften aus dem Agrarsektor in den Industriesektor führt dazu, dass langfristig eine gewisse Knappheit an Arbeitskräften auftritt und dadurch die Löhne und die Produktivität im Agrarsektor steigen.

Das Lewis-Modell wurde besonders durch Theodore William Schultz kritisiert. Er argumentiert, dass die Abwanderung von Arbeitskräften in den Industriesektor den Output des traditionellen landwirtschaftlichen Sektors negativ beeinflusst. Damit bezweifelt er die Annahme von Lewis, wonach viele Arbeitskräfte im Agrarsektor eine Produktivität von Null aufweisen und somit zum Output des Agrarsektors nicht essenziell beitragen. Positiv hervorzuheben ist, dass das Lewis-Modell zu einer umfangreichen Diskussion beitrug, die zu einer Vielzahl und Vielfalt von dualismustheoretischen Modellen führte. Einen wichtigen Beitrag leistete beispielsweise der Holländer Julius Herman Boeke, der als Kolonialbeamter in Niederländisch-Indien (dem heutigen Indonesien) arbeitete. In seinem wichtigen Werk *„Economics and Economic Policies of Dual Societies"* erläutert Boeke seine eigenen Erfahrungen in Indonesien. Er zeigt auf, wie der einheimischen Gesellschaft ein moderner Plantagensektor „aufgepfropft" wurde, ohne den traditionellen Sektor zu absorbieren (Menzel 2010, S. 70). Danach entsteht also neben der traditionellen Gesellschaft ein moderner, exportorientierter Plantagensektor. Insofern stehen sich die Erkenntnisse des Lewis-Modells und des Boeke-Modells konträr gegenüber. Ein weiterer wichtiger Vertreter der Dualismustheorie war Myrdal (1959).

Die Dualismustheorie fand in den 1970er Jahren große Beachtung. Dualistische Strukturen erklären sich daraus, dass sich eine Gesellschaft bzw. eine Volkswirtschaft im Rahmen ihres historischen Entwicklungsablaufes in einen *„primitiven bzw. traditionellen"* und einen *„modernen"* Sektor aufspalten. Der „primitive bzw. traditionelle" Bereich entwickelt sich über einen langen Zeitraum und kann insofern als gewachsen bezeichnet werden. Dagegen ist der *„moderne oder fortschrittliche"* Bereich weitgehend importiert, indem viele Entwicklungsprozesse von außen stark beeinflusst wurden. Der moderne Bereich ist jedoch häufig in das gesamte Wirtschafts- und Gesellschaftssystem nur unzureichend integriert, wodurch sich die beiden Bereiche unverbunden gegenüberstehen. So kommt es in vielen Entwicklungsländern dazu, dass moderne und effiziente Produktionseinheiten entstehen, die dann der Subsistenzlandwirtschaft gegenüberstehen. Ein aktuelles Beispiel ist Indien, wo sich diese Strukturen teilweise bis heute noch beobachten lassen.

Nach Auffassung der strukturalistischen Dualismustheoretiker ist diese Wirtschaftsspaltung nicht zu überwinden. Die dualistischen Strukturen haben vielmehr die Tendenz, sich noch zu verstärken, indem Rohstoffe, Sach- und Humankapital vor allem in jene Bereiche wandern, die das höchste Entwicklungs-, d. h. Produktivitätsniveau aufweisen. Weiterhin hat der moderne Bereich einen direkten Zugang zum Finanzsektor, während die Subsistenzwirtschaft kaum Zugang zum Finanzsektor hat, was sich auf die wirtschaftliche Entwicklung der Subsistenzwirtschaft negativ auswirkt. Schließlich ist darauf hinzuweisen, dass die Effekte der Selbstverstärkung auch auf das Gebiet des technischen Wissens übergreifen, da der moderne Bereich von technischem Wissen deutlich mehr profitiert als der traditionelle Bereich.

Es besteht heute ein breiter Konsens, dass dualistische Strukturen durch Unterentwicklung verursacht werden und gleichzeitig Unterentwicklung durch dualistische Strukturen noch verschärft werden. Jedoch wurde schon relativ früh kritisch hinterfragt, ob sich eine *„teufelskreisähnliche Konstellation"* zwangsläufig fortsetzt. Gesellschaftliche Systeme sind in der Regel für soziokulturelle Veränderungen offen. Daher sind dualistische Strukturen kein unveränderliches Konstrukt. Weiterhin besteht heute weitgehend Einigkeit, dass eine wirtschaftliche Spaltung in Entwicklungsländern nicht so tief ist, dass damit ein unüberwindbarer Graben besteht. Es kommt zu Interaktionen bzw. Austausch, auch wenn diese weniger intensiv ausgeprägt sind, als bei weitgehend homogenen Strukturen. So lässt sich beispielsweise feststellen, dass auch viele Industrieländer dualistische Entwicklungsphasen durchlaufen und überwunden haben.

Dependenztheorien

Die entwicklungsökonomische Theoriediskussion wurde Ende der 1960er, Anfang der 1970er Jahre einerseits durch die empirisch-ökonometrischen Untersuchungen der Weltbank beeinflusst und andererseits von der bereits in den 1960er Jahren in Lateinamerika entstandenen Dependenztheorie geprägt. Die folgenden Ausführungen konzentrieren sich zunächst auf die stark marxistisch beeinflusste Dependenztheorie. Sie wandte sich primär dem Zusammenhang von Kapitalismus und Unterentwicklung zu. Im engeren Sinne gab es nicht die Dependenztheorie, sondern dependenztheoretische Ansätze, die wesentliche Impulse durch das von Raul Prebisch (1950) bei der *"Economic Commission for Latin America (ECLA)"* der Vereinten Nationen entwickelte Kern-Peripherie-Modell enthielten.

Aber auch die von Paul A. Baran (1957) und Baran/Sweezy (1966) formulierten neomarxistischen Ansätze und die kubanische Revolution übten wichtige Impulse aus (Hagemann 2006, S. 196). Neben Cardoso und Furtado ist in diesem Kontext als wichtiger Vertreter der in Berlin geborene André Gunder Frank (1967) zu erwähnen. Er stellt in seinem Buch „Kapitalismus und Unterentwicklung in Lateinamerika" die These auf, dass die einzige politische und wirtschaftliche Lösung in einer unmittelbaren sozialistischen Revolution bestehe. Obwohl es im engeren Sinne nicht eine Dependenztheorie gibt, sondern eine große Bandbreite von theoretischen Begründungen und politischen Positionen, die darunter einzuordnen sind, lassen sich doch einige grundlegende Gemeinsamkeiten aufzeigen. Die Mehrzahl der Dependenztheoretiker wandte sich besonders gegen modernisierungstheoretische Erklärungen von Unterentwicklung als eine Folge von endogenen Defiziten. Sie weisen darauf hin, dass die Geschichte der Unterentwicklung zeige, dass diese auf die Eingliederung der ehemaligen Kolonien in den von kapitalistischen Metropolen beherrschten Weltmarkt zurückzuführen ist (Nuscheler 2005, S. 216).

Besonders die lateinamerikanischen Dependenztheoretiker knüpften bei ihrer Analyse der Entwicklungsprobleme an Lenins Imperialismuskritik an, wobei sie den Begriff der Abhängigkeit nicht nur an Handels- und Kapitalströmen, sondern auch an der Wirtschafts- und Sozialstruktur und den Klassen- und Herrschaftsverhältnissen festmachten. So kam es zur strukturellen Abhängigkeit als Folge der Einbindung in den Weltmarkt. Daraus begründet sich schließlich der entwicklungspolitische Imperativ der Abkopplung und der autozentrierten Entwicklung, d. h. einer nach innen gerichteten Entwicklung.

Es lässt sich nicht bestreiten, dass die Dependenztheorien durch ihre Betonung der Verkettung, besonders von exogenen, aber auch von endogenen Strukturproblemen, einiges zum Verständnis von Unterentwicklung beigetragen haben. Die monokausale Verortung der Ursachen von Unterentwicklung in der Einbindung in den Weltmarkt führte jedoch zunehmend zu einer kritischen Hinterfragung. Die großen Erfolge der vier asiatischen Tigerstaaten, aber auch einiger lateinamerikanischer Länder durch die Integration in den Weltmarkt führten schließlich dazu, dass empirische Erkenntnisse die dependenztheoretischen Ansätze weitgehend in Frage stellten. Dennoch gibt es auch heute noch Publikationen, beispielsweise des Genfer *„South Center"*, aber auch von Vertretern des Südens, wie dem

Thailänder Walden Bello oder dem Malaysier Martion Khor, die auf bekannte dependenztheoretische Argumentationslinien zurückgreifen (Khor 2000).

Zusammenfassend kann festgestellt werden, dass die dependenztheoretische Diskussion im Gegensatz zu vielen anderen entwicklungstheoretischen Diskussionen ganz wesentlich durch Vertreter aus lateinamerikanischen Ländern geprägt war. Die dependenztheoretischen Ansätze waren bis in die 1980er Jahre die populärste Alternative zu dem wachstums- und modernisierungstheoretischen Paradigma. Der zentrale Grundgedanke aller Dependenztheorien ist, dass es zu existenzhierarchischen Abhängigkeiten (Dependenzen) zwischen Industrie- (Metropolen) und Entwicklungsländern (Peripherie) gekommen ist. Erwähnt werden sollte auch, dass die Dependenztheorie besonders von der Befreiungstheologie aufgegriffen wurde.

Ausgangspunkt der dependenztheoretischen Erklärungsmuster ist, dass die fortdauernde Dependencia, d. h. die wirtschaftliche und politische Abhängigkeit vieler lateinamerikanischer Länder, ihren Ursprung in der Jahrhunderte andauernden Kolonialherrschaft habe. Die Einbindung der Kolonien in das entstehende kapitalistische Weltsystem führte zu einem permanenten Ressourcenabfluss, zunächst durch Plünderungen und später indirekt durch die aufkommenden Handelsbeziehungen. Der Ressourcenabfluss habe sich auch nach der offiziellen Erlangung der Unabhängigkeit lateinamerikanischer Staaten, so die Vertreter der Dependenztheorie, fortgesetzt. Nach Auffassung der Dependenztheoretiker haben sich lediglich die Akteure geändert: Während es zur Zeit der Kolonialherrschaft noch die Regierenden von Spanien und Portugal waren, sind es später die führenden Industriemächte wie Großbritannien und die USA, die diesen Ressourcenabfluss zu ihren eigenen Gunsten initiierten.

Später kam es zu einer Generalisierung der dependenztheoretischen Erklärung auf die Entwicklungsländer allgemein. Die zentrale Erkenntnis war, dass die Länder der Peripherie (Entwicklungsländer) abhängig von den führenden Industrieländern (Metropolen) seien, d. h. von dem Zentrum des kapitalistischen Weltsystems. Dabei wird das kapitalistische Weltsystem nicht nur durch die Industrieländer im weitesten Sinne, sondern ganz wesentlich auch durch die multinationalen Unternehmen und durch machtvolle Akteure in den Entwicklungsländern selbst bestimmt. Eine Unterentwicklung kann daher nicht nur durch eine Veränderung der Weltwirtschaftsordnung überwunden werden, sondern auch durch eine grundlegende Veränderung innergesellschaftlicher Strukturen der betroffenen Länder der Peripherie.

Die neoklassische Theorie (Free Market Counterrevolution)

In den 1980er Jahren kam es aufgrund der konservativen Regierungen in den Vereinigten Staaten, Kanada, England und Deutschland zu einer „*Neoclassical Counterrevolution*“ in der ökonomischen Theorie und Wirtschaftspolitik (Todaro, Smith 2020). Dadurch bekam die Angebotsökonomie, aber auch die Privatisierung öffentlicher Unternehmen einen neuen Aufschwung. Auch die Weltbank und der internationale Währungsfonds, als die beiden großen internationalen Finanzinstitutionen, haben sich dieser Neuorientierung angeschlossen. Dieser Position standen erwartungsgemäß die internationale Arbeitsorganisation (ILO), aber auch das United Nations Development Programme (UNDP) und die United Nations Conference on Trade and Development (UNCTAD) kritisch gegenüber.

Das wesentliche Argument der Vertreter der neoklassischen Gegenrevolution ist, dass mangelnde Entwicklung das Resultat einer unzureichenden Ressourcenallokation und Preisbildung in den entsprechenden Ländern sei. Ein weiteres Defizit zur Überwindung der Unterentwicklung seien die zu umfangreichen staatlichen Eingriffe in viele Bereiche der Wirtschaft. Die führenden Vertreter der „*Counterrevolution School*“ wie Peter Bauer, Deepak Lal, Ian Little, Harry Johnson, Bela Balassa, Jagdish Bhagwati und Anne Krueger argumentieren, dass es besonders die staatlichen Interventionen in ökonomische Bereiche seien, die das wirtschaftliche Wachstum verlangsamen.

Die Attraktivität für ausländische Investoren lässt sich nach diesen Vertretern nur dann erhöhen, wenn die Wettbewerbsfähigkeit freier Märkte, die Privatisierung staatlicher Unternehmen, die Förderung des freien Handels und der Exportsektor gestärkt würden. Insofern stehen die Vertreter der neoklassischen Gegenrevolution den Vertretern der Dependenztheorie konträr gegenüber, indem sie beklagen, dass der umfassende Staat Korruption und Ineffizienz, aber auch einen Mangel an ökonomischen Anreizen verursacht. Für die Überwindung von Unterentwicklung sind daher nicht die Reform des Weltwirtschaftssystems notwendig, sondern eine Stärkung der nationalen Märkte und eine Reduzierung des staatlichen Reglements.

Als positive Beispiele für diese Position werden die vier asiatischen Tigerstaaten Südkorea, Taiwan, Singapur und Hongkong genannt. In diesem Kontext fanden auch die endogene Wachstumstheorie und der Zusammenhang von Wachstum und Außenhandel eine besondere Beachtung. In jüngster Zeit wird jedoch in zunehmendem Maße die „*Neoclassical Counterrevolution*“

durch das Paradigma der nachhaltigen Entwicklung in Frage gestellt. Dieses Paradigma wird in den folgenden Kapiteln inhaltlich konkretisiert.

Die 1980er Jahre waren weltweit durch amerikanische Ökonomen wie Romer, Arrow und Lucas, d. h. also durch Vertreter der endogenen Wachstumstheorie geprägt. Das gilt mit gewissen Abweichungen auch für die Entwicklungsökonomie, die aus einer einstmals weitgehend heterodoxen Teildisziplin stärker in den neoklassischen Mainstream integriert wurde (Usher 1996). Als Beispiel hierfür nennt Hagemann den von Stiglitz und Weiss (1981) entwickelten Ansatz der Kreditrationierung auf Märkten mit unvollkommenen oder asymmetrischen Informationen, der in Entwicklungsländern für nahezu die gesamte Ökonomie relevant ist (Hagemann 2006, S. 207).

Hinzu kommen noch die Arbeiten beispielsweise von Theodor W. Schultz (1980) und Abramovitz (1986) über die herausragende Rolle des Humankapitals. Danach erhielten die neueren Beiträge zur endogenen Wachstumstheorie auch in der Entwicklungsökonomie eine zunehmende Bedeutung. Hierbei geht es u. a. um die Relevanz von Ausbildung und der Effizienz von Bildungsmaßnahmen zur Steigerung des Wirtschaftswachstums. Weiterhin geht es im Rahmen der endogenen Wachstumsmodelle auch wesentlich um die Bedeutung des endogenen technischen Fortschritts für das Wirtschaftswachstum.

Diese Thematik hat dann auch die neue Außenhandelstheorie stark beeinflusst (v. Hauff, Jörg 2017, S. 88 ff). Hierbei geht es um die Frage, welche Bedeutung der Handel von Gütern und Dienstleistungen unter Berücksichtigung des technischen Fortschritts hinsichtlich einer Verbesserung des technologischen Niveaus in den Entwicklungsländern hat. Abschließend ist noch darauf hinzuweisen, dass besonders aus der entwicklungsökonomischen Theoriediskussion der 1990er Jahre noch viele partielle Ansätze hervorgingen (Todaro/Smith 2020). Sie können hier jedoch nicht im Einzelnen gewürdigt werden. In den vergangenen Jahren ging es weiterhin um das Bemühen, die ökonomische Analyse von Entwicklungsprozessen um politische, gesellschaftliche und institutionelle Aspekte zu erweitern (Durth, Körner, Michaelowa 2002).

Wie jedoch schon erwähnt, kam es in den 1990er Jahren kaum zu einer Weiterentwicklung der Entwicklungstheorien mit globaler Reichweite. In zunehmendem Maße wurde vielmehr konstatiert, dass sich die Entwicklungstheorie in einer Krise befand. Die Diskussion war dadurch gekennzeichnet, dass sich die Theoretiker mit dem Zustand der eigenen Disziplin selbstkritisch beschäftigten. Durch die Aufsplitterung in verschiedene Schauplätze konnte nicht mehr beansprucht werden eine große Theorie zu liefern (Menzel 2010, S. 147).

Exkurs: Postkoloniale Ansätze

Postkolonialismus bzw. postkoloniale Theorie haben sich Mitte des 20. Jahrhunderts im Rahmen der Auseinandersetzung mit der Geschichte des europäischen Kolonialismus und Imperialismus entwickelt (Alkin, Geuer 2022). Postkolonialistische Ansätze wenden sich primär Kultur und Identität der durch Kolonisierung geprägten Nationen zu. Damit wurde die lange Zeit positiv bewertete Kolonialisierungsgeschichte interdisziplinär kritisch hinterfragt. Als Gründungsdokument gilt die Schrift von Said „Orientalismus" (Varela, Dhawan 2005). Die Ansätze haben ein emanzipatorisches Interesse den kulturellen Wissensstand zu rekonstruieren.

Die meisten Vertreter verstehen die Ansätze jedoch nicht nur in einem wissenschaftlichen Sinne, sondern auch als eine Form des Widerstands. Die Beiträge sind weniger der Entwicklungsökonomie als vielmehr der Politikwissenschaft zuzuordnen, was sicher unzureichend ist, da Postkolonialismus auch ökonomisch relevant ist. So hat besonders die marxistische Kritik am Postkolonialismus darauf hingewiesen, dass die ökonomischen Ursachen des Kolonialismus vernachlässigt wurden. Das Interesse der Kolonialmächte an den Kolonien sei teilweise sogar primär ökonomisch ausgerichtet gewesen. Da die postkolonialen Ansätze in jüngerer Vergangenheit zunehmend Beachtung finden, werden sie hier kurz abgehandelt.

Bereits zu Beginn des 20. Jahrhunderts erhielt der Begriff Entwicklung im Sinne des Kolonialismus teilweise eine Wiederbelebung. Damit wurden entwicklungspolitische Maßnahmen in „rückständige" Gesellschaften gerechtfertigt. Das basierte im Prinzip auf der Maxime der ehemaligen Kolonialmächte, wonach wirtschaftliche Ausbeutung und politische Kontrolle über die Kolonien als „zivilisatorische Mission" galt und dabei den kolonisierten Ländern und deren Bevölkerung westliche Werte, Technologien und Regierungsformen vorgaben bzw. aufoktroyierten (Ziai 2013, S. 16). Dies wird von Vertretern der postkolonialen Ansätze als Grundstein für die Entwicklungspolitik, wie sie sich nach dem 2. Weltkrieg entwickelte, gesehen: Menschen bzw. Gesellschaften werden von außen entwickelt was von außen gefördert bzw. unterstützt werden muss. (Kößler 1998, S. 83). Die zentrale Annahme postkolonialer Ansätze ist, dass Kolonien nur politisch befreit wurden. In den Ländern des Südens bestehe jedoch weiterhin Hegemonie eurozentristischer Sichtweisen, die sich daraus begründet, dass im Prozess der Kolonialisierung ein „gewaltförmiger Kulturkontakt“ stattfand, der dazu führte, dass eine Kultur verändert oder ganz zerstört wurde. So blieben sie geistig oft Kolonisierte.

Wie im Rahmen der vier Entwicklungsdekaden bereits aufgezeigt wurde, gewann wirtschaftliches Wachstum in den Kolonien eine zentrale Bedeutung, wodurch traditionelle Werte und soziale Strukturen im globalen Süden durch moderne Normen und Systeme des globalen Nordens in den Hintergrund gedrängt wurden. Das begründet die Entwicklung und Umsetzung der Modernisierungstheorien. Durch das Bekenntnis zu der Agenda 2030 mit den 17 SDGs im Jahr 2015 wurden alle Gesellschaften weltweit im Sinne nachhaltiger Entwicklung zu „Entwicklungsgesellschaften“, die sich in einem kontinuierlichen Entwicklungsprozess befinden (Kornprobst et al. 2020). Der Begriff Entwicklung führte jedoch nicht zu einem einheitlichen Verständnis, sondern war weiterhin durch die Dichotomie „fortschrittlich“ und „rückständig“ gekennzeichnet, was sich auch in der Differenzierung globaler Norden und globaler Süden widerspiegelt. Daher kam es zu der Forderung sich mit Machtverhältnissen, Privilegien und Ausschlüssen kritisch auseinander zu setzen. Zu erwähnen ist, dass man in Deutschland dem wissenschaftlichen Interesse an diesem Themenkomplex mit der Einrichtung eines politikwissenschaftlichen Lehrstuhls an der Universität Kassel nachkam, der sich dem Postkolonialismus zuwendet. Er wurde mit Aram Ziai besetzt.

In diesem Kontext entstanden die postkolonialen Theorien, wobei es bis heute an einem einheitlichen Verständnis des Begriffs fehlt. Der Konsens zur postkolonialen Theorie besteht darin, sich kritisch mit den Machtverhältnissen und Auswirkungen des Kolonialismus auseinanderzusetzen. Kolonialismus und Imperialismus werden als globale Phänomene betrachtet, die weiterhin die sozialen, politischen und wirtschaftlichen Strukturen beeinflussen. Neben dem Fortbestehen der kolonialen Machtstrukturen wird im Rahmen der postkolonialen Theorien auch die fortdauernde Vorherrschaft des eurozentristischen Grundverständnisses beklagt (Castro, Dhawan 2015, S. 16). Damit ist die koloniale Herrschaft keine vergangene Epoche, sondern setzt sich heute in neokolonialen Strukturen fort, d.h. der Kolonialismus setzt sich in neuen Formen fort um weiterhin die Kontrolle und den Zugriff auf die Ressourcen des globalen Südens zu sichern. Weiterhin fordern sie eine Änderung der Sichtweise „vom globalen Norden zum globalen Süden," wie Huggan 2013 feststellt:

> „Postkoloniale Theorie interveniert in der eurozentristischen Narrative und die damit zusammenhängende Amnesie Europas, um hegemoniale Strukturen zu transformieren."

Der Analyserahmen ist wesentlicher Teil postkolonialer Theorien, indem sie die Kolonialgeschichte mit einbeziehen. Dabei wird deutlich, wie Macht, Wissen und Repräsentation zusammenhängen und die Kontinuität von kolonialen Machtstrukturen in die Gegenwart transferieren. Die nationale und internationale Entwicklungspolitik zielt vielfach darauf ab, die Ungleichheit zu verringern. Es wird ihr jedoch von Vertretern postkolonialer Ansätze vorgehalten, bestehende Denk- und Verhaltensmuster nicht in dem ausreichenden Maße kritisch zu hinterfragen und zu korrigieren (Kornprobst et al. 2020).

Entsprechend hinterfragen die Post-Development Ansätze das dominierende Entwicklungsparadigma und sind bestrebt Alternativen zu entwickeln. Nach Escobar geht es in den Post-Development Theorien nicht darum dominierende Modell der Entwicklung zu modifizieren, sondern das gesamte Konzept zu dekonstruieren. Entsprechend richtet sich die Kritik nicht primär auf wirtschaftliche oder politische Strukturen, sondern auf Macht-, Ideologie- und Repräsentationsverbindungen die für die Erhaltung globaler Ungleichheiten verantwortlich sind. Eine wesentliche Vorgehensweise von Post-Development Theoretikern ist das „Othering." Das Konzept geht auf Saids Theorie des Orientalismus zurück. Durch die Abgrenzung von den „anderen" entwickelt es ein „Wir-Gefühl."

Die Post-Development Theorien zeichnen sich jedoch durch unterschiedlich Denkschulen aus, die sich teilweise auch durch konträre Positionen sehr grundsätzlich voneinander unterscheiden, woraus sich unterschiedliche Forderungen begründen (Ziai 2015). Ein gemeinsamer Kritikpunkt der Post-Development Theorien besteht in der Ablehnung von Entwicklung im Sinne eines eurozentristischen und hierarchisierenden Grundverständnisses. Die Kritik der Post-Development Theorien richtet sich weiterhin gegen die Verbindung von Entwicklung mit der „kulturimperialistischen Ökonomisierung der Welt." Dabei wird die kapitalistische Logik, die westlichen Gesellschaftsformen zugrunde liegt, als universelle Norm dargestellt. Traditionelle und nicht-westliche Praktiken werden abgewertet, da sie nicht in diese ökonomische Rationalität eingefügt werden können. Die Verdrängung und

Abwertung von traditionellem Wissen und traditionellen Praktiken führt dazu, dass Abhängigkeit von der westlichen Moderne verstärkt wird. Das gefährdet zusätzlich die Eigenständigkeit nicht-westlicher Gesellschaften.

Die Kritik an den Post-Development Theorien richtet sich primär darauf, dass sie teilweise bestimmte postkoloniale Realitäten vereinfachen und romantisieren. Dadurch werden Machtverhältnisse vernachlässigt, die auch innerhalb dieser Gemeinschaften existieren. Solche Gemeinschaften werden daher als egalitär verkehrt, obwohl vielfach komplexe Hierarchiestrukturen bestehen. Ein weiterer Vorwurf bezieht sich darauf, dass die Theorien in einem polarisierenden Denkansatz verhaftet sind. Dadurch wird Entwicklung und westliche Modernisierung häufig pauschal kritisiert ohne dabei die potentiellen Stärken zu berücksichtigen. So sollte beispielsweise nicht übersehen werden, dass die Post-Development Theorien in der Armutsbekämpfung bzw. der Steigerung des Lebensstandards in vielen Empfängerländern beigetragen haben (Tetzlaf 2018, S.57).

Die Krise der theoretischen und praktischen Entwicklungspolitik in den 1980er Jahren führte zu einer Neuorientierung, die sich durch einen kooperativen und partizipativen Ansatz auszeichnete. Damit wurde aber auch auf die postkoloniale Kritik hinsichtlich kapitalistischer Praktiken reagiert. Das Assistance Committee (DAC) der OECD formulierte das Prinzip der Partnerschaft für das 21. Jahrhundert wie folgt:

> „In a partnership, development co-operation does not try to do things for developing countries and their people, but with them. It must be seen as a collaborative effort to help them increase their capacities to do things for themselves. Paternalistic approaches have no place in this framework. In a true partnership, local actors should progressively take to lead, while the external partners back their effort to assume responsibility for their own development." (OECD 1996, S. 13)

Die theoretische Neuorientierung stand hinsichtlich der realen Machtverhältnisse in der Entwicklungszusammenarbeit teilweise im Widerspruch. Verschiedene Untersuchungen haben gezeigt, dass europäische Entwicklungsakteure das partnerschaftliche Verständnis nicht immer umsetzten und koloniale Denkmuster auch in modernen Strategieansätzen wiederzufinden waren. Beispielhaft zu nennen ist das „local-ownership Prinzip" bei dem die Verantwortung für die Armutsbekämpfung den Ländern des globalen Südens übertragen werden sollte. Dagegen dominieren weiterhin die Weltbank und der IWF durch Vetorechte und finanzielle Abhängigkeiten (global 2016).

Weiterhin werden asymmetrische Beziehungen beklagt, die sich vielfach durch Expertenhierarchie bzw. Geberhierarchie begründen.

Fazit zu den ökonomischen Entwicklungstheorien

Ökonomische Entwicklungstheorien haben oft den Anspruch, den Begründunszusammenhang aufzuzeigen, der zu wirtschaftlicher Entwicklung führt. Wie in den verschiedenen Theorieansätzen jedoch deutlich wurde, weichen die einzelnen Theorieansätze zumindest teilweise hinsichtlich ihrer Begründung von wirtschaftlicher Entwicklung voneinander ab. Soll die erwünschte Entwicklung tatsächlich erreicht bzw. umgesetzt werden, ist hierfür die Entwicklung von sogenannten Entwicklungsstrategien notwendig. Das gilt auch für das Paradigma der nachhaltigen Entwicklung (vgl. hierzu Kap. 6). Entwicklungsstrategien sind grundsätzlich als zielorientierte strategische Handlungskonzepte zu verstehen und zeigen somit auch Handlungsanweisungen auf. Sie lassen sich aus Entwicklungstheorien ableiten. Die dominierenden Entwicklungsstrategien der vergangenen Entwicklungsdekaden waren hauptsächlich auf Wachstum ausgerichtet. Im Folgenden werden nun exemplarisch einige Entwicklungsstrategien aufgezeigt und kurz erläutert.

2.4 Ausgewählte Entwicklungsstrategien

Die wachstumsorientierten Entwicklungsstrategien, die zunächst vorgestellt werden, entsprechen den ökonomischen Vorstellungen der 1950er und 1960er Jahre, die Wachstum und Entwicklung gleichsetzten. Die vorherrschende Meinung war, dass mit steigendem Wachstum die Armut über den Trickle-Down-Effekt verringert werden könnte. Dabei führt der Trickle-Down-Effekt dazu, dass Wachstum bis zu der Armutsbevölkerung durchsickert und somit Armut verringert bzw. beseitigt werden kann.

Die Strategie des ausgewogenen Wachstums

Einer der wichtigsten Vertreter war Nurkse (1953), der den Kapitalmangel der Entwicklungsländer mit einer unzureichenden Investitionsbereitschaft der Unternehmer begründete. Aber auch Rosenstein-Rodan ist unter den wichtigen Vertretern dieser Strategie einzuordnen. Er wurde besonders mit seinem Konzept des Big Push bekannt (Hagemann 2016, S. 161). Pessimistische Absatzerwartungen im Falle von Kapazitätserweiterungen veranlassen ein vorsichtiges Verhalten. Nach Nurkse sind es die Unternehmer, die latent vorhandene Ersparnisse nicht in produktive Investitionen einbringen.

Diese Situation lässt sich durch die Strategie des Balanced Growth überwinden, indem alle Wirtschaftszweige eines Landes so expandieren, dass sich die Angebots- und Nachfragesteigerung entsprechen. So kommt es zu einem ausgewogenen Wachstum, bei dem sich das sektorale Angebotswachstum am sektoralen Nachfragewachstum orientiert. Es betrifft jedoch nicht nur das Verhältnis der großen Sektoren wie Landwirtschaft, Industrie und Dienstleistungsbereich, sondern auch die Untergliederung der einzelnen Wirtschaftssektoren in kleine Subsektoren. Die optimale Expansion ist nach Auffassung von Nurkse dann erreicht, wenn in allen Sektoren die Wachstumsraten der Produktion mit den Wachstumsraten der Nachfrage übereinstimmen.

Die Strategie des unausgewogenen Wachstums

Während Nurkse der herausragende Vertreter der Entwicklungsstrategie des ausgewogenen Wachstums war, gilt Hirschmann mit seinem Plädoyer für ein unausgewogenes Wachstum zum dominierenden Kritiker (Hagemann 2016, S. 170). Die bedeutendsten Vertreter der Unbalanced-Growth-Strategie wie Hirschman (1958/1967) aber auch Streeten (1959) gehen nicht mehr nur von der Marktenge aus, sondern sehen die eigentliche Ursache des Investitionsdefizits im sozio-psychologischen Bereich. Sie führen die unzureichende Kapitalbildung bei ausreichenden Ersparnissen auf einen Mangel an qualifizierten Unternehmern zurück. Bei den vorhandenen Ersparnissen kommt es nicht zu den notwendigen Investitionen. Aus entwicklungsökonomischer Sicht muss es darum gehen, das Defizit an qualifizierten Unternehmern möglichst rasch zu überwinden.

Hirschman vertritt hierbei die Auffassung, dass dies am ehesten durch einen Learning-by-Doing-Prozess möglich ist. Daher sind die einzelnen Teilsektoren oder Industriezweige so zu fördern, dass es zu Marktungleichgewichten zwischen Angebot und Nachfrage kommt. Das zwingt die Unternehmer dazu, durch die Eröffnung neuer Absatzmöglichkeiten oder den am Markt feststellbaren Nachfrageüberhang, d. h. bestehende Marktungleichgewichte durch eine Produktionsausweitung, zu überwinden. Der Ungleichgewichtsmechanismus führt zu einer Kette von Ungleichgewichten zwischen Produktions- und Konsumstruktur, wodurch der Entwicklungsprozess beschleunigt wird.

Die beiden Wachstumsstrategien wurden in der Literatur ausführlich diskutiert und bewertet. Dabei wurde besonders darauf hingewiesen, dass es hierbei zu einer Überforderung des Staates kommt, da es kaum möglich sei, die „optimale Investitionssequenz" zu ermitteln und umzusetzen. Weiterhin wird kritisch angemerkt, dass es unzureichend ist, Unterentwicklung ausschließlich auf Investitionsdefizite zu konzentrieren. Auch die Vernachlässigung anderer Produktionsfaktoren wird kritisch hervorgehoben. Schließlich wird noch darauf hingewiesen, dass die Vernachlässigung des Außenhandels ebenfalls problematisch sei. Neben der Strategie des ausgewogenen Wachstums und des unausgewogenen Wachstums wurden noch die Strategie der Importsubstitution und Exportdiversifizierung entwickelt.

Importsubstitution versus Exportdiversifizierung

Diese beiden Strategien wurden lange Zeit als gegensätzliche Strategien gesehen. Todaro und Smith zeigen den wesentlichen Unterschied auf: Looking outward or looking inward (Todaro, Smith 2020, S. 621). Die Importsubstitutionsstrategie ging von dem Paradigma aus, dass die relativ rückständigen und schwachen Binnenwirtschaften der Entwicklungsländer zunächst einer Stärkung und Förderung bedürfen, bevor sich die Länder dann dem Weltmarkt öffnen. Ziel ist es, dass sich die Binnenwirtschaft zunächst diversifiziert und alle wichtigen Güter im Land selber hergestellt werden können.

Obwohl dies primär auf den Industriesektor ausgerichtet war, können auch die beiden anderen Sektoren, d. h. der Landwirtschafts- und der Dienstleistungssektor mit einbezogen werden. Eine erfolgreiche Politik der Importsubstitution setzt im Prinzip voraus, dass auf dem Inlandsmarkt ausreichend Kaufkraft vorhanden und unternehmerische Talente, aber auch Risikokapital zur Verfügung stehen. Eine wesentliche Gefahr der Importsubstitutionsstrategie besteht darin, dass die Binnenwirtschaft im internationalen Kontext an Wettbewerbsfähigkeit verliert bzw. die Wettbewerbsfähigkeit nicht in ausreichendem Maße gefördert wird. Wichtige Länder, die die Importsubstitutionsstrategie umsetzten, waren Indien und einige südamerikanische Länder.

Die Strategie der Exportdiversifizierung strebt an, dass der Anteil der Exporte am Gesamtumsatz der Wirtschaft insgesamt bzw. auch in einzelnen

Sektoren steigt. Das bedeutet eine Diversifizierung des exportierten Güterangebots. Exportdiversifizierung erfordert häufig auch eine Exportsubstitution, was bedeutet, dass Primärgüter (landwirtschaftliche Produkte und Rohstoffe) beispielsweise nicht mehr unbearbeitet als Rohstoffe, sondern als verarbeitete Produkte ausgeführt werden. Eine Politik der Exportdiversifizierung ist dann sinnvoll bzw. notwendig, wenn die Inlandsmärkte gewisse Sättigungstendenzen aufweisen bzw. die Wettbewerbsfähigkeit der Binnenwirtschaft gestärkt werden soll. Das setzt jedoch motivierte und leistungsbereite Arbeitnehmer und Manager voraus und eine leistungsfähige Außenhandelsinfrastruktur wie einen leistungsfähigen Finanzsektor, ausreichende Marktinformationen und ein effizientes und ausgebautes Verkehrssystem.

Viele erfolgreiche Länder wie beispielsweise die asiatischen Tigerstaaten haben daher in den 1960er Jahren mit einer Importsubstitutionsstrategie begonnen und sind dann frühzeitig auf eine Exportdiversifizierungsstrategie übergegangen. Dagegen gab es eine Vielzahl von Ländern in Südamerika, aber auch im asiatischen Raum, die zu lange auf der Importsubstitutionsstrategie verharrten und dadurch eine weniger dynamische wirtschaftliche Entwicklung aufweisen als jene, die sich früher der Exportdiversifizierung zuwandten.

Die Strategie zur Befriedigung von Grundbedürfnissen bzw. Grundbedürfnisstrategie

Zu Beginn der 1970er Jahre wurde erkannt, dass nach zwei Dekaden binnenorientierter nationaler Wachstumsstrategien bzw. einer modernisierungstheoretischen Ausrichtung die Massenarmut in Entwicklungsländern nicht verringert werden konnte. Die Armut nahm vielmehr in vielen Entwicklungsländern in den ersten Entwicklungsdekaden zu. Die Verbesserung der Lebensbedingungen als übergeordnetes Ziel entwicklungspolitischer Anstrengungen war somit gescheitert. Das gilt auch für jene Entwicklungsländer, die eine Steigerung der Pro-Kopf-Einkommen erzielen konnten, ohne dass die Armut reduziert wurde.

Damit stand eine Überprüfung der bisher dominierenden Wachstumsstrategien an. Das wurde auch durch den *„Pearson-Bericht“* gestützt. Der von der „Kommission für Internationale Entwicklung“ unter Leitung des ehemaligen kanadischen Außenministers Lester Pearson verfasste Bericht kam zu dem Ergebnis, dass die weltwirtschaftlichen Rahmenbedingungen, die für den

Erfolg der Wachstumsstrategien in den Entwicklungsländern von großer Bedeutung sind, zu wenig berücksichtigt wurden.

Auf diesem Hintergrund kam es Mitte der 1970er Jahre zur Einführung des Grundbedürfniskonzeptes. Das Ziel war, dass die Beseitigung von Armut durch die Beseitigung von Defiziten in der Befriedigung der Grundbedürfnisse der Menschen langfristig auch zu mehr Wachstum führt (Lachmann 2004, S. 254). Die International Labour Organisation (ILO) hat das Grundbedürfniskonzept in einer programmatischen Formulierung von 1976 zu einem wichtigen Bestandteil der entwicklungsstrategischen Debatte gemacht (Sangmeister, Schönstedt 2009, S. 144).

Die Grundbedürfnisstrategie wurde zunächst von der internationalen Arbeitsorganisation, dann aber auch von der Weltbank und von dem Bundesministerium für wirtschaftliche Zusammenarbeit (BMZ) vertreten. In diesem Zusammenhang wurde auch der Begriff der *„Self-Reliance"* in die entwicklungspolitische Diskussion eingeführt. Das Ziel von Self-Reliance war es, aus der „Zentrum-Peripherie-Beziehung" auszuscheren und eine Entwicklung aus „dem Inneren" heraus anzustreben. Dies war zweifellos die Forderung, die im Zusammenhang mit der Grundbedürfnisstrategie am weitesten ging. Die grundbedürfnisorientierte Strategie erfordert hinsichtlich des Ziels der Entwicklung die Klärung verschiedener Aspekte:

- Es gilt die Kategorie Grundbedürfnisse inhaltlich zu konkretisieren und abzugrenzen.
- Es gilt zu klären, wie die Grundbedürfnisbefriedigung zur wirtschaftlichen Entwicklung beitragen kann.
- Es gilt die Beziehung bzw. den Zusammenhang zwischen Wachstum und Grundbedürfnisbefriedigung zu klären.

Zunächst wurden die Grundbedürfnisse in zwei Kategorien untergliedert. Bei der ersten Kategorie ging es um die existenziellen Grundbedürfnisse wie Ernährung, Gesundheit, Wohnung und Ausbildung. Die zweite Kategorie wendet sich dann besonders sozialen Grundbedürfnissen zu. Dabei stellt sich jedoch grundsätzlich die Frage, welche Indikatoren den Grad der Bedürfnisbefriedigung messen und mit welchen Kennziffern Versorgungsdefizite und Armutsprofile konkretisiert werden können. Welches sind, so ist die weitere Frage, die Toleranzgrenzen und kritischen Werte für die Bedürfnisbefriedigung.

Die Beziehung zwischen Wachstum und Grundbedürfnissen bzw. Verteilung ließen sich empirisch nicht eindeutig klären. Es gab Länder, die ein hohes Wachstum mit einer Tendenz zur Gleichverteilung aufwiesen wie beispielsweise Taiwan und Süd-Korea. Es gab aber auch Länder mit niedrigem Wachstum und einer Tendenz zur Gleichverteilung wie beispielsweise Sri Lanka, Tansania und Peru. Daneben gab es auch Länder mit hohem Wachstum und einer Tendenz zur Ungleichverteilung wie Brasilien und Kenia. Und schließlich ließen sich auch Länder identifizieren, die ein niedriges Wachstum und eine Tendenz zur Ungleichverteilung zu verzeichnen hatten. Zu dieser Gruppe gehörten besonders Indien und viele afrikanische Staaten.

Tendenziell lässt sich feststellen, dass wirtschaftliches Wachstum eine bedürfnis-orientierte Strategie fördert, wenn es zu einem arbeitsintensiven Wachstum und Umverteilungsmaßnahmen kommt. Andererseits lässt sich feststellen, dass Umverteilung geradezu als notwendige Vorbedingung für Wachstum angesehen wird, da nur so Massenkaufkraft entstehen kann (Chenery et al. 1974). In einer Weltbankstudie wurden verschiedene Varianten hinsichtlich einer Verbesserung des Anteils der unteren Einkommensgruppen am Gesamteinkommen aufgezeigt, wobei die ärmsten 40 % die Zielgruppe sind. Die Durchsetzung von Maßnahmen zur Erreichung der Grundbedürfnisziele setzt jedoch voraus, dass es zu einer Veränderung gegenwärtiger Einkommens- und Besitzverhältnisse sowie zur Überwindung vorherrschender politischer Machtstrukturen kommt. Lassen sich diese Bedingungen nicht verändern, werden Umverteilungsmaßnahmen wirkungslos bleiben.

Seit Mitte der 1980er Jahre hat die Grundbedürfnisstrategie an Bedeutung verloren. Wie bereits in der Theoriediskussion deutlich wurde, hat seit Beginn der 1980er Jahre die neoklassische Theorie wieder an Bedeutung gewonnen. Es kam hinzu, dass der Ausbruch der Verschuldungskrise in zahlreichen Entwicklungsländern seit Beginn der 1980er Jahre zu dem sogenannten Washingtoner Konsensus führte. Hierbei kam den beiden internationalen Finanzinstitutionen, der Weltbank und dem Internationalen Währungsfonds mit der Strukturanpassungspolitik eine große Bedeutung zu. Es ging darum mit den Regierungen der hochverschuldeten Entwicklungsländer, die um einen Kredit bei der Weltbank nachsuchten, die Ursachen ihrer Verschuldung mit einem makroökonomisch orientierten Plan zu verringern. Dabei ging es u.a. um Kürzungen staatlicher Ausgaben, unter denen besonders die Armutsbevölkerung zu leiden hatte, die Verringerung der Inflation und die Stärkung der Marktkräfte.

Redistribution-With-Growth-Strategie

Die Beziehung zwischen Wachstum und Verteilung wurde vielfach kontrovers diskutiert (v. Hauff 2025). Diese Kontroverse sollte durch die Strategie Umverteilung mit Wachstum aufgelöst werden. Es geht also darum, neben dem Ziel eines hohen Wachstums auch eine Erhöhung des Einkommens der ärmsten Bevölkerungsgruppen zu erreichen. Hierzu wurden vier Basisstrategien entwickelt:

- Maximierung der Wachstumsrate des Bruttoinlandsproduktes durch eine Erhöhung der Ersparnisse und durch eine effizientere Allokation der Ressourcen;
- Umverteilung von investiven Mitteln zugunsten der Armen in Form von Bildungsausgaben, Zugang zu Krediten und öffentlichen Infrastrukturinvestitionen;
- Einkommensumverteilung zugunsten der armen Bevölkerung durch fiskalische Maßnahmen und durch direkte Zuteilung von Konsumgütern;
- Transfer bestehender Vermögensteile zugunsten der Armen, wie in Programmen zur Bodenreform vorgeschlagen wurde (Lachmann 2004, S. 260).

Die konkrete Ausgestaltung und Umsetzung der Strategie sollte an der Wirtschafts- und Sozialstruktur des Landes und an der konkreten Problemsituation der Armutsbevölkerung orientiert werden. Dabei lässt sich jedoch feststellen, dass die Umsetzung der Strategie ganz wesentlich von den Machtstrukturen, d. h. von dem Widerstand der wohlhabenden Bevölkerung und Lobbyisten bestimmt wurde. So zeigte sich in vielen Ländern wie schwierig bzw. unmöglich es war, beispielsweise in Zimbabwe Landreformen zum Nutzen der Armutsbevölkerung zu realisieren.

Pro-Poor-Growth-Strategie

Diese Strategie basiert im Prinzip auf der Kritik an den wachstums- und modernisierungstheoretischen Ansätzen. Danach führt Wirtschaftswachstum nicht grundsätzlich bzw. automatisch zu einer Reduzierung von Armut, da es häufig nicht zu dem erwünschten Trickle-Down-Effekt kommt. Der empirische Beleg hierfür ist, dass es in vielen Entwicklungsländern, in denen es zu einem beachtlichen Wirtschaftswachstum und damit auch zu steigenden durchschnittlichen Pro-Kopf-Einkommen kam, gleichzeitig eine wachsende Ungleichverteilung der Einkommen und eine steigende bzw. gleichbleibende Armut festzustellen war.

Mit der Pro Poor Growth-Strategie (PPG-Strategie) soll ein breitenwirksames Wirtschaftswachstum erzielt werden, um die Armut nachhaltig zu reduzieren. Entsprechend muss es darum gehen, arme und benachteiligte Bevölkerungsgruppen, die von dem wirtschaftlichen Entwicklungsprozess abgekoppelt sind, in die Lage zu versetzen, zur wirtschaftlichen Entwicklung beizutragen und von ihr zu profitieren. Daher geht es um die Förderung sozial inkludierender Wachstumsprozesse.

In der internationalen Diskussion werden zwei unterschiedliche Abgrenzungen vorgenommen. Bei der relativen Definition von Pro-Poor-Growth (PPG) geht es darum, dass Arme von wirtschaftlichem Wachstum überproportional profitieren und ihr Anteil am Bruttoinlandseinkommen steigt. Damit geht es auch um eine Reduzierung der Ungleichheit der Einkommensverteilung. Steigt beispielsweise das Durchschnittseinkommen der Armen um 5 %, während die gesamtwirtschaftliche Wachstumsrate nur 3 % beträgt, so wäre dies als Pro-Poor-Growth zu werten. Die absolute Definition bewertet Wirtschaftswachstum dann als Pro-Poor, wenn es dazu führt, dass eine möglichst große Anzahl armer Menschen durch Einkommenszuwächse über die geltende Armutsgrenze angehoben würden (Sangmeister, Schönstedt 2009, S. 180 ff).

Die beiden Abgrenzungen werden jedoch häufig kritisiert, da nur die Einkommensdimension berücksichtigt wird und andere Dimensionen wie z. B. Gesundheit und Bildung, soziale Sicherheit, Umwelt und politische Partizipation vernachlässigt werden. Daher stellt sich die Frage, wie Wirtschaftswachstum erreicht werden kann, das zentral auf Armutsreduzierung in umfassenderem Sinne ausgerichtet ist. Aus diesem Grund sollte Wirtschaftswachstum vor allem in jenen Sektoren gefördert werden, in denen die Armutsbevölkerung beschäftigt ist. Das bedeutet, dass besonders in die ländliche Entwicklung investiert wird, da die meisten Armen in der Landwirtschaft beschäftigt sind.

Entsprechend lässt sich feststellen, dass eine erhöhte Wachstumsdynamik in der urbanen Wirtschaft die Armut in Städten überdurchschnittlich sinken lässt. Eine Pro-Poor-Growth-Strategie erfordert also zunächst eine umfassende Analyse der Armutsstruktur und der damit relevanten Wirtschaftsbereiche. Neben einer nachhaltigen Förderung der Landwirtschaft geht es u. a. auch um die Verbesserung des Investitionsklimas für kleinere und mittlere Unternehmen, einen verbesserten Zugang zu Bildung für Jugendliche und besonders für Mädchen. Weiterhin sollten die Hürden des Zugangs zu der formalen Beschäftigung abgebaut werden. Auf diesem Hintergrund kann festgehalten werden, dass eine Pro-Poor-Growth Strategie im Prinzip ein Vorläufer einer Nachhaltigkeitsstrategie ist.

2.5 Schlussfolgerungen

In diesem Kapitel wurde aufgezeigt, wie relevante theoretische Begründungslinien bzw. Erklärungsansätze in der Entwicklungsökonomie verlaufen. Sie sind überwiegend wachstumstheoretisch ausgerichtet, wenn man von den dependenztheoretischen Ansätzen absieht. Während einige Entwicklungsstrategien darauf abzielen das wirtschaftliche Wachstum zu fördern, haben andere Entwicklungsstrategien einen kompensatorischen Charakter. Sie versuchen, wie beispielsweise die grundbedürfnisorientierte Strategie, Defizite eines steigenden Wachstums auszugleichen bzw. zu kompensieren.

Dadurch werden die beiden zentralen Unterschiede zu dem Paradigma der nachhaltigen Entwicklung deutlich. Während die entwicklungsökonomischen Theorien eher ex post die mangelnde Entwicklung bzw. wirtschaftliche Unterentwicklung zu erklären versuchen, zielt das Paradigma der nachhaltigen Entwicklung auf die Begründung der Anforderungen zukünftiger Entwicklung ab. Der zweite wesentliche Unterschied besteht darin, dass das Paradigma nachhaltiger Entwicklung die gleichrangige ökologische, ökonomische und soziale Entwicklung fordert und dabei die intertemporale Dimension mit eingeschlossen ist: nachhaltige Entwicklung ist so zu begründen und zu gestalten, dass zukünftige Generationen die gleichen Möglichkeiten der Bedürfnisbefriedigung haben wie die heutige Generation dies für sich beansprucht. Das bedeutet, dass wirtschaftliche Entwicklung mit der Entwicklung der Umwelt in Einklang zu bringen bzw. zu erhalten ist. Aber auch die soziale bzw. gesellschaftliche Dimension muss mit der wirtschaftlichen und ökologischen Entwicklung zusammengeführt werden. Das wurde von der Völkergemeinschaft erstmals bei der Konferenz der United Nations on Environment and Development (UNCED) im Jahr 1992 übereinstimmend beschlossen, wie im folgenden Kapitel näher ausgeführt wird.

3 Handlungsrahmen internationaler Vereinbarungen zur nachhaltigen Entwicklung – Eine Chronologie

Auf der Konferenz der United Nations on Environment and Development (UNCED) im Jahr 1992 wurden die Grundsätze und das Programm für die Maßnahmen zur weltweiten Umsetzung nachhaltiger Entwicklung im 21. Jahrhundert festgelegt. Damit wurde der Rio-Prozess eingeleitet. Im Jahr 1997 verpflichtete sich die Staatengemeinschaft, dass alle Länder, d.h. Industrie- und Entwicklungsländer, bis 2002 eine erste nationale Nachhaltigkeitsstrategie vorlegen. Bei der Folgekonferenz 2002 in Johannesburg wurde die Verpflichtung gegenüber den Grundsätzen und des Programms noch einmal nachdrücklich bestätigt, zumal hinsichtlich des Fortschritts bei den Teilnehmern aber auch bei den interessierten Menschen weltweit eine deutliche Ernüchterung gegenüber dem Vorhaben eingetreten war. Bei dieser Konferenz ging es primär um die Implementierung der Grundsätze und Maßnahmen der Agenda 21. Weiterhin hat sich die Staatengemeinschaft bei dieser Konferenz dazu verpflichtet, die Ziele der United Nations Millennium Declaration (Millennium Development Goals), aber auch die anderen Beschlüsse der Konferenzen der United Nations und internationaler Abkommen, die seit 1992 gefasst wurden, umzusetzen und zu erreichen.

2012 fand schließlich die dritte Konferenz *„Rio+20"* erneut in Rio de Janeiro statt. Dabei wurden der politische Wille und die Bemühungen für eine nachhaltige Entwicklung erneuert und konkretisiert. Das zentrale Thema, unter dem die Konferenz stand war *„Green Economy"*. Das Konzept war auf die Umsetzung nachhaltiger Entwicklung ausgerichtet. Die Europäische Kommission versteht darunter eine Wirtschaftsweise,

> „die Wachstum generiert, Arbeitsplätze schafft und Armut bekämpft, indem sie in das Naturkapital, von dem langfristig das Überleben unseres Planeten abhängt, investiert und dieses erhält." (KOM, 2011, S. 2).

Entsprechend der UNEP soll eine nachhaltige Entwicklung, wie sie 1992 definiert wurde, auf der Grundlage einer Green Economy erreicht werden (v. Hauff/ Jörg, 2017, S.153 ff.).

Auf der Rio+20 Conference einigten sich die UN-Mitgliedsstaaten darauf eine Arbeitsgruppe einzuberufen. Diese sollte eine Liste mit universellen

Entwicklungszielen auf der Grundlage der Dreidimensionalität nachhaltiger Entwicklung erstellen. In der Arbeitsgruppe waren 30 Sitze vorgesehen, die sich wegen des großen Interesses an der Arbeitsgruppe 70 Staaten teilten. Die Mehrzahl der Sitze wurde von Vertretern aus Entwicklungsländern eingenommen. Zu den Verhandlungen wurden aber auch international renommierte Expertinnen und Experten hinzugezogen. Schließlich einigte sich die Arbeitsgruppe im Rahmen der Agenda 2030 auf 17 Ziele, die Sustainable Development Goals (SDGs).

In der Agenda 2030 kam es zu einer Zusammenführung von zwei zuvor getrennten UN-Verhandlungsprozessen: des 1992 begonnenen Rioprozesses mit der Agenda 21 und des Prozesses der Millenniumsdeklaration im Jahr 2000 mit den MDGs. Dies führte im Hinblick auf die nachhaltige Entwicklung zu einem Meilenstein der jüngeren Geschichte der Vereinten Nationen. Die folgenden Ausführungen konzentrieren sich auf die Agenda 21 und die Agenda 2030 (zu einer umfassenden Darstellung des Rio-Prozesses vgl. v. Hauff 2024).

3.1 Grundsätze und Programm der Agenda 21

Da die Agenda 21 bis heute eine klare Handlungsorientierung für die nachhaltige Entwicklung bietet und auch klare Vorgaben für deren Umsetzung aufzeigt, soll sie im Folgenden vorgestellt werden. In der Präambel wird der Grundsatz wie folgt formuliert:

> „Die Agenda 21 ist Ausdruck eines globalen Konsenses und einer politischen Verpflichtung auf höchster Ebene zur Zusammenarbeit im Bereich von Entwicklung und Umwelt. Ihre erfolgreiche Umsetzung ist in erster Linie Aufgabe der Regierung. Eine entscheidende Voraussetzung dafür sind politische Konzepte, Pläne, Leitsätze und Prozesse auf nationaler Ebene. Die auf nationaler Ebene unternommenen Anstrengungen sind durch eine internationale Zusammenarbeit zu unterstützen und zu ergänzen. Hierbei fällt dem System der Vereinten Nationen eine Schlüsselrolle zu. Auch andere internationale, regionale und subregionale Organisationen und Einrichtungen sind aufgefordert, sich daran zu beteiligen. Außerdem muss für eine möglichst umfassende Beteiligung der Öffentlichkeit und eine tatkräftige Mithilfe der nichtstaatlichen Organisationen (NRO) und anderer Gruppen Sorge getragen werden.“ (UNCED 21, S. 9)

Diese Positionierung zeigt eindeutig, wer die verantwortlichen Träger nachhaltiger Entwicklung sind: Zunächst sind die nationalen Regierungen zu nennen. Aber auch die Nichtregierungsorganisationen (NRO) und die internationalen Organisationen, die einen Auftrag im Bereich der Entwicklungszusammenarbeit haben, sind für die Planung und Umsetzung von Konzepten zur nachhaltigen Entwicklung verantwortlich. Und schließlich sind die Unternehmen wichtige Akteure und haben bei der Umsetzung nachhaltiger Entwicklung einen klaren Auftrag. Hinsichtlich der internationalen Zusammenarbeit haben die Vereinten Nationen eine Schlüsselrolle. Weiterhin besteht Konsens, dass die entwicklungs- und umweltpolitischen Ziele der Agenda 21 neue bzw. zusätzliche Finanzmittel für die Entwicklungszusammenarbeit zwischen Industrie- und Entwicklungsländern in erheblichem Maße erfordern. Die Größenordnung der erwarteten Kosten wird in den einzelnen Programmbereichen aufgeführt, wobei hier den Industrieländern gegenüber den Entwicklungsländern eine besondere Verantwortung zugewiesen wird.

Die einzelnen Programmbereiche der Agenda 21 werden durch eine Ausgangsbasis sowie bestimmte Ziele und Maßnahmen zur Umsetzung konkretisiert. Dabei wird die Agenda 21 als ein dynamisches Programm verstanden. Sie muss von den einzelnen Akteuren im Einklang mit den jeweiligen Gegebenheiten, Möglichkeiten und Prioritäten in den jeweiligen Ländern und Regionen umgesetzt werden. Daher wird es auf der Grundlage veränderter Bedürfnisse und Umstände durchaus zu einer Fort- bzw. Weiterentwicklung bzw. Anpassung der Programme kommen.

Die Agenda 21 untergliedert sich in vier thematisch eigenständige Teile. Der **Teil I** wendet sich den sozialen und wirtschaftlichen Dimensionen nachhaltiger Entwicklung zu. Die internationale Zusammenarbeit zur Beschleunigung nachhaltiger Entwicklung in den Entwicklungsländern und die damit verbundene nationale Politik erfordert von den Staaten, eine neue globale Partnerschaft einzugehen. Die Partnerschaft verpflichtet alle Staaten zur Teilnahme an einem kontinuierlichen und konstruktiven Dialog. Hierzu wird eine Vielzahl von Zielen formuliert, wie beispielsweise die Schaffung besserer Marktzugangsmöglichkeiten für die Exporte aus den Entwicklungsländern in Industrieländer.

In dem folgenden Kapitel geht es um die Armutsbekämpfung, d. h. um eine nachhaltige Sicherung der Existenzgrundlagen armer Bevölkerungsgruppen. Da die Ursachen sowohl im nationalen wie auch im internationalen Bereich angesiedelt sind, erfordert Armutsbekämpfung länderspezifische

Programme und internationale Bemühungen zur Unterstützung nationaler Anstrengungen. Die Formulierung konkreter Ziele geht daher von der Erkenntnis aus, dass der Kampf gegen die Armut in der gemeinsamen Verantwortung aller Länder, aber auch jedes einzelnen Landes liegt.

Das Kapitel vier wendet sich der Relevanz einer Veränderung der Konsumgewohnheiten besonders in Industrieländern zu. Dabei geht es zunächst um die Erfassung von Produktions- und Verbrauchsgewohnheiten, die eine nicht nachhaltige Entwicklung verursachen und verstärken. Daraus lassen sich eine nationale Nachhaltigkeitspolitik und nationale Nachhaltigkeitsstrategien ableiten, die eine Änderung nicht nachhaltiger Verbrauchsgewohnheiten herbeiführen. Die Notwendigkeit der Veränderung der Konsumgewohnheiten ist überaus vielschichtig und wird daher in verschiedenen Teilen der Agenda 21 erläutert (besonders im Zusammenhang mit der Energie-, Verkehrs- und Abfallpolitik, aber auch in den Kapiteln über das wirtschaftspolitische Instrumentarium und über den Technologietransfer).

Der Zusammenhang zwischen Bevölkerungsdynamik und nachhaltiger Entwicklung wird in Kapitel fünf aufgezeigt. Dieser Zusammenhang basiert auf der Erkenntnis, wonach die wachsende Weltbevölkerung und der Anstieg der Weltproduktion im Verbund mit nicht nachhaltigen Verbrauchsmustern die Lebenserhaltungskapazität unseres Planeten einer immer größeren Belastung aussetzt. Dieser Trend wird noch durch die wachsende Mittelschicht in vielen Entwicklungsländern verstärkt. Als Messkonzept bietet sich der *„Ecological Footprint"* oder ökologischer Fußabdruck (Original *„Appropriated Carring Capacity"*) an. Darunter wird die biologisch produktive Fläche auf der Erde verstanden, die notwendig ist, um den Lebensstil und Lebenswandel eines Menschen dauerhaft zu ermöglichen. Dabei wird die Nutzung natürlicher Ressourcen durch eine ausgiebige Berechnung zusammengefasst. Als Äquivalenzmaß gelten die nachwachsend bewirtschafteten Flächen (Wackernagel, Rees 1996; Wackernagel, Beyers 2010).

Der Ecological Footprint ist somit ein Maß für den Versorgungsgrad einer Wirtschaftsregion – üblicherweise von Nationen – mit erneuerbaren und nicht-erneuerbaren Ressourcen sowie mit dem Potenzial zur Aufnahme der ausgestoßenen Kohlendioxide. Das Ergebnis des Ecological Footprint wird in der Regel als Hektar pro Kopf ausgewiesen. Die Biokapazität bezeichnet analog die verfügbaren Potenziale regenerativer Naturressourcen in ihrer Funktion als Quelle und als Senke. In der folgenden Abbildung wird durch den Farbton deutlich wie hoch der Belastungsgrad ist: je dunkler der Farbton, umso stärker ist die Übernutzung. Dabei ragen die USA und einige asiatische

Länder besonders heraus. Es gibt nur wenige Länder (gelblicher Farbton) die einen sehr geringen Ökologischen Fußabdruck aufweisen.

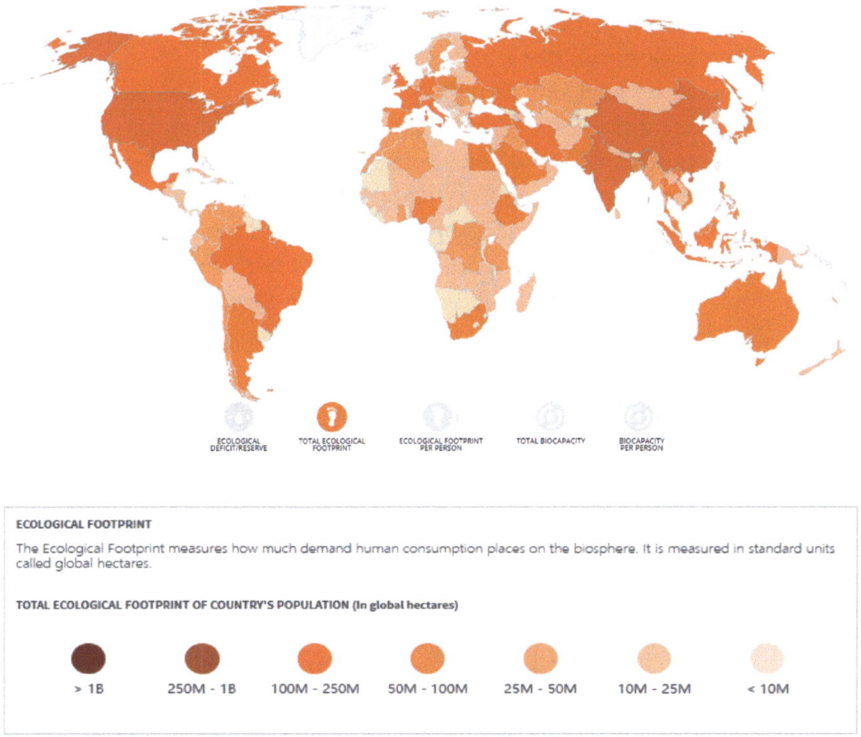

Abbildung 4: Total Ecological Footprint, (Quelle: Global Footprint Network, http://data.footprintnetwork.org/#/).

Als ein zentrales Ziel der Lebenserhaltungserhaltungskapazität unseres Planeten wird daher die Herbeiführung eines verbesserten Verständnisses für die Zusammenhänge zwischen Bevölkerungsdynamik, Technologie, kulturell bedingtem Verhalten, natürlichen Ressourcen und lebenserhaltenden Systemen gefordert. Dabei kommt dem Kapitel sechs *„Schutz und Förderung der menschlichen Gesundheit“* eine große Bedeutung zu. Auf der Grundlage des Zusammenhangs zwischen Gesundheit, umweltbezogenen und sozialökonomischen Verbesserungen sind Sektor übergreifende Maßnahmen erforderlich. Hierzu gehören der Bildungsbereich, der Wohnungsbau, die öffentliche Hand, aber auch Wirtschaftsunternehmen, Schulen und

Universitäten sowie religiöse Gruppen, Bürgerinitiativen und kulturelle Organisationen, die hierzu ihren Beitrag leisten sollen. Eine der größten Herausforderungen in diesem Zusammenhang ist eine flächendeckende und nachhaltige Wasserversorgung (v. Hauff, Mistri 2016). Dieser Bereich hat für viele Entwicklungsländer eine hohe Relevanz.

Kapitel sieben wendet sich dem Programmbereich *„Förderung einer nachhaltigen Siedlungsentwicklung"* zu. Ausgangspunkt ist, dass das Konsumverhalten in den großen Städten der Industrieländer aber auch in den wirtschaftlich fortschreitenden Entwicklungsländer das globale Ökosystem stark belastet. Allgemein benötigen Städte und Gemeinden in Entwicklungsländern zur Bewältigung der drängendsten wirtschaftlichen und sozialen Probleme mehr Rohstoffe und Energie. Daraus begründet sich das oberste Ziel der Siedlungspolitik: es wird die Verbesserung der sozialen und wirtschaftlichen Bedingungen und der Umweltqualität in städtischen und ländlichen Siedlungen sowie in der Lebens- und Arbeitswelt aller Menschen, besonders der städtischen und ländlichen Armutsgruppen, gefordert.

Das letzte Kapitel in Teil I wendet sich der Integration von Umwelt- und Entwicklungs-zielen in die Entscheidungsfindung zu. Dabei geht es u. a. um die Integration von Umwelt- und Entwicklungszielen auf der Politik-, Planungs- und Managementebene, aber auch um die Schaffung von Systemen integrierter umweltökonomischer Gesamtrechnungen. Als oberstes Ziel wird die Verbesserung und Umgestaltung des Entscheidungsprozesses gefordert. Es geht um das Ziel, soziale, ökonomische und umweltpolitische Fragestellungen in vollem Maße einzubeziehen und eine umfassendere Beteiligung der Öffentlichkeit zu gewährleisten.

Teil II wendet sich der Erhaltung und Bewirtschaftung der Ressourcen für die Entwicklung zu. Dabei geht es um bekannte Handlungsfelder wie den Schutz der Erdatmosphäre, die Entwicklung eines integrierten Ansatzes zur Bewirtschaftung der Bodenressourcen, die Bekämpfung der Entwaldung, die Bewirtschaftung empfindlicher Ökosysteme, die Förderung einer nachhaltigen Landwirtschaft, die Erhaltung biologischer Vielfalt, die umweltverträgliche Nutzung der Biotechnologie, die Bewirtschaftung und Nutzung knapper Wasserressourcen, die umweltverträgliche Entsorgung gefährlicher Abfälle und einen sicheren und umweltverträglichen Umgang mit radioaktiven Abfällen. Auch hier werden zu allen Problembereichen konkrete Ziele und Maßnahmen zum Abbau der Probleme ausführlich aufgeführt.

Teil III wendet sich der Stärkung der Rolle wichtiger Gruppen zu. In der Präambel wird hierzu festgestellt:

> „Ein wesentlicher Faktor für die wirksame Umsetzung der Ziele, Maßnahmen und Mechanismen, die von den Regierungen in allen Programmbereichen der Agenda 21 gemeinsam beschlossen worden sind, ist das Engagement und die echte Beteiligung aller gesellschaftlichen Gruppen" (UNCED Agenda 21, S. 217).

Dies beruht auf der Erkenntnis, dass eine wichtige Grundvoraussetzung für die Erzielung einer nachhaltigen Entwicklung die umfassende Partizipation der Öffentlichkeit an der Entscheidungsfindung und deren Uumsetzung ist. Die Notwendigkeit der Einführung neuer Formen der Partizipation bezieht sich sowohl auf die Mitwirkung von Einzelpersonen, Gruppen, aber auch Organisationen an Entscheidungsfindungen und Umsetzungen einzelner Maßnahmen nachhaltiger Entwicklung. Nur so ist eine breite Akzeptanz und Verantwortlichkeit der Bevölkerung bzw. einzelner Gruppen für den Prozess zur Planung und Implementierung nachhaltiger Entwicklung zu erreichen. Besondere Aufmerksamkeit erfahren hierbei Frauen, Kinder und Jugendliche, indigene Bevölkerungsgruppen, aber auch Institutionen wie Nichtregierungsorganisationen, Kommunen, Gewerkschaften, die Privatwirtschaft und die Wissenschaft.

Der letzte Teil der Agenda 21 wendet sich den Möglichkeiten der Umsetzung zu. Dabei geht es sowohl um die Bereitstellung der notwendigen finanziellen Ressourcen und Finanzierungsmechanismen, um den Transfer umweltverträglicher Technologien, Kooperation und Stärkung von personellen und institutionellen Kapazitäten, um den Beitrag der Wissenschaft für eine nachhaltige Entwicklung, aber auch die Förderung der Schulbildung, des öffentlichen Bewusstseins und der beruflichen Aus- und Fortbildung, um die internationale Zusammenarbeit zur Stärkung der personellen und institutionellen Kapazitäten in Entwicklungsländern, aber auch um internationale institutionelle Rahmenbedingungen, Rechtsinstrumente und -mechanismen.

Abschließend lässt sich feststellen, dass die Agenda 21 für Industrie- aber besonders für Entwicklungsländer einen sehr klaren Handlungsrahmen aufweist, der durch konkrete Ziele und eine Vielzahl von Maßnahmen ausgestaltet ist. Daher ist im Prinzip der Handlungsrahmen sowohl für die nationalen Regierungen als auch für nationale und internationale Entwicklungsorganisationen, aber auch für die anderen relevanten Akteure verbindlich. Der Handlungsrahmen bietet ein breites, aber klar abgegrenztes

Aufgabenspektrum sowohl für die nationale Ebene als auch für die internationale Kooperation.

3.2 Plan für die Implementierung

Der auf dem Weltgipfel 2002 in Johannesburg aufgestellte Plan für die Implementierung soll sich an den bei der Rio-Konferenz festgelegten Ansätzen und an den vorgegebenen Zielen weiter orientieren. Es soll darauf geachtet werden, dass die bisher erzielten Ergebnisse, aber auch die in Zukunft erzielten Errungenschaften allen zugutekommen. Dabei werden besonders Frauen, Jugendliche, Kinder und sonstige schutzbedürftige Gruppen hervorgehoben. In dem Plan der Implementierung werden weitere Handlungsbereiche herausgestellt. Die Handlungsbereiche untergliedern sich in Anlehnung an die Agenda 21 wiederum in Sektoren wie beispielsweise die Armutsbekämpfung, eine nachhaltigkeitsorientierte Konsum- und Produktionsweise, ein nachhal-tigkeitsorientierter Umgang mit natürlichen Ressourcen und eine nachhaltigkeits-orientierte Gesundheitspolitik.

Eine zweite Gruppe der Handlungsbereiche wendet sich den einzelnen Regionen weltweit zu. Es beginnt mit nachhaltiger Entwicklung von kleinen Inselstaaten, gefolgt von nachhaltiger Entwicklung für Afrika und schließlich für die anderen Regionen der Welt. Auf einer dritten Handlungsebene werden dann schließlich das *„Institutional Framework for Sustainable Development"* aufgeführt und Handlungsorientierungen aufgezeigt. Im Folgenden sollen exemplarisch einige wichtige Maßnahmen zu der in Teil II aufgeführten Armutsbekämpfung vorgestellt werden. Zunächst wird hierbei noch einmal festgestellt, dass die Armutsbekämpfung die größte globale Herausforderung der Welt bzw. der Weltgemeinschaft im Kontext einer nachhaltigen Entwicklung darstellt. Als Ziel wird genannt, die Armut bis zum Jahr 2015 zu halbieren. Dies betrifft zunächst jene Menschen, deren Einkommen pro Tag weniger als 1 US-$ beträgt. Weiterhin soll der Anteil der Weltbevölkerung, der gegenwärtig keinen Zugang zu Trinkwasser hat, in dem gleichen Zeitraum halbiert werden.

Im Folgenden werden die Maßnahmen, die dazu beitragen sollen, konkretisiert. Hierzu gehören sowohl die Etablierung eines World Solidarity Fund, der zur Armutsbekämpfung eingesetzt werden soll, als auch die Entwicklung nationaler Programme für eine nachhaltige Entwicklung auf lokaler und landesweiter Ebene.

> „These programmes should reflect their priorities and enable them to increase access to productive resources, public services and institutions, in particular land, water, employment opportunities, credit, education and health" (WSSD 2002, S. 3).

Ein weiterer Bereich der Implementierung zielt auf den Schutz menschlicher Gesundheit ab. Hierfür sind die Bereitstellung von Trinkwasser und adäquate sanitäre Einrichtungen erforderlich. Auch in diesem Zusammenhang geht es um das konkrete Ziel der Halbierung des Anteils der Menschen bis zum Jahr 2015, der bisher keinen ausreichenden Zugang zu Trinkwasser und sanitären Einrichtungen hat. Weiterhin sollen Maßnahmen ergriffen werden, die dazu führen, dass besonders die Armutsbevölkerung Zugang zu Energie hat, was ebenfalls einen wichtigen Beitrag zur Armutsverringerung leistet.

> „This would include actions on all levels to: Improve access to reliable affordable, economically viable, socially acceptable and environmentally sound energy services and resources, taking into account national specificities and circumstances, through various means, such as enhanced rural electrification and decentralized energy systems increased use of renewables, cleaner liquid and gaseous fuels and enhanced energy efficiency, by intensifying regional and international cooperation in support of national efforts, including through capacity-building, financial and technological assistance and innovative financing mechanisms, including at the micro and mesolevels, recognizing the specific factors for providing access to the poor" (WSSD 2002, S. 5).

Ein weiterer Beitrag zur Armutsbekämpfung besteht in der Stärkung der industriellen Entwicklung und des Managements natürlicher Ressourcen. Dies erfordert nicht nur einen Ausbau des Industriesektors, sondern auch eine Erhöhung der industriellen Produktivität, aber auch einen entsprechenden Ausbau der hierfür notwendigen Infrastruktur und den Einsatz umweltfreundlicher Technologien. Weiterhin sollen die Lebensbedingungen der Slumbewohner deutlich verbessert werden. Nach den Daten der UN-HABITAT von 2022 leben etwa 50 % aller Stadtbewohner südlich der Sahara in Slums, während in Südasien und Zentralasien 43 % der Stadtbewohner in Slums wohnen. Das erfordert einerseits verbesserte Lebens- bzw. Arbeitsbedingungen in ländlichen Regionen zu verbessern um die Abwanderung zu verringern und in städtischen Regionen die Wohnsituation der Slumbewohner zu verbessern. Weiterhin geht es darum, die Arbeitsmöglichkeiten im informellen Sektor auszubauen. Schließlich sollen Maßnahmen umgesetzt werden, die dazu beitragen die schlimmsten Formen der Kinderarbeit zu beseitigen, wie es in der *„International Labour Organisation Convention No. 182"* gefordert wird.

Aus dem Beispiel zur Armutsbekämpfung wurde deutlich, dass die Zeitvorgaben und konkreten Maßnahmen einen klaren Rahmen für die Umsetzung vorgeben. Dies bedeutet, dass zu jedem Zeitpunkt nachgeprüft werden kann, in welchem Maße die entsprechenden Maßnahmen zur Einhaltung des Zeitrahmens beitragen. Daraus ist zu erkennen, dass der Plan für die Implementierung einen hohen Verbindlichkeitsgrad aufweist und hinsichtlich der Realisierung jederzeit überprüfbar ist. Das wurde durch die Millennium Declaration und die Millennium Development Goals weiter konkretisiert und gestärkt.

Während die Vorgaben des Weltgipfels von 2002 eindeutig sind, gilt das für das Konzept der *„Green Economy"* hinsichtlich der Umsetzung nachhaltiger Entwicklung des Weltgipfels Rio+20 nicht so eindeutig. Das soll an dem Thema *„Wasser"* verdeutlicht werden. Ein nachhaltiges Wassermanagement sollte die Basis bei der Entwicklung einer *„Green Economy"* sein. Daher war zu klären, ob ein nachhaltiges Wassermanagement in dem Konzept der Green Economy auch wirklich angelegt ist. Zunächst lässt sich feststellen, dass die Bedeutung von Wasser in der Green Economy umfassend diskutiert wird. Zu nennen sind die UNDP, die Global Water Partnership (GWP), die Organisation for Economic Cooperation and Development (OECD), UN-Water, aber auch die Stellungnahme der südkoreanischen Regierung.

Grundsätzlich besteht jedoch die Gefahr, dass es bei der Umsetzung der Green Economy primär um die Stärkung umweltverträglichen Wachstums geht und die möglichen Auswirkungen auf die Ökosysteme und die Gesellschaft zu wenig Beachtung finden. Daher soll das Konzept des Integrated Water Resource Managment als Referenzrahmen zu Grunde gelegt werden (Wilderer 2017, S. 307 ff). Es wurde von den verantwortlichen Ministern auf der *"International Conference on Water and the Environment"* im Jahr 1992 verabschiedet (die sogenannten Dublin Principles). Das *"Integrated Water Resources Management (IWRM)"* wurde von der Global Water Partnership (GWP) definiert

> "as a process which promotes the coordinated development and management of water, land and related resources, in order to maximize the resultant economic and social welfare in an equitable manner without compromising the sustainability of vital ecosystems".

Hier werden alle drei Dimensionen nachhaltiger Entwicklung einbezogen.

Das IWRM-Konzept basiert auf den folgenden drei Prinzipien (Rahman, Varis 2005):

- **Social equity:** ensuring equal access for all users (particularly marginalized and poorer user groups) to an adequate quantity and quality of water necessary to sustain human well-being.
- **Economic efficiency:** bringing the greatest benefit to the greatest number of users possible with the available financial and water resources.
- **Ecological sustainability:** requiring that aquatic ecosystems are acknowledged as users and that adequate allocation is made to sustain their natural functioning.

Auf der Grundlage der drei Prinzipien können im Rahmen der Green Economy soziale Risiken dadurch entstehen, dass die Einführung von Preisen oder einem deutlichen Anstieg von Wassergebühren der Zugang zu einer Wassergrundversorgung, d.h. für Trinkwasser, die Nahrungszubereitung und die Hygiene für die Armutsbevölkerung nicht mehr gewährleistet ist. Das kann die Lebenslage gerade der Armutsbevölkerung zusätzlich beeinträchtigen, was zu sozialen Spannungen zwischen verschiedenen Bevölkerungsgruppen führen kann.

Ein weiterer negativer Effekt kann darin bestehen, dass die informelle Nutzung des Grundwassers zunimmt. Risiken hinsichtlich der ökologischen Nachhaltigkeit können dann auftreten, wenn technische Innovationen als zentrale oder gar einzige Lösungsstrategie eingesetzt werden. So hat beispielsweise die Tröpfchenbewässerung (Reduzierung des Wasserverbrauchs pro Fläche) dazu geführt, dass es zu einer Ausdehnung der bewässerten Fläche kam und dadurch eine Steigerung des Wasserverbrauchs eintrat. Die Einsparung von Wasser einerseits und der erhöhte Verbrauch durch die Zunahme bewässerter Fläche andererseits wird mit dem Begriff *„rebound effect"* charakterisiert (v. Hauff, 2025, S. 102).

Ein weiteres Beispiel: Die chinesische Regierung hat aus Gründen der wachsenden Wasserknappheit einen ambitionierten *„Water Conservancy*

Plan“ im Kontext der Green Economy entwickelt. Es ist jedoch davon auszugehen, dass dieser Plan nicht zu einer nachhaltigen Wasserversorgung beiträgt. Vielmehr sind unbeabsichtigte umweltbedingte und sozioökonomische Konsequenzen zu erwarten.

> „Water shortages, for example, force people to find alternatives, such as treatment facilities, whose land and energy requirements aggravate food and energy production, which need large amount of water” (Liu, Yang 2012, p. 649).

Daher kann festgestellt werden, dass das Konzept der Green Economy zwar den Anspruch erhebt, zu einer ökologischen Nachhaltigkeit und zur Armutsminderung beizutragen. Dieser Nachweis wird bisher jedoch vielfach noch nicht ausreichend geleistet, wie die Beispiele gezeigt haben. Es gibt noch einen großen Bedarf an Politikkohärenz. Betrachtet man sich z.B. die Wasserprobleme und die gravierenden Governance-Defizite im Wassersektor Indiens, so reicht die Mobilisierung technologischer Potenziale und der üblichen Geschäfts- und Finanzierungsmodelle nicht aus. Es müssen vielmehr die Zusammenhänge zwischen der Wasser-, Nahrungs- und Energieversorgung analysiert und potenzielle Zielkonflikte diskutiert werden. Darauf aufbauend müssen dann von der Politik Prioritäten gesetzt werden (v. Hauff, Mistri 2016).

3.3 Die Millennium Declaration und die Millennium Development Goals

Intentionen für eine entwicklungspolitische Neuorientierung

Mit dem Millennium Summit, der im Jahr 2000 in New York stattfand, kam es endgültig zu einer Abkehr von dem sogenannten Washington Consens. Es kam in dem Zeitraum von 1990 bis zum Jahr 2015, wie in der folgenden Tabelle aufgeführt wird, zu einer Reihe von Weltkonferenzen, die den Paradigmenwechsel förderten.

Jahr	Ereignis	Wichtigste Ergebnisse
1990	The World Summit on Education for All (Jomtien)	Agenda Education for All (EFA)
1990	World Summit for Children (New York)	

1992	UN Conference on Environment and Development/"Earth Summit" (Rio de Janeiro)	Rio Declaration Agenda 21 UN Framework Convention on Climate Change Statement of Forest Principies UN Convention on Biological Diversity
1993	2nd World Conference on Human Rights (Wien)	Vienna Declaration and Programme of Action
1994	World Conference on Natural Disaster Reduction (Yokohama)	
1994	3rd International Conference on Population and Development (Kairo)	ICPD Programme of Action
1994	Conference on Small Island Developing States (Barbados)	
1995	World Summit for Social Development (Kopenhagen)	Copenhagen Declaration on Social Development Programme of Action 20/20-Initiative des OECD/DAC OECD/DAC-Resolution "Shaping the 21st Century" (1996): 7 International Development Goals (IDGs)
1995	4th World Conference on Women (Peking)	Beijing Platform for Action
1996	2nd UN Conference on Human Settlements/ "Habitat" (Istanbul)	Istanbul Decleration on the Habitat Agenda
1996	World Food Summit (Rom)	Programme of Action
2000	UN General Assembly Millennium Summit (New York)	Millennium Declaration
2001	World Conference against Racism, Racial Discrimination, Xenophobia and Related Intolerance (Durban)	Durban Declaration and Programme of Action
2001	UN General Assembly (New York)	Secretary-General's Report "Road Map Towards the Implementation of the Millennium Declaration" (enthält die MDGs)
2002	International Conference on Financing for Development (Monterrey)	Monterrey Consensus: Bestätigung der MDGs, PRSP-Prozess; Erweiterung der HIPC-Initiative vom Kölner G8-Gipfel 1999; ODA-Erhöhung

2002	World Summit on Sustainable Development (Johannesburg)	Erweiterung der MDGs um zwei Unterziele zur nachhaltigen Entwicklung
2012	World Summit on Sustainable Development Rio de Janeiro	Gestaltung und Implementierung der Green Economy
2015	UN Decleration of Agenda 2030	Entwicklung einer nationalen Nachhaltigkeitsstrategie auf der Grundlage der 17 SDGs
Anmerkung: Die rechte Spalte enthält nur Ergebnisse, deren Bedeutung über den auf der jeweiligen Konferenz besprochenen Themenkreis hinausgeht.		

Tabelle 1: Die beiden Jahrzehnte1990 und 2000 der Weltkonferenzen (Quelle: Eigene Zusammenstellung)

In diesem Zusammenhang ist besonders der Weltsozialgipfel 1995 in Kopenhagen hervorzuheben, da die 10-Punkte-Erklärung zur sozialen Entwicklung die Grundlage für die Millennium Development Goals (MDGs) bildet (Loewe 2005, S. 27). Ende der 1990er Jahre kam es auf internationaler Ebene, d. h. zwischen Industrie- und Entwicklungsländern, zu einem breiten Konsens, der zu der Verabschiedung der Millennium Declaration führte. Im September 2000 fand schließlich der Millenniumsgipfel statt. Auf diesem Gipfel wurde die Millennium Declaration verabschiedet. Auffallend ist, dass in den Kapiteln 3 und 4 der Millennium Declaration die *„International Development Goals"* der OECD/DAC-Resolution fast wörtlich übernommen wurden.

Vor diesem Hintergrund bekennen sich alle unterzeichnenden Staats- und Regierungschefs nicht nur zu einer persönlichen Verantwortung gegenüber ihrer jeweiligen Bevölkerung, sondern auch zu einer weltweiten gemeinschaftlichen Verantwortung für die Menschheit, insbesondere gegenüber den Schwächsten. Die Erklärung kommt zu dem Schluss, dass eine Wahrnehmung dieser Verantwortung nur durch weltweit angestrebte Maßnahmen erreicht werden kann. Internationale Beziehungen im 21. Jahrhundert sollten demnach durch die Grundwerte Freiheit, Gleichheit, Solidarität, Toleranz, Achtung vor der Natur sowie einer gemeinsam getragenen Verantwortung geprägt sein (United Nations General Assembly 2000, S. 2). Auf diesen Grundsätzen aufbauend definiert die Agenda schließlich vier programmatische Handlungsfelder der internationalen Politik im 21. Jahrhundert (United Nations General Assembly 2000, S. 2 ff.):

- Frieden, Sicherheit und Abrüstung,
- Entwicklung und Armutsbeseitigung,
- Schutz unserer gemeinsamen Umwelt,
- Menschenrechte, Demokratie und gute Lenkung.

An die Stelle der entwicklungspolitischen Dekadenstrategien der UN traten schließlich die aus der Millenniums-Erklärung abgeleiteten internationalen Entwicklungsziele, die sogenannten *„Millennium Development Goals“* (v. Hauff, Kuhnke, Hobelsberger 2017, S. 10 ff). Regierungsvertreter aus 189 Ländern verpflichteten sich dazu, bis 2015 auf internationaler Ebene zur Erfüllung der in Tabelle 2 dargestellten acht Ziele und 18 Zielvorgaben beizutragen (United Nations General Assembly 2002, S. 20 ff.), die um die Zielvorgaben 1.B, 5.B und 6.B ergänzt wurden:

Formulation of Goals		**Progress until 2014**
MDG 1	***Eradicate extreme poverty and hunger***	
1.A	Halve, between 1990 and 2015, the proportion of people whose income is less than $ 1 a day	The extreme poverty rate has been halved, but major challenges remain.
1.B	Achieve full and productive employment and decent work for all, including women and young people	Slow economic growth takes its toll on labour markets.
1.C	Halve, between 1990 and 2015, the proportion of people who suffer from hunger	Hunger continues to decline, but major efforts are needed to achieve the hunger target globally by 2015.
MDG 2	***Achieve universal primary education***	
2.A	Ensure that, by 2015, children everywhere, boys and girls alike, will be able to complete a full course of primary schooling	Despite impressive strides forward at the start of the decade, progress in reducing the number of children out of school has slackened considerably.
MDG 3	***Promote gender equality and empower women***	
3.A	Eliminate gender disparity in primary and secondary education, preferably by 2005, and in all levels of education no later than 2015	Women’s status in the labour market is improving, but gender disparity still exists.

MDG 4	***Reduce child mortality***	
4.A	Reduce by two thirds, between 1990 and 2015, the under-five mortality rate	The child mortality rate has almost halved since 1990; six million fewer children died in 2012 than in 1990.
MDG 5	***Improve maternal health***	
5.A	Reduce by three quarters, between 1990 and 2015, the maternal mortality ratio	Much more still needs to be done to reduce maternal mortality.
5.B	Achieve, by 2015, universal access to reproductive health	Adolescent childbearing has declined but remains very high in some regions.
MDG 6	***Combat HIV/AIDS, malaria and other diseases***	
6.A	Have halted by 2015 and begun to reverse the spread of HIV/AIDS	There are still too many new cases of HIV infection.
6.B	Achieve, by 2010, universal access to treatment for HIV/AIDS for all those who need it	Antiretroviral therapy has saved 6.6 million lives since 1995 and expanding coverage can save many more.
6.C	Have halted by 2015 and begun to reverse the incidence of malaria and other major diseases	With more than three million lives saved in the past decade, the world is on track to achieving the malaria target, but great challenges remain.
MDG 7	***Ensure environmental sustainability***	
7.A	Integrate the principles of sustainable development into country policies and programmes and reverse the loss of environmental resources	Global greenhouse gas emissions continue their upward trend; Millions of hectares of forest are lost every year, threatening this valuable asset; The world has almost eliminated ozonedepleting substances.
7.B	Reduce biodiversity loss, achieving, by 2010, a significant reduction in the rate of loss	Protected areas are increa-sing, thus helping to safeguard natural resources.

7.C	Halve, by 2015, the proportion of the population without sustainable access to safe drinking water and basic sanitation	Access to an improved drin-king water source has become a reality for 2.3 billion people since 1990; Many people still rely on unsafe water sources.
7.D	By 2020, to have achieved a significant improvement in the lives of at least 100 million slum dwellers	Although the MDG target has been met, the number of people living in slum conditions is growing.
MDG 8	***Develop a global partnership for development***	
8.A	Develop further an open, rule-based, predictable, non-discriminatory trading and financial system	Trade liberalization has slowed, while least developed countries benefit from truly preferential treatment; Average tariffs have declined, but their reduction has moderated.
8.B and 8.C	Address the special needs of the least developed countries, landlocked developing countries and small island developing States	Aid is shifting away from the poorest countries.
8.D	Deal comprehensively with developing countries' debt	The debt burden of developing countries is much lower than in 2000 but is not declining further.
8.E:	In cooperation with pharmaceutical companies, provide access to affordable essential drugs in developing countries	No global or regional data are available.
8.F	In cooperation with the private sector, make available the benefits of new technologies, especially information and communications	The use of modern information and communications technology continues to grow with almost three billion pe-ople online and seven billion mobile-cellular subscriptions.

Tabelle 2: Die acht MDGs und 21 Zielvorgaben zu ihrer Verwirklichung (Quelle: United Nations 2014)

Die MDGs bieten sowohl den Geber- als auch den Empfängerländern eine gemeinsame Orientierung für die Handlungsfelder der Entwicklungspolitik, die beiden Seiten Verantwortlichkeiten zuweist. Während sich die ersten sechs Millenniumsziele auf Vorgaben beziehen, die vor Ort in den Empfängerländern mit Unterstützung der Geber umgesetzt werden sollen, betonen die Millenniumsziele 7 und 8 besonders die Rolle der Industrieländer: ihnen obliegt es, jene Rahmenbedingungen zu schaffen, die es den Entwicklungsländern ermöglichen, ihre Verpflichtungen umzusetzen (Bains, Herfkens 2006, S. 226 ff).

Zur Sicherstellung der Messbarkeit der Fortschritte hinsichtlich der Erreichung der MDGs wurden für die verschiedenen Themenbereiche und Zielvorgaben 60 Indikatoren festgelegt. Darüber hinaus kam die Staatengemeinschaft darin überein, die Umsetzung der Millenniums-Erklärung regelmäßig zu überprüfen. Der Übersicht der MDGs in Tabelle 2 sind auch die Fortschritte bei der Erreichung der Ziele zu entnehmen. Zusammenfassend lässt sich festhalten, dass in dem Zeitraum für die Umsetzung der MDGs Fortschritte erzielt wurden. Einige der Indikatoren wiesen bereits vor 2015 das angestrebte Ergebnis auf. Allerdings wurden nicht alle Zielwerte bis Ende 2015 erreicht, weshalb weitere Anstrengungen notwendig wurden. Vielfach wurde auch diskutiert, ob die Zielvorgaben aus der Sicht der Zielgruppen ausreichend ambitioniert waren. Betrachtet man die Intention der Agenda 21 und der MDGs so lässt sich feststellen, dass inhaltlich ein klar erkennbarer Bezug besteht.

Aus der Sicht der Völkergemeinschaft kann festgehalten werden: mit der Vereinbarung der MDGs wurde ein bisher nicht erreichter breiter Konsens über einen überprüfbaren und zeitlich definierten Bezugsrahmen für die internationale Entwicklungspolitik geschaffen. Trotz dieses Alleinstellungsmerkmals sowie ihrer bedeutenden und richtungsweisenden Funktion wurden die Millennium Development Goals jedoch auch kritisiert. Einige dieser Kritikpunkte sind vor dem Hintergrund der Umsetzung von nachhaltiger Entwicklung und im Hinblick auf den Post-2015-Prozess relevant. Loewe gibt beispielsweise zu bedenken, dass einzelne MDGs lediglich auf Kosten anderer Entwicklungsziele erreicht werden könnten (mangelnde Kohärenz). Dies wiederum könne in nicht tragfähigen Entwicklungsstrukturen über das Jahr 2015 hinaus münden. Entsprechend der Anforderungen nachhaltiger Entwicklung wie der Langfristigkeit sowie der Interdependenz ökologischer, ökonomischer sowie sozialer Handlungsfelder besteht die Gefahr, dass diese bei der Erreichung der MDGs vernachlässigt werden (Loewe 2010, S. 113).

Ein weiterer Kritikpunkt ist der zu gering bewertete Stellenwert der MDGs zur Sicherung der ökologischen Nachhaltigkeit. Messner und Scholz (2010, S. 74) erkennen in der Rangfolge der MDGs den Ausdruck eines *„neuen Pragmatismus“* der Entwicklungspolitik, der angesichts der Komplexität der Handlungsfelder sowie der unterschiedlichen Interessenlagen von Industrie- und Entwicklungsländern zum Tragen kommt. Nuscheler und Roth (2006, S. 31) verweisen darauf, dass Umweltschutz nach Auffassung vieler Entwicklungsländer *„postmaterialistischer Luxus"* sei, der als Hemmnis der eigenen Entwicklung und Ressourcennutzung betrachtet wird. Infolgedessen komme es beispielsweise beim Umweltschutz zu den beobachtbaren Divergenzen in der Prioritätensetzung von Industrie- sowie Entwicklungsländern.

Weiterhin werde übersehen, dass die ersten sechs MDGs ohne die Erfüllung des siebten MDG zur Sicherung der ökologischen Nachhaltigkeit nicht erreichbar sind (WBGU 2005, S. 9). Dies führt zu einem Verlust der „Rio-Vision", wonach Umwelt- und Entwicklungspolitik untrennbar miteinander verknüpft sind. Daher dürften die Millennium Development Goals nicht losgelöst von der Rio-Erklärung betrachtet werden. Trotz der genannten Kritikpunkte an den MDGs kann festgestellt werden, dass durch die Millenniums-Erklärung und der aus ihr abgeleiteten MDGs eine wichtige Diskussion über grundlegende Verbesserungen der Entwicklungspolitik angestoßen wurde: Sie führten zu einer Weiterentwicklung des *„Aid effectiveness"*-Gedankens (v. Hauff, Kuhnke, Hobelsberger 2017. S. 13).

Seit 2003 haben dazu vier hochrangige Foren zur Wirksamkeit der Entwicklungszusammenarbeit stattgefunden: in Rom (2003), in Paris (2005), in Accra (2008) und in Busan (2011). Industrie- und Entwicklungsländer suchten dabei gemeinsam nach Wegen, die Zusammenarbeit effizient zu gestalten und möglichst große Wirkungen zu erzielen – auch in Krisenzeiten.

Ein erster Meilenstein auf diesem Weg ist die „Rome Declaration", die im Jahre 2003 auf einem hochrangigen Forum über die Wirksamkeit der Entwicklungszusammenarbeit verabschiedet wurde. In diesem Dokument verpflichteten sich die Teilnehmer des Forums zu einer stärkeren Harmonisierung und Partnerorientierung ihrer Entwicklungspolitik (UN 2013). Drei Schlüsseldokumente dieser Reformbemühungen wurden auf den darauffolgenden Foren über die Wirksamkeit der Entwicklungszusammenarbeit in Paris (2005), Accra (2008) und Busan (2011) verabschiedet. Industrie- und Entwicklungsländer suchten dabei gemeinsam nach Wegen, die Entwicklungszusammenarbeit effizienter zu gestalten um damit eine höhere Wirksamkeit zu erzielen. Diesen Bemühungen wird in der internationalen Diskussion zur Weiterentwicklung bzw. Neuorientierung der Entwicklungspolitik eine große Bedeutung beigemessen. Daher sollen die verschiedenen Etappen nachfolgend kurz erläutert werden.

In Paris einigten sich 2005 mehr als 100 Vertreterinnen und Vertreter von Geber- und Partnerländern, von internationalen Entwicklungsorganisationen, Wirtschaft und Gesellschaft erstmalig gemeinsam auf Partnerschaftsverpflichtungen hinsichtlich ihrer künftigen Entwicklungspolitik. Diese *„Erklärung von Paris über die Wirksamkeit der Entwicklungszusammenarbeit"* beruht dabei auf den folgenden fünf Grundprinzipien:

- Im Sinne des **Prinzips der Ownership** verpflichten sich die Partnerländer dazu, die Führungsrolle bei der Konzipierung und Umsetzung ihrer nationalen Entwicklungsstrategien zu übernehmen. Im Gegenzug kommen die Geberländer darin überein, die führende Rolle der Partnerländer zu respektieren und sie in ihren Kapazitäten zur Ausübung derselben zu stärken.
- Vor dem Hintergrund des **Prinzips der Alignment** verpflichten sich die Geberländer dazu, ihre gesamte Unterstützung auf die nationalen Entwicklungsstrategien, -institutionen und -verfahren ihrer Partnerländer auszurichten.
- Im Interesse einer kollektiv höheren Wirksamkeit sieht das **Prinzip der Harmonisierung** eine bessere Abstimmung der Programme und Verfahren der Geberländer untereinander vor.
- Durch ein **Managing for Results** verpflichten sich die Geberländer dazu, sich an den Ergebnissen ihres entwicklungspolitischen Handelns zu orientieren. Sie sollen sich nicht an den erbrachten Leistungen in ihren Partnerländern ausrichten, während die Partnerländer auf die Schaffung eines ergebnisorientierten Berichterstattungs- und Orientierungsrahmens hinarbeiten.
- Das **Prinzip der Mutual Accountability** bezieht sich schließlich auf die Stärkung der Rechenschaftslegung der Geber- und Partnerländer sowohl untereinander als auch gegenüber der Öffentlichkeit und den Parlamenten (High Level Forum on Aid Effectiveness 2005, S. 5 ff).

Das Ziel ist es, einen Anreiz sowie eine Grundlage für die Überprüfung der Fortschritte bei der Umsetzung der Prinzipien zu schaffen. Dafür bestimmte das Forum für jedes der fünf Prinzipien Zielvorgaben, die bis zum Jahr 2010 erreicht werden sollten (High Level Forum on Aid Effectiveness 2005, S. 12 ff). Im Jahre 2008 wurde die Erklärung von Paris durch den „Aktionsplan von Accra" ergänzt, der als Ergebnis des dritten Forums über die Wirksamkeit der Entwicklungszusammenarbeit in der ghanaischen Hauptstadt verabschiedet wurde.

In dem Aktionsplan wird zu Beginn betont, dass Entwicklungszusammenarbeit nur ein Teil der Entwicklungsbestrebungen sein kann. Im Rahmen des Dokuments werden darüber hinaus auch die Bereiche Demokratie, Wirtschaftswachstum, gesellschaftlicher Fortschritt, der pflegliche Umgang mit der Umwelt, die Gleichstellung der Geschlechter, sowie die Achtung der Menschenrechte als die wichtigsten Triebkräfte der Entwicklung betont. In diesem Kontext stellt der Aktionsplan auch die Frage nach den Auswirkungen anderer Politikfelder auf die Fortschritte der Entwicklungszusammenarbeit. Er verweist darauf, dass die genannten Themenfelder mit allen Politiken systematischer und kohärenter anzugehen sind (High Level Forum on Aid Effectiveness 2008, S. 2f). Im Prinzip wurden hier schon die Grundlagen für die Agenda 2030 mit den 17 SDGs gelegt.

Bei der Überprüfung der Fortschritte, die seit der Pariser Erklärung erzielt wurden, kommt der Aktionsplan zu dem Schluss, dass es besonders folgende drei Herausforderungen zu bewältigen gilt (High Level Forum on Aid Effectiveness 2008):

- Zum einen betont der Aktionsplan noch einmal das in der Pariser Erklärung niedergelegte Prinzip der Eigenverantwortung als eine entscheidende Voraussetzung für eine wirksamere Entwicklungszusammenarbeit hervor. Demnach sieht der Aktionsplan eine noch stärkere Übernahme der Entwicklungspolitik durch die Regierungen der Entwicklungsländer vor. Diese werden dazu angehalten, ihre Parlamente und Bürger in die Ausgestaltung dieser Politik einzubeziehen. Die Geber hingegen verpflichten sich dazu, die ländereigenen Prioritäten ihrer Partnerländer zu achten. Bei der Umsetzung der Entwicklungszusammenarbeit soll in verstärktem Maße auf die in den Entwicklungsländern bereits vorhandenen Ressourcen und Systeme zurückgegriffen werden.
- Zum anderen verweist der Aktionsplan auf die Notwendigkeit des Aufbaus wirksamerer und umfassenderer Partnerschaften. Angesichts der wachsenden Zahl an entwicklungspolitischen Akteuren, die besonders durch die zunehmende Partizipation von Ländern mittleren Einkommens, globaler Fonds sowie privatwirtschaftlicher und zivilgesellschaftlicher Akteure gewonnen hat, soll auf diese Weise den Herausforderungen im Hinblick auf Steuerung und Koordinierung der Aktivitäten wirkungsvoll begegnet werden.

- Schließlich kommt der Aktionsplan zu dem Schluss, dass der Erreichung von Entwicklungsergebnissen und einer offenen Berichterstattung über erzielte Fortschritte höchste Priorität einzuräumen ist. So gelte es, den Erwartungen der Bürger aller Länder zu entsprechen und eine adäquate Rechenschaft über die erzielten Ergebnisse entwicklungspolitischer Arbeit abzulegen.

Eine besondere Bedeutung wird dem „Busan High level Forum" beigemessen. Es wurde teilweise als *„paradigm shift in foreign aid and development cooperation"* betitelt bzw. die Frage gestellt, ob hier ein *„post-aid world"* Zeitalter angebrochen sei (Mawsley, Savage, Kim 2014). Im Rahmen des vierten und letzten High Level Forum on Aid Effectiveness, das im Dezember 2011 im südkoreanischen Busan stattfand, kamen insgesamt 3000 Vertreter von Regierungen aus Industrie- und Entwicklungsländern, multilateraler und bilateraler Organisationen, sowie verschiedenster privater und zivilgesellschaftlicher Organisationen, in einer neuen Partnerschaft überein: dem *„Busan Partnership for effective development cooperation"*.

Einerseits kann festgestellt werden, dass hierbei unterschiedliche Interessen aufeinandertrafen. Und dennoch gelang es gemeinsame Dokumente auszuarbeiten und vorzulegen die hinsichtlich ihrer möglichen Auswirkungen von Experten unterschiedlich beurteilt wurden. So argumentieren einige Kritiker, dass sich die zunehmende globale Einkommensungleichheit und die mangelnde Effektivität des Neoliberalismus im globalen Süden in jüngsten geopolitischen und epistemischen Entwicklungen niederschlagen können. Weiterhin ist beispielsweise zu bedenken, dass Chinas Aufstieg als Wirtschafts- und Militärmacht und seine Autorität beim Aufbau der Asiatischen Infrastruktur- und Investitions-Bank unmittelbar die euro-amerikanische Dominanz im Entwicklungsdiskurs bedrohen (Husain 2017, S. 337), wie noch weiter ausgeführt wird. Daher ist die Forderung nach einer hohen Transparenz zwischen den unterschiedlichen Akteuren im Rahmen dieser neuen Entwicklungsarchitektur für das Gelingen von *„Aid Effectiveness"* und deren Realisierung von zentraler Bedeutung.

Wie das Busan Partnership Document (BPD) betont, ist diese Partnerschaft breiter und inklusiver angelegt als zuvor und trägt auf diese Weise der zunehmend komplexen Architektur der Entwicklungszusammenarbeit Rechnung. In diesem Zusammenhang hebt der Bericht insbesondere den wachsenden Einfluss sogenannter *„emerging donors"* hervor. Hierbei handelt es sich um Staaten wie Brasilien, China und Indien, die sich in der Entwicklungszusammenarbeit zunehmend engagieren, jedoch keine Mitglieder des OECD Development Assistance Committees (DAC) sind. Gegenwärtig gehören dem DAC, das sich mit entwicklungspolitisch relevanten Fragestellungen und Handlungsfeldern auseinandersetzt, 32 Staaten an. Eine besondere Beachtung fand auch die wachsende Bedeutung des privaten Sektors „als Treiber von Entwicklung". So kam es zu der veränderten institutionellen Architektur und einem globalen Governance Regime *„of aid and development"* (Mawsley, Savage, Kim 2014, S. 27).

Obwohl der Begriff es anders vermuten lässt, sind *„emerging donors"* oder *„new donors"* in der Entwicklungszusammenarbeit kein neues Phänomen. So verweist Woods (2008, S. 1205 f) beispielsweise auf Hilfsprojekte arabischer Staaten oder auf jene der Volksrepublik China, die bereits in den 1950er beziehungsweise 1970er Jahren ihre Anfänge hatten. Angesichts der in den vergangenen Jahren stark zunehmenden Investitionen von Ländern wie beispielsweise China, Indien oder Brasilien in anderen Entwicklungs- und Schwellenländern ist eine Machtverschiebung unter den Geberstaaten festzustellen. Sie führt auch zu einer Hinterfragung beziehungsweise Modifizierung bestehender Strukturen der Entwicklungszusammenarbeit bzw. nachhaltigen Entwicklungsarbeit.

Diese Entwicklung löst daher unter den *„traditionellen"* Geberstaaten teilweise Unzufriedenheit aus. Neben dem drohenden Verlust von Macht und Einfluss ist diese Skepsis auch auf die Tendenz der neuen Geberländer zurückzuführen, in die Politiken ihrer Partnerländer einzugreifen und Einfluss zu nehmen. Anders als im Falle der traditionellen Geberländer ist die Zusammenarbeit nicht an Bedingungen wie bspw. die Bemühung des Empfängerlandes um gute Regierungsführung oder die Berücksichtigung ökologischer und sozialer Standards geknüpft (Woods 2008, S. 1208 ff). Dieser Aspekt ist besonders vor dem Hintergrund der Umsetzung nachhaltiger Entwicklung bzw. der Förderung, d.h. Ausgestaltung und Implementierung der SDGs von Relevanz, da die Bemühungen der *„traditionellen"* Geberstaaten auf diese Weise Gefahr laufen können, untergraben zu werden.

Vor diesem Hintergrund betont das Abschlussdokument der Konferenz von Busan die Notwendigkeit und Bedeutung der Kooperation sowie des Erfahrungs- und Wissensaustausches zwischen allen Gebern. Zugleich betont das Dokument das Lösungspotential von Süd-Süd- sowie Dreieckskooperationen.[1] Es fordert alle Akteure dazu auf, dieses Potential durch entsprechende Zusammenarbeit auszuschöpfen. Ebenso verweist das Dokument auf die besondere Rolle der Privatwirtschaft im Kontext der Entwicklungszusammenarbeit: Als innovations-, einkommens- und beschäftigungsfördernde Akteure können Unternehmen demnach einen wichtigen Beitrag zu nachhaltigem Wachstum sowie zur Armutsbekämpfung beitragen. Öffentliche und private Akteure sollten demnach gemeinsam eruieren, wie Entwicklungs- und Unternehmensziele gleichermaßen und in einer sich gegenseitig stärkenden Weise gefördert werden können (High Level Forum on Aid Effectiveness 2011, S. 10).

Wie zuvor bereits der Aktionsplan von Accra greift auch das Abschlussdokument des High Level Forums von Busan den Aspekt der Politikkohärenz auf. Demnach vermag Entwicklungszusammenarbeit zwar eine katalytische und unabdingbare Rolle bei der Unterstützung beispielsweise der Armutsbekämpfung, der sozialen Sicherung, einer nachhaltigen Entwicklung oder des wirtschaftlichen Wachstums zu spielen. Zugleich kann Entwicklungszusammenarbeit jedoch nur als Teil der Lösung betrachtet werden. Folglich gilt es, die gegenseitigen Wechselwirkungen aller Politikfelder, nicht nur der Entwicklungspolitik, zu berücksichtigen und diese im Interesse entwicklungspolitischer Zielsetzungen aufeinander abzustimmen (High Level on Aid Effectiveness 2011, S. 3). Positiv formuliert kann erneut festgestellt werden: Politikkohärenz weist noch ein großes Potenzial der besseren Abstimmung zwischen Politikbereichen auf. Beispielhaft ist die Beziehung von Außenhandelspolitik und Entwicklungszusammenarbeit aber auch zwischen Landwirtschaftspolitik und Entwicklungszusammenarbeit zu nennen.

Die internationale Gemeinschaft ist auch nach dem letzten High Level Forum on Aid Effectiveness um weitere Fortschritte dieser Thematik bemüht. So wurde das Engagement für eine effektive Entwicklungszusammenarbeit auf dem ersten High Level Meeting der Globalen Partnerschaft für effektive Entwicklungszusammenarbeit, das im April 2014 in Mexiko-Stadt stattfand, bekräftigt. Im Anhang des Communiqués des High Level Meetings findet sich eine Übersicht von 39 freiwilligen Initiativen, die der Realisierung des Ziels einer effektiveren Entwicklungszusammenarbeit dienen sollen (Global Partnership for Effective Development Cooperation 2014).

---

1 Hierunter sind Kooperationen von DAC-Mitgliedern, neuen Geberländern und Empfängerländern zu verstehen.

3.4 Der Post-2015-Prozess

Nach der Vorstellung der Millennium Development Goals und der Diskussion um Aid Effectiveness soll nun die Post-2015-Agenda als wichtige Weiterentwicklung nachhaltiger Entwicklungszusammenarbeit vorgestellt werden. Bereits im Jahr 2010 auf dem *UN Summit on the Millennium Development Goals* in New York kam es nach einer kritischen Bestandsaufnahme der bisherigen MDG-Fortschritte bzw. der unbewältigten Probleme zu der Forderung einer stärkeren Förderung der Zielagenda. So wurde der UN-Generalsekretär beauftragt, die Fortschreibung der MDGs einzuleiten. Daraufhin initiierte Ban Ki-moon, ehemaliger Generalsekretär der Vereinten Nationen, einen umfassenden Prozess zur Erarbeitung einer post-2015-Development Agenda. Das nach Rio+20 gegründete High-level Political Forum on Sustainable Development befasste sich in seinen ersten Sitzungen im September 2013 und Juli 2014 hauptsächlich mit der Post-2015-Agenda (Eine detaillierte Zusammenstellung des Prozesses wird in United Nations General Assembly 2015 aufgezeigt.).

Dabei geht es entsprechend dem Abschlussdokument der Rio+20-Konferenz darum, die Post-2015 Entwicklungsagenda durch die Formulierung von Sustainable Development Goals (SDGs) zu konkretisieren. Die Grundüberlegung hierbei war, dass eine wirksame internationale Nachhaltigkeitspolitik sowohl ein starkes Leitbild mit allgemein anerkanntem normativen Handlungsrahmen benötigt, als auch einen globalen politischen Konsens über handlungsleitende Ziele erfordert. Es bestand ein Konsens, dass diese durch Zeitvorgaben und Indikatoren konkretisiert werden müssen. So wurde auf der 68. Sitzung der UN-Generalversammlung im Jahr 2013 beschlossen, eine gemeinsame Agenda, in der Nachhaltigkeitsziele integriert werden, für die Zeit nach dem Ablauf der Millenniumsziele zu formulieren. Hierzu wird festgestellt:

> „Recognizing the intrinsic interlinkage between poverty eradication and the promotion of sustainable development, we underline the need for a coherent approach that integrates in a balanced manner the three dimensions of sustainable development. This coherent approach involves working towards a single framework and set of goals, universal in nature and applicable to all countries, while taking account of differing national circumstances and respecting national policies and priorities. It should also promote peace and security, democratic governance, the rule of law, gender equality and human rights for all" (United Nations General Assembly 2013, S. 4).

Für die Erarbeitung eines Entwurfs der Sustainable Development Goals (SDGs) wurden verschiedene Arbeitsgruppen berufen. Die Veröffentlichungen dieser Arbeitsgruppen wurden Anfang März 2014 von Ländergruppen wie Deutschland, Frankreich und der Schweiz zu zwölf Development Goals konkretisiert. Die offene Arbeitsgruppe entwickelte aus diesen Zwischenergebnissen bis September 2014 einen Entwurf konkreter SDGs, der bei der UN-Generalversammlung 2014 vorgestellt und in die internationalen Verhandlungen eingebracht wurde. Diese neue Entwicklungsagenda wurde schließlich im September 2015 auf dem United Nations Summit in New York zur Verabschiedung gebracht (United Nations Department of Economic and Social Affairs 2015). In Tabelle 3 finden sich die 17 Sustainable Development Goals. Sie werden durch 169 Unterziele (targets) konkretisiert. Positiv hervorzuheben ist, dass die einzelnen Ziele inhaltlich stärker konkretisiert werden als die MDGs. Hinsichtlich der zeitlichen Vorgabe sollen die Ziele bis 2030 umgesetzt werden.

Abbildung 5: Die globalen Ziele für nachhaltige Entwicklung (Quelle: Die Bundesregierung: Deutsche Nachhaltigkeitsstrategie, Berlin 2017

Zusammenfassend lässt sich feststellen, dass der neue institutionelle Rahmen und die von der UN initiierten umfassenden Post-2015-Prozesse dazu beitragen können, dass es zu einer Stärkung des internationalen Nachhaltigkeitsregimes kommt. Die Intention war, dass durch die Verabschiedung der Agenda 2030 mit den Sustainable Development Goals nachhaltige Entwicklung im Vergleich zu den bisherigen MDG-Entwicklungszielen zu einem stärkeren integralen Bestandteil der globalen Entwicklungsagenda wird.

Eine wichtige Voraussetzung hierfür ist jedoch, dass es entsprechend den Anforderungen nachhaltiger Entwicklung zu einer Ausgewogenheit der drei Dimensionen kommt, d.h. die ökologische Dimension nicht wie bei den MDGs eine geringere Berücksichtigung als die beiden anderen Dimensionen findet. Weiterhin sollte es darum gehen, ein Gleichgewicht zwischen den drei Dimensionen auf globaler und auf nationaler, d.h. auf der Ebene der einzelnen Länder anzustreben. Dabei gilt zu berücksichtigen, dass ein Gleichgewicht nie in vollem Maße erreicht werden kann. Es sollte aber zumindest angestrebt werden. Insofern handelt es sich hierbei um einen Prozess, der auch immer wieder an sich verändernde Bedingungen angepasst werden muss.

In diesem Kontext kam es bereits im Vorfeld zu kritischen Anmerkungen, die hier nur exemplarisch genannt werden sollen. So stellt beispielsweise die OECD in ihrer Studie *„Aspekte der Fragilität – Lassen sich die Ambitionen der Post-2015 Agenda erfüllen?“* fest, dass fragile Staaten bei der Erfüllung der MDGs im Verhältnis zu den weniger fragilen Staaten Defizite aufweisen. Daher werden zwei Forderungen aufgestellt:

1. Fragilität sollte nach 2015 nach anderen Kriterien beurteilt werden.
2. Es bedarf gezielter Maßnahmen zur Überwindung der Fragilität, um die Umsetzung der Post-2015-Entwicklungsziele realisieren zu können (OECD 2015b, S. 13f.).

Es wird teilweise bezweifelt, dass die Botschaft, wonach die Post-2015-Agenda auch in den Industrieländern umgesetzt werden soll, bei diesen wirklich angekommen ist. Daher wird gefordert, dass auch die Industrieländer die Post-2015-Agenda konsequent im Sinne der Nachhaltigkeitsziele wahrnehmen und im Rahmen von nationalen Nachhaltigkeitsstrategien umsetzen. Schließlich wurde befürchtet, dass die siebzehn Ziele wieder als Einzelziele gesehen und angestrebt werden. Es sollte jedoch darum gehen, dass die Ziele als interdisziplinäre Zielbündel betrachtet werden, wie es im Kontext der Dreidimensionalität nachhaltiger Entwicklung gefordert wird und daher die Ziele vernetzt werden. Die Agenda 2030 wird in Kapitel 6 noch ausführlich vorgestellt und es wird aufgezeigt, wie sie in einer nationalen Nachhaltigkeitsstrategie umgesetzt werden kann.

Der Anspruch von Zielbündeln lässt sich an dem SDG 8 „Promote sustained, inclusive and sustainable economic growth, full and productive employment and decent work for all" verdeutlichen. So wird "inclusive growth" beispielsweise von der OECD definiert als:

> "Tackling inequalities in incomes, health outcomes, education and well-being, requires breaking down the barriers to inclusive growth and reaching new frontiers in policymaking and implementation. Everyone should be able to realize their potential and to share the benefits of growth and increased prosperity" (OECD Secretary-General)

Diese Kriterien sind jedoch in den weiteren Ausführungen zu diesem Ziel nicht zu finden und es gibt auch keinen Querverweis zu anderen SDGs. Insofern sollten die Sustainable Development Goals besonders im Kontext einer nationalen Nachhaltigkeitsstrategie überprüft werden, wie sie inhaltlich noch besser aufeinander abgestimmt bzw. miteinander vernetzt werden können. Dies wird in Kapitel 5 vertieft behandelt bzw. diskutiert.

4 Begründung nachhaltiger Entwicklung

Im Kontext nachhaltiger Entwicklungspolitik wurde die theoretische Begründung weitgehend vernachlässigt. Die folgenden Ausführungen konzentrieren sich auf einige grundlegende Argumentationslinien. Nachhaltige Entwicklung zielt aus ökonomischer Sicht auf die Sicherung der Lebens- und Produktionsgrundlagen einer Gesellschaft im Sinne eines globalen und dauerhaften Erhalts der Umwelt sowie auf die Entwicklung und Stabilisierung des Wirtschafts- und Sozialsystems ab. Darin spiegelt sich das Gleichgewichtsverständnis der Dreidimensionalität Ökologie, Ökonomie und Soziales wider. Der Anspruch nachhaltiger Entwicklung geht jedoch darüber hinaus und fordert die intra- und intergenerationelle Gerechtigkeit, wie in Kapitel drei schon aufgezeigt wurde. Über die inhaltliche Abgrenzung gibt es jedoch eine kontroverse Diskussion, die im Folgenden aufgezeigt wird. Diese Kontroverse ist auch für Entwicklungsländer relevant, da hier Grundpositionen deutlich werden, die für die Politikgestaltung und damit auch für die Ausgestaltung einer nationalen Nachhaltigkeitsstrategie von zentraler Bedeutung sind. Nur so können klare Konturen in Entwicklungsländern und in der Entwicklungspolitik für den vielfach geforderten Transformationsprozess festgelegt werden.

In der ökonomischen Diskussion dominierte lange die neoklassische Ökonomie (vgl. hierzu Abschnitt 4.1). Heute gibt es jedoch im Rahmen des Paradigmas nachhaltiger Entwicklung unterschiedliche Positionen (v. Hauff 2021, S. 19 ff). Bis heute stehen sich hinsichtlich der Beziehung Ökonomie und Ökologie die neoklassische Ökonomik und die Ökologische Ökonomik unvereinbar gegenüber (vgl. u.a. Daly, Farley 2013), wie in Abschnitt 4.2 aufgezeigt wird.

4.1 Die Position der neoklassischen Ökonomie im Kontext nachhaltiger Entwicklung

Das Verständnis der neoklassischen Ökonomie zu dem Paradigma nachhaltiger Entwicklung wurde ganz wesentlich durch den 1972 erschienenen ersten Bericht an den Club of Rome *„Grenzen des Wachstums"* ausgelöst (Meadows et al. 1972). In dem Bericht an den Club of Rome wurden erstmals die Grenzen der menschlichen Handlungsmöglichkeiten in Bezug auf die

Generierung von Wachstum durch die begrenzten, nicht erneuerbaren Ressourcen aufgezeigt. Im Prinzip war der Bericht *„Grenzen des Wachstums“* eine Fundamentalkritik an der neoklassischen Ökonomik. Das Streben nach permanentem Wachstum durch Maßnahmen, wie es in den ersten drei Entwicklungsdekaden im Mittelpunkt stand, wurde kritisch hinterfragt und als unvereinbar mit den natürlichen Grenzen angesehen.

1974 fand, als Reaktion auf den Bericht *„Grenzen des Wachstums“*, ein Symposium des *„Review of Economic Studies“* statt, bei dem die Möglichkeiten des wirtschaftlichen Wachstums mit endlichen Ressourcen diskutiert wurden. In diesem Zusammenhang weist Stiglitz auf drei Faktoren hin, die in dem Bericht an den Club of Rome von Meadows et al. nicht berücksichtigt wurden und daher zu einer Relativierung der von der Endlichkeit der natürlichen Ressourcen ausgehenden Begrenzung des wirtschaftlichen Wachstums führen (Stiglitz 1974, S. 123):

- technischer Fortschritt,
- die Möglichkeit der Substitution von Naturkapital durch Sachkapital (substitution of man-made factors of production (capital) for natural ressources) und
- Skalenerträge.

Diese drei Faktoren ermöglichen es nach Auffassung der neoklassischen Ökonomen, die an dem Symposium teilnahmen, dass auch alle zukünftig lebenden Menschen einen gleichen oder steigenden Pro-Kopf-Konsum haben können und damit ein mindestens gleiches Nutzniveau wie die gegenwärtig lebenden Menschen haben werden. Folgt man der neoklassisch orientierten Argumentation zur Nachhaltigkeit weiter, so stellt man fest, dass der neoklassische Nachhaltigkeitsbegriff auch nach dem Erscheinen des Brundtland-Berichtes an die bereits 1974 entwickelte Position eines im Zeitraum nicht sinkenden Nutzniveaus anknüpft. Es geht also um die Frage, wie die Sicherung der Bedürfnisbefriedigung künftiger Generationen in der neoklassischen Theorie abgebildet wird. Hierzu wurden Begriffe wie intergenerationelle oder intertemporale Gerechtigkeit eingeführt. Betrachtet man sich die ungetrübte Wachstumseuphorie in vielen Entwicklungsländern, besonders im asiatischen Raum, so spiegelt sich hier die aufgeführte neoklassische Position wider.

Geht man davon aus, dass Naturkapital durch Sachkapital beliebig substituiert werden kann, kommt man zu einer spezifischen Form der Nachhaltigkeit: Diese Position wird mit dem Begriff der *„Weak Sustainability“*

oder *„Schwache Nachhaltigkeit"* gekennzeichnet. Bei der schwachen Nachhaltigkeit lässt sich der Verbrauch nicht erneuerbarer Ressourcen durch Investitionen in Kapitalgüter kompensieren, wodurch der gesamte Kapitalbestand konstant bleibt. Dabei wird jedoch der Zustand von Ökosystemen vernachlässigt. Werden bei Ökosystemen die kritischen Grenzen überschritten (z.B. Klimawandel bzw. Biodiversität), kann ein Wirtschaftssystem so irreversibel geschädigt werden, dass wirtschaftliches Wachstum auch dadurch an Grenzen stoßen kann. Die zunehmende Trockenheit, Stürme und Überschwemmungen besonders in Entwicklungsländern sind typische Phänomene, die zu Grenzen des Wachstums führen können. Für zukünftige Generationen kann somit ein Verlust entstehen, der zu einer Verringerung des Gesamtkapitals führen kann.

Hinzu kommt, dass nach Pearce und Atkinson schwache Nachhaltigkeit für zukünftige Generationen Indifferenz zwischen Sachkapital und Naturkapital voraussetzt (Pearce, Atkinson 1993, S. 64). Danach haben zukünftige Generationen keine Vorliebe für Naturkapital wie Wälder, Seen oder Landschaften die zur Regeneration der Menschen beitragen. Dieser Zusammenhang wurde erstmals von Hartwick aufgezeigt und wurde daher als Hartwick-Regel bezeichnet (Hartwick 1977, S. 972-974). Dabei lässt sich die Kompensation von Naturkapital durch Sachkapital über den technischen Fortschritt realisieren. Die soziale Dimension als dritte Dimension nachhaltiger Entwicklung wurde in der neoklassischen Ökonomik vernachlässigt.

Auf dem Hintergrund des Symposiums des *„Review of Economic Studies"* 1974 definiert Solow Nachhaltigkeit im Sinne der schwachen Nachhaltigkeit wie folgt:

> "I could think of this to say that it is an obligation to conduct ourselves so that we leave to the future the option or capacity to be as well off as we are (Solow 1993, S. 181)."

Diese Formulierung zeigt, dass es kein Gebot gibt, bestimmte Naturbestandteile zu erhalten. In Entwicklungsländern wird die Gefahr der schwachen Nachhaltigkeit in zunehmendem Maße offensichtlich. So werden in vielen Entwicklungsländern knappe Ressourcen wie z.B. seltene Metalle und seltene Erden oft in großen Mengen abgebaut. Es wurden u.a. auch bereits große Flächen von Regenwald vernichtet und Gewässer verseucht. Dadurch sinkt der Bestand an Naturkapital. Die Erlöse aus den veräußerten Ressourcen fließen jedoch in Entwicklungsländern häufig nicht der Bevölkerung zu. Sie werden vielfach von großen profitorientierten Konzernen oder korrupten Regierungen, die die Rohstoffe abbauen, zum eigenen Vorteil in andere Länder transferiert. Der Bestand an Naturkapitel sinkt also und gleichzeitig stagniert der Bestand an Sachkapital oder steigt nicht in dem relevanten Maße, wodurch der gesamte bzw. aggregierte Kapitalbestand sinkt. Das entspricht nicht den Anforderungen der schwachen Nachhaltigkeit.

4.2 Die Ökologische Ökonomie und ihre Kritik an der neoklassischen Ökonomie

Die Grundpositionen der Ökologischen Ökonomie wurden durch Arbeiten von Georgescu-Roegen, Kapp und Boulding Mitte der 1970er Jahre inspiriert und in die ökonomische Diskussion eingeführt (Georgescu-Roegen 1971, Kapp 1963, Boulding 1976). Sie kam dann Mitte der 1980er Jahre als neue Disziplin zunächst in den USA unter der Bezeichnung *„Ecological Economics"* auf (v. Hauff 2021). Im Mittelpunkt der Ökologischen Ökonomie steht das umweltpolitische Leitbild nachhaltiger Entwicklung. Dabei ist festzustellen, dass in der Ökologischen Ökonomie die Beziehung der beiden Kategorien Ökologie und Ökonomie im Mittelpunkt stehen und, ebenso wie in der neoklassischen Ökonomie, die soziale Dimension weitgehend vernachlässigt wird. Einige Vertreter der Ökologischen Ökonomie sind jedoch darum bemüht, auch die soziale Dimension zu berücksichtigen (Common, Stagl 2005).

Die Ökologische Ökonomie geht weit über den Mainstream der neoklassischen Orientierung hinaus. Im Mittelpunkt der Begründung nachhaltiger Entwicklung steht die Bedeutung ökologischer Systeme für die Sicherung bzw. Verbesserung der menschlichen Lebensbedingungen, d. h. die Wohlfahrt für die gesamte Gesellschaft. Dabei gilt jedoch zu berücksichtigen, dass die Ökologische Ökonomie bis heute nicht für eine umfassende und in sich geschlossene Theorie steht. In jüngerer Vergangenheit gibt es daher auch eine kritische Diskussion zu der mangelnden theoretischen Fundierung der Ökologischen Ökonomie. Von Spash wird auch eine Weiterentwicklung der empirischen Fundierung der Ökologischen Ökonomie gefordert (Spash 2017).

Eine zentrale Forderung der Ökologischen Ökonomie ist, die Ökonomie wieder in die Grenzen der Natur zurückzuführen. In diesem Kontext wurden ökologische Leitplanken festgelegt, die nicht überschritten werden dürfen. So lassen sich Irreversibilitäten bei Ökosystemen vermeiden, was in der neoklassischen Umweltökonomie kaum thematisiert wird. Weiterhin erkennt die Ökologische Ökonomie das Problem, dass es zu intergenerationalen Ungleichheiten, d. h. zu Ungleichheiten zu Ungunsten zukünftiger Generationen im Vergleich zu der heute lebenden Generation kommen kann, die dem Paradigma der nachhaltigen Entwicklung widersprechen. Der Klimawandel, der in vielen Entwicklungsländern oft zu verheerenden Trockenperioden, Dürren, Stürmen und Überschwemmungen führt, ist ein typisches Beispiel dafür. Darunter haben jedoch nicht nur zukünftige, sondern auch die heute lebende Generation oft in hohem Maße zu leiden, obwohl sie an der Verursachung des Klimawandels häufig nur in geringem Maße beteiligt sind. Da die Armutsbevölkerung in Entwicklungsländern unter dem Klimawandel besonders zu leiden haben, wird die Ungleichheit in den Entwicklungsländern aber auch zwischen Entwicklungs- und Industrieländern verschärft.

Auf der Grundlage der evolutionären und von Unsicherheit geprägten Situation muss besonders in Entwicklungsländern ein Kapitalstock geschaffen und erhalten werden, der sowohl aus natürlichem als auch aus „menschengeschaffenem Kapital" (Sachkapital) besteht. Daraus begründet sich die *Strong Sustainability* oder *Starke Nachhaltigkeit*, die das zentrale Paradigma der Ökologischen Ökonomie ist. Sie stellt die Substituierbarkeit von Natur- durch Sachkapital grundsätzlich in Frage. Protagonisten der Ökologischen Ökonomie wie Costanza et al. definieren in diesem Kontext Nachhaltigkeit sehr prägnant, als ein System, das überlebt bzw. fortdauert und sich nicht selbst in Frage stellt bzw. zerstört (Costanza, Patten 1995, S. 1994). Eine wesentliche Begründung starker Nachhaltigkeit basiert auf dem Grundsatz, wonach der Bestand verschiedener Kapitalarten erhalten bleibt. Das gilt besonders für das natürliche Kapital. Hierzu ein prägnantes Beispiel: ein Fischerboot (Sachkapitel) ohne Fische (Naturkapital) in Seen oder Flüssen ist nutzlos. Hier geht es also um die Komplementarität der verschiedenen Kapitalarten, wie sie schon erläutert wurde.

Eine weitere wichtige Begründung für die starke Nachhaltigkeit ist, dass das menschliche Überleben von der Erhaltung besonders sensibler Ökosysteme abhängt. So kann die Abnahme der Biodiversität nicht durch Sachkapital kompensiert werden, ohne dass das ökologische Gleichgewicht und damit auch das menschliche Überleben in Frage gestellt wird. Das gilt beispielsweise auch für den fortschreitenden Klimawandel und fur den Rückgang natürlicher Ressourcen. Weitere Funktionen der Natur wie die

Regenerationsfunktion bzw. die ethische Funktion sind für das menschliche Wohlbefinden von großer Bedeutung. Sie werden hier jedoch nicht vertieft.

Die starke Nachhaltigkeit wurde von Vertretern der Ökologischen Ökonomie durch verschiedene Operationalisierungskriterien konkretisiert (Daly 1990, S. 1-6).

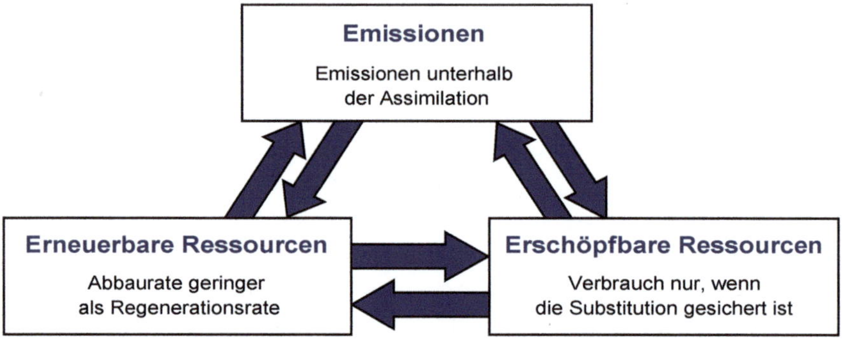

Abbildung 6: Handlungsregeln für nachhaltige Entwicklung (Quelle: in Anlehnung an Daly 1990, S. 2)

Eine Verschärfung der Umweltbelastung lässt sich vermeiden, wenn diese Regeln eingehalten werden. In vielen Entwicklungsländern haben die Belastungen von Wasser, Luft und Boden jedoch Dimensionen erreicht, wonach eine natürliche Regenerierung kaum noch möglich ist. Eine vergleichbare Argumentation gilt für regenerative Ressourcen: Solange ihr Verbrauch nicht größer als ihre natürliche Regeneration ist, bleiben die Bestände konstant. Das lässt sich am Beispiel von Wäldern besonders gut verdeutlichen. Schon Hans Carl von Carlowitz forderte in seiner berühmten Schrift aus dem Jahr 1713, dass bei Wäldern eine *„continuierliche und beständig nachhaltende Nutzung"* erforderlich sei (von Carlowitz 1713, S. 105).

Betrachtet man den Rückgang beispielsweise der Regenwälder in vielen Entwicklungsländern, so hat dieses Zitat auch heute noch eine große Aktualität (v.Hauff 2023). Bei dem Verbrauch von Erdgas, Erdöl und sonstigen nicht regenerativen Ressourcen wie Kohle können die Bestände nicht konstant gehalten werden. Ein dauerhafter Verzicht ist also in jeder wirtschaftenden Gesellschaft, die ein bestimmtes Wirtschaftsniveau erreicht hat – ceteris paribus - nicht denkbar. Daher wird der Verbrauch von nicht regenerativen Ressourcen meist an die Bedingung geknüpft, dass die

Substitution gewährleistet ist: Es sind Ressourcen verfügbar bzw. werden entwickelt, die nicht regenerative Ressourcen, wie regenerative Energie (z.B. Solar- und Windenergie) substituieren können.

Eine der zentralen Kontroversen in der Nachhaltigkeitsdiskussion zwischen dem Mainstream der Ökonomie und der Ökologischen Ökonomie ist die Bewertung von wirtschaftlichem Wachstum. Während im ökonomischen Mainstream wirtschaftliches Wachstum grundsätzlich positiv bewertet wird, lehnen die Vertreter der Ökologischen Ökonomie Wachstum wegen der zunehmenden Umweltbelastung ab. Es besteht jedoch ein weitgehender Konsens, dass in Entwicklungsländern für die Verringerung bzw. Überwindung unzureichender wirtschaftlicher Entwicklung Wirtschaftswachstum erforderlich ist. In jüngerer Vergangenheit hat in diesem Kontext der Begriff *„Green Growth"* eine zunehmende Popularität erlangt. Green Growth wird besonders in Entwicklungsländern diskutiert und angestrebt (v. Hauff 2025, S. 106). So hat beispielsweise Vietnam eine *„Green Growth Strategy"* entwickelt, deren Umsetzung von der Regierung eingefordert wird. Daher soll das Konzept Green Growth in den folgenden Ausführungen kurz vorgestellt werden. Zunächst war der Begriff „Green Growth" nur auf das Wachstum der *„Öko Industrie"* ausgerichtet (EU Commission 2010). Danach hat der Begriff jedoch eine Erweiterung erfahren.

4.3 Weiche (soft) und harte (hard) Nachhaltigkeit

Die Begründung nachhaltiger Entwicklung ist – wie aufgezeigt wurde – im Kontext von schwacher und starker Nachhaltigkeit verortet. Sie bezieht sich ganz wesentlich auf die Beziehung der beiden Dimensionen Ökologie und Ökonomie. Im Gegensatz zur schwachen Nachhaltigkeit wird bei der starken Nachhaltigkeit die soziale Dimension nachhaltiger Entwicklung teilweise berücksichtigt. Die kontroversen Positionen der schwachen und starken Nachhaltigkeit beziehen sich ganz wesentlich auf die intergenerationelle Gerechtigkeit. Eine weitere Gemeinsamkeit besteht darin: bei der schwachen und starken Nachhaltigkeit geht es grundsätzlich um die Makroperspektive.

Hiervon zu unterscheiden ist die Differenzierung in weiche und harte Nachhaltigkeit, die sich auf die Mikroebene bezieht. Diese Unterscheidung wurde ganz wesentlich durch die Studie von Ong et al. geprägt (Ong et al. 2016). Sie gehen von der Annahme aus, dass besonders internationale

Unternehmen im Kontext nachhaltiger Entwicklung durch ihre Stakeholder mit steigenden Erwartungen bzw. Anforderungen konfrontiert werden. Viele Unternehmen haben erkannt, dass sich ihre Erfolgsmeldungen nicht mehr ausschließlich auf die Information ihrer wirtschaftlichen Indikatoren wie Gewinn bzw. Umsatz beschränken lassen, obwohl diese bei der Mehrzahl der Unternehmen noch im Vordergrund stehen.

In zunehmendem Maße werden von ihnen im Rahmen von Nachhaltigkeitsberichten Informationen zu ihrem Beitrag zu mehr Nachhaltigkeit erwartet bzw. gefordert. Die gestiegene Nachfrage nach entsprechenden Informationen erklärt sich nicht nur aus einem wissenschaftlichen Interesse, sondern auch aus jenem der Stakeholder der Unternehmen wie Konsumenten, Zulieferer, NGOs aber auch Regierungsorganisationen. Aber auch die EU hat sich hierzu eingebracht. Nachdem die Europäische Kommission ihren Richtlinienvorschlag im April 2021 veröffentlichte, einigten sich die Verhandler von Kommission, Rat und Europäischem Parlament am 21. Juni 2022 auf einen Kompromiss.

Neuere Studien haben sich besonders auf empirische Untersuchungen konzentriert, bei denen es darum ging, Faktoren, die die Nachhaltigkeitsberichterstattung beeinflussen, näher zu bestimmen (Bannier 2023). Mit dem Wandel von der primär monetären Berichterstattung hin zur Nachhaltigkeitsberichterstattung sehen sich Unternehmen mit wachsenden Anforderungen an die Corporate-Social-Responsibility (CSR)-Berichterstattung konfrontiert. Die Pflichten zur Berichterstattung über die Themen „Ökologie", „Soziales" und „Governance" regelt in Deutschland insbesondere das CSR-Richtlinie-Umsetzungsgesetz. Die Pflicht zur Nachhaltigkeitsberichterstattung nach EU-Richtlinie CSRD gilt ab dem Geschäftsjahr 2024 für Unternehmen mit mehr als 500 Mitarbeitenden und ab 2025 für andere große Unternehmen.

Studien zur Nachhaltigkeitsberichterstattung beschäftigen sich häufig mit verschiedenen branchenspezifischen Zusammenhängen wie Öl- und Gasunternehmen, Lebensmittelhandel und Wasser- und Energiewirtschaft (Zhao 2014). Daraus begründet sich die zunehmende Nachfrage nach Offenlegung einer branchenspezifischen bzw. sektoralen Nachhaltigkeitsberichterstattung. Das gilt besonders für Unternehmen in umweltsensiblen Branchen wie der Rohstoff-, Fertigungs- und Transportindustrie.

In einigen Ländern müssen heute die börsennotierten Unternehmen Umweltberichte vorlegen. In vielen Ländern besteht heute jedoch nur eine freiwillige Offenlegung. Während die Nachhaltigkeitsberichterstattung zunächst nur durch den Index von Clarkson et al. (2008) für die Umweltleistung bewertet wurde, werden in dem neu entwickelten Bewertungsindex alle Leistungen der drei Dimensionen berücksichtigt. In diesem Kontext wurde dann die Unterscheidung in weiche und harte Faktoren zur Nachhaltigkeit eingeführt. So wurde beispielsweise vorgeschlagen, Rohstoffunternehmen in Australien eher der „weichen Offenlegung“ zuzuordnen. Allgemein lässt sich feststellen, dass Unternehmen zunächst der weichen Offenlegung zuneigten, indem sie sich auf Visionen oder Nachhaltigkeitsstrategien fokussierten, die schwer zu überprüfen waren. Mit dem neuen Bewertungsindex entsprechen jedoch immer mehr Unternehmen hinsichtlich ihrer Nachhaltigkeitsorientierung einer harten Offenlegungsposition.

Hierzu gibt es in Entwicklungsländern ein wachsendes Interesse und natürlich noch ein großes Potenzial. Hinzu kommt, dass große Konzerne aus dem EU-Raum, die in Entwicklungsländern tätig sind, hinsichtlich ihres (nicht-) nachhaltigkeitsorientierten Geschäftsgebahrens zunehmend kritisch hinterfragt werden. Zu nennen ist u.a. das Lieferkettengesetz aber auch die EU-Verordnung zur Bekämpfung der weltweiten Entwaldung und Waldschädigung. Sie zielt darauf ab, dass bestimmte Erzeugnisse und Rohstoffe nur dann im EU-Markt eingeführt werden dürfen, wenn diese nicht mit Entwaldung oder Waldschädigung in Verbindung stehen (v. Hauff 2023, S. 67).

4.4 Intra- und intergenerationelle Gerechtigkeit

Im Brundtland-Bericht von 1987 wird die intra- und intergenerationelle Gerechtigkeit als konstitutives Merkmal nachhaltiger Entwicklung gefordert. Während intragenerationelle Gerechtigkeit einen gerechten Ausgleich der Interessen der Menschen zwischen Industrie- und Entwicklungsländern aber auch der Menschen in den einzelnen Entwicklungsländern fordert, ist die intergenerationelle Gerechtigkeit darauf ausgerichtet, dass zukünftige Generationen in ihrer Bedürfnisbefriedigung nicht durch die Lebensweise der gegenwärtig lebenden Generation beeinträchtigt werden. Gerechtigkeit lässt sich im Prinzip aber auch aus jeder Nachhaltigkeitsdimension ableiten. Das Nachhaltigkeitsziel (SDG) 10 forderte jedoch explizit *„Ungleichheit innerhalb von und zwischen Staaten verringern“.*

Ungleiche Verteilung zwischen dem globalen Süden und dem globalen Norden als auch in den einzelnen Entwicklungsländern ist vielfach belegt.

Dabei wird Ungleichheit meistens auf das Phänomen von Armut, d.h. auf Einkommens- und Vermögensunterschiede reduziert. Der World Inequality Report, der von Expertinnen und Experten in Zusammenarbeit mit dem Ökonom Thomas Piketty erstellt wird, gibt Auskunft über die Messung globaler Ungleichheiten. In dem Bericht von 2022 werden zusätzlich Ungleichheiten zwischen den Geschlechtern und den CO^{2}-Emissionen aufgezeigt (Chancel et al. 2022). Darin werden Tendenzen der Verfestigung von Ungleichverhältnissen bestätigt. So beziehen die reichsten 10 % der Weltbevölkerung gegenwärtig 52 % der weltweiten Einkommen. Die ärmste Hälfte der Bevölkerung erhält 8,5 % der weltweiten Einkommen. Die Vermögenskonzentration hat sich sogar weiter zugespitzt. Die ärmste Hälfte der Weltbevölkerung hat nur einen Anteil von 2 % während die reichsten 10 % der Weltbevölkerung 76 % des gesamten Vermögens besitzen. Die Vermögen sind in den letzten 25 Jahren jedoch nicht mehr so stark gewachsen wie in dem Jahr 2020 (Grobbauer, Langthaler 2022).

Die globale Ungleichverteilung von Einkommen und Vermögen spiegelt auch ganz wesentlich die Situation zwischen dem globalen Norden und dem globalen Süden wider. So wird häufig festgestellt, dass die wirtschaftliche Kluft zwischen dem industrialisierten Norden und den Entwicklungs- sowie Schwellenländern des Südens eines der zentralen Merkmale des Nord-Süd-Konfliktes ist. Die Kluft wird besonders bei bestimmten wirtschaftlichen Kennzahlen, wie dem Bruttoinlandsprodukt (BIP) pro Kopf, dem Human Development Index (HDI) und anderen Kennzahlen für Lebensqualität und Wohlstand deutlich. Die Kluft geht jedoch über „materielle Aspekte wie Einkommen und Vermögen hinaus und umfasst unter anderem den Zugang zu Bildung, Arbeitsmarkt und Gesundheit, sowie die Möglichkeit zur Teilhabe an Politik oder Kultur, aber auch Aspekte wie Prestige und Macht." (Grobbauer, Langthaler 2022, S. 4)

In diesem Kontext weist der World Inequality Report auf ein bedeutendes Problem bei der Datenlage hin: während die Regierungen jährlich Zahlen zur Entwicklung des Wirtschaftswachstums vorlegen, wird nur unzureichend aufgezeigt, wie das Wachstum in der Bevölkerung verteilt ist. Die mangelnde Datenlage ist einer der Gründe, weshalb Ungleichheit nur in geringem Maße Forschungsarbeiten zu Reichtum aufweist (Fischer 2019). Betrachtet man die Gini Koeffizienten[2] der Entwicklungsländer, so kann man in der Regel eine

2 Der Gini Koeffizient ist ein statistisches Maß der Quantifizierung von Ungleichheit besonders bei der Verteilung von Einkommen und Vermögen. Er hat einen Wert zwischen

große Ungleichverteilung feststellen. Während 2023 der Gini Koeffizient in Deutschland einen Wert von 0,29 hatte, betrug er in Entwicklungsländern zwischen 0,4 und 0,6.

Grobbauer und Langthaler stellen ebenfalls fest, dass Ungleichheit vielfältige Aspekte aufweisen und zeigen dies an der globalen ökologischen Ungleichheit und der globalen Ungleichheit der Bildung auf (2022, S, 5). Die ökologische Ungleichheit begründen sie mit der expansiven Wirtschaftsweise und einer schonungslosen Ausbeutung natürlicher Ressourcen in Entwicklungsländern. So verbrauchten zu Beginn des 21. Jahrhunderts 15 % der Weltbevölkerung im globalen Norden ebenso viel Energie wie 85 % der Weltbevölkerung im globalen Süden. Ähnliche Relationen sind für den Ressourcenverbrauch festzustellen. Das hat zur Folge, dass die langfristige Zerstörung der Ökosysteme extrem ungleich verteilt ist.

Bildungsungleichheit begründet sich aus dem unterschiedlichen Zugang zur Bildung und der unterschiedlichen Qualität von Bildung, die für den Zugang zum Arbeitsmarkt und für den sozialen Aufstieg von zentraler Bedeutung sind. In Sub-Sahara Afrika liegt die Rate der Kinder der jeweiligen Altersgruppe, die nicht bestimmte Schulkategorien besuchen, in der Primarstufe bei 18 %, der unteren Sekundarstufe bei 36 % und der oberen Sekundarstufe bei 57 %. Dagegen liegen die jeweiligen Raten in Europa und Nordamerika nur bei 1 %, 2 % und 6 %. Obwohl die Bildungsbeteiligung in allen Teilen der Welt in den letzten Jahrzehnten angestiegen ist, konnte die Kluft zwischen reichen und armen Ländern nicht geschlossen werden, sondern hat sich in einigen Regionen sogar noch vergrößert. Eine wesentliche Ursache der unterschiedlichen Schulbesuchsraten in Entwicklungsländern sind die Einkommensunterschiede.

Gerechtigkeit lässt sich aus jeder Dimension nachhaltiger Entwicklung ableiten. Bei der Forderung nach Gerechtigkeit geht es jedoch nicht nur um die materielle Bedürfnisbefriedigung, sondern auch um die Lebensqualität, die durch die Befriedigung von sozialen aber auch kulturellen Bedürfnissen determiniert wird. Eine wichtige Rolle hierbei spielt auch der Zustand der Umwelt, da eine gesunde Umwelt ganz wesentlich zur Bedürfnisbefriedigung beiträgt. Ein typisches Beispiel für die Bevölkerung in Entwicklungsländern ist der vielfach unzureichende Zugang zu Trinkwasser. Das hat zur Folge, dass die Sterblichkeit von Kindern aber auch viele Magendarm

---

0 (absolute Gleichverteilung) und 1 (das gesamte Einkommen und Vermögen ist in den Händen von einer Person). Je höher der Wert, umso größer die Ungleichverteilung.

Erkrankungen von Menschen allgemein auf verunreinigtes Wasser zurück zu führen ist. Daraus wird deutlich, dass die Diskussion um Gerechtigkeit im Rahmen der Umweltdimension von großer Bedeutung ist.

Bei dieser Sichtweise steht also nicht die Verteilung von Gütern im Vordergrund, sondern die Nutzung der Güter durch die Betroffenen und die Transformation der Güterverfügbarkeit in neue Lebenschancen. Lebenschancen müssen nicht nur gerecht verteilt, sondern es muss möglich sein sie weiter zu entwickeln. Nach Sen begründet sich Ungerechtigkeit somit aus der Einschränkung der ökonomischen, politischen und sozialen Freiheit des einzelnen Individuums. Unter Berücksichtigung der Armut in Entwicklungsländern gibt er ein treffendes Beispiel:

> „Zu Fasten ist nicht das gleiche wie zum Hungern gezwungen zu sein. Die Möglichkeit, essen zu können, macht das Fasten zu dem, was es ist, nämlich zur freien Entscheidung, nicht zu essen, auch wenn man essen könnte." (Sen 2000, S. 97)

Daraus wird deutlich, dass bedürftige Menschen gezwungen sind zu hungern, während der wohlhabende eine andere

> „Menge an Verwirklichungschancen" hat. Für Sen sind die „substanziellen Freiheiten" von besonderer Bedeutung. Darunter versteht er „die Möglichkeit, Hunger, Unterernährung, heilbare Krankheiten und vorzeitigen Tod zu vermeiden, wie auch jene Freiheiten, die darin bestehen, lesen und schreiben zu können, am politischen Geschehen zu partizipieren, seine Meinung unzensiert zu äußern usw." (Sen 2000, S 191)

Diese Fähigkeiten lassen sich erlernen, wenn man die Chance dazu hat.

In jüngerer Zeit hat sich Sen in diesem Zusammenhang auch explizit der *„Idee der Nachhaltigkeit"* zugewandt. Dabei bezieht er sich auf die im Brundtland-Bericht vorgenommene Abgrenzung von Gerechtigkeit, die stark auf die Bedürfnisbefriedigung der heutigen und zukünftigen Generationen abzielt. Hierzu stellt er fest, dass die Abgrenzung im Brundtland-Bericht inhaltlich unzureichend sei. Im Kontext des Capability-Ansatzes kommt er zu der Schlussfolgerung:

> „There are important grounds for favouring a freedom-oriented view, focusing on crucial freedoms that people have reason to value. Human freedoms include the fulfillment of needs, but also the liberty to define and pursue our own goals, objectives and commitments, no matter how they link with our own particular

> needs. ... A fuller concept of sustainability has to aim at sustaining human freedom, rather than only at our ability to fulfill our felt needs (Sen 2013, S. 6)."

Exkurs: Chancengerechtigkeit und Entwicklung

Chancengerechtigkeit wird von Hopf und Edelstein wie folgt definiert: „Ganz allgemein gesprochen besagt das Prinzip der Chancengleichheit, dass alle Bürgerinnen und Bürger die gleiche Chance bekommen sollen, möglichst viel aus ihrem Leben zu machen. In all jenen Bereichen und Situationen des gesellschaftlichen Lebens, in denen begehrte Ressourcen, Positionen oder Lebensverhältnisse knapp sind und daher Menschen um sie konkurrieren, soll niemand wegen seiner sozialen Herkunft, seines Geschlechts, seiner Hautfarbe seiner Religionszugehörigkeit oder wegen anderer persönlicher Merkmale im Vorteil oder im Nachteil sein." (Hopf, Edelstein 2018, S. 2) Einen noch stärkeren Konkretisierungsgrad von Gerechtigkeit bietet beispielsweise der Weltentwicklungsbericht aus dem Jahr 2006 (Weltbank 2006). Ausgangspunkt des Gerechtigkeitsverständnisses dieses Berichtes ist die Chancengleichheit und die Verhinderung absoluter Deprivation, d. h. die *„Abscheu vor extremer Armut"*. Dabei wird an konkreten Beispielen aufgezeigt, wie es trotz Chancengleichheit zu Situationen der Ungleichheit kommen kann. Somit wird deutlich, dass Chancengleichheit eine wichtige, aber nicht ausreichende Bedingung für mehr Gerechtigkeit ist. Hier besteht eine Verbindung zu dem Capability Ansatz von Sen. Der ehemalige amerikanische Präsident Franklin D. Roosevelt stellt in diesem Kontext fest:

> „Wir wissen, dass es eine Gleichheit der individuellen Fähigkeiten nie gegeben hat und nie geben wird, aber wir sind fest davon überzeugt, dass die Gleichheit der Chancen angestrebt werden muss." (zitiert nach Weltbank 2006, S. 88)

In dem Bericht werden sehr konkrete Bereiche für länderinterne Ungleichheiten und Ungleichheiten im globalen Kontext aufgezeigt, die besonders in Entwicklungsländern eintreten und einen starken Bezug zur Agenda 2030 haben:

- ungleiche Gesundheitsversorgung,
- ungleiche Bildungschancen,
- Ungleichheiten zwischen den Geschlechtern
- Ungleichheiten bei den Einkommen und Vermögen woraus sich auch

- Ungleichverteilung von Einfluss und Macht ergeben.

Neben der Begründung von Ungleichheiten bietet der Bericht auch eine überzeugende Begründung, warum der Abbau von Ungleichheiten sowohl auf nationaler Ebene als auch im globalen Kontext, d. h. mehr Gerechtigkeit zu mehr Wohlergehen der Menschheit insgesamt beitragen kann. Gerechtigkeit ist somit eine wichtige Anforderung für Entwicklung. Die Verringerung von Ungleichheiten bzw. die Förderung von mehr Gerechtigkeit erfordert jedoch zunächst die Schaffung ausgewogener wirtschaftlicher, gesellschaftlicher und soziokultureller Rahmenbedingungen, die primär von der Politik geschaffen werden müssen. Wichtig hierbei ist, die Ungleichheit von Chancen innerhalb und zwischen den Ländern abzubauen.

> „Diese Ungleichheiten führen, wenn sie sich auf Dauer durch ineinandergreifende wirtschaftliche, politische und soziokulturelle Mechanismen fortsetzen, in die Ungleichheitsfalle. Die Menschen der unterschiedlichsten Gruppen und Länder sehen sich sehr ungleichen Rahmenbedingungen gegenüber, sowohl was ihre Möglichkeiten betrifft, sich mit materiellen und immateriellen Gütern auszustatten und ein besseres Leben anzustreben, als auch im Hinblick auf ihre Chancen, mit diesen Gütern durch marktbezogene und nicht marktbezogene Prozesse einen Nutzen zu erzielen. Da die Unterschiede zwischen den Ländern oft größer sind als innerhalb der Länder, ist es von besonderer Wichtigkeit, dass die nationalen politischen Handlungskonzepte eine Angleichung der internationalen Unterschiede – vor allem durch den Wachstumsprozess – unterstützen oder mit diesem Ziel zumindest vereinbar sind“ (Weltbank 2006, S. 153).

Obwohl der Weltbankbericht eine differenzierte Konkretisierung vornimmt, die gerade für die Entwicklungszusammenarbeit relevant ist, beschränken sich die Ausführungen auf die intragenerationelle Gerechtigkeit und vernachlässigen die Gerechtigkeit zwischen der heutigen und den zukünftigen Generationen. Weiterhin wird die ökologische Dimension aus der Gerechtigkeit ausgenommen. Insofern fehlen wichtige Aspekte des Leitbildes nachhaltiger Entwicklung. Schließlich ist noch darauf hinzuweisen, dass die Weltbank auch hier wieder die Lösung in einem Wachstumsprozess sieht ohne die ökologischen Folgen zu thematisieren bzw. zu berücksichtigen. Das führt im Prinzip zu dem Konzept Green Growth.

4.5 Neuorientierung durch Green Growth

Heute zielt der Begriff green growth auf die gesamte Volkswirtschaft ab und betrifft sowohl die Qualität des Zuwachses als auch des Produzierens allgemein. Es geht also um die Ausrichtung des gesamten Produktionsprozesses auf umwelt- und ressourcenschonende Verfahren und Produkte. Dies erfordert eine umfassende Neuorientierung des ökonomischen Innovationsprozesses. Das Ziel eines hohen Wirtschaftswachstums, wie es in vielen Entwicklungsländern angestrebt wird und eine Reduktion von Umweltbelastungen ist bisher noch durch einen Zielkonflikt geprägt, der durch das Konzept des „*Green Growth*" zumindest verringert werden soll. Im Mittelpunkt einer auf Green Growth ausgerichteten Wirtschaft steht die Ressourcen- und Energieeffizienz (v. Hauff, Jörg 2017, S. 141).

In diesem Zusammenhang definiert die OECD Green Growth treffend:

> „Green growth means promoting economic growth while reducing pollution and greenhouse gas emissions, minimising waste and inefficient use of natural resources, and maintaining biodiversity. Green Growth means improving health prospects for populations and strengthening energy security through less dependence on imported fossil fuels. It also means making investment in the environment a driver for economic growth [...]" (OECD 2012)

Die Definition zielt darauf ab, grünes Wirtschaftswachstum zu fördern und hierbei die verschiedenen Formen der Umweltbelastung zu reduzieren. Dadurch soll die Biodiversität erhalten, die Gesundheit der Bevölkerung gefördert und die Sicherheit der Energieversorgung für alle Menschen eines Landes garantiert werden. Auf dieser Grundlage kann Green Growth zum Wachstumstreiber einer nachhaltigen Wirtschaft werden. Eine engere Definition wird seit 2010 von der Deutschen Gesellschaft für technische Zusammenarbeit (heute: Gesellschaft für internationale Zusammenarbeit) verwendet. Dabei wird der Vermeidung von Umweltbelastungen und der Entstehung neuer Arbeitsplätze und damit zusätzliche Möglichkeiten Einkommen zu erzielen Vorrang gegeben. Dies erfordert die Entkopplung von wirtschaftlichem Wachstum und Umweltbelastung abhängig vom regionalen Kontext:

> „Green growth is a strategy for promoting economic growth with the goal of adding an ecological quality to existing economic processes and creating additional jobs and income opportunities with a minimal environmental burden. This primarily means seeking a relative or absolute decoupling of economic

> growth and environmental degradation, depending on the local context." (GTZ 2010)

Abschließend wird noch die Definition des United Nations Environment Programme (UNEP) vorgestellt, die das menschliche Wohlergehen in den Vordergrund stellt. Dabei kommt die Dreidimensionalität nachhaltiger Entwicklung zum Ausdruck:

> „A Green Economy can be defined as one that results in improved human well-being and social equity, while significantly reducing environmental risks and ecological scarcities." (UNEP 2010)

Aus der Vorstellung ausgewählter Definitionen wird deutlich, dass es bisher noch kein einheitliches Verständnis zu Green Growth gibt. Die Definition, die dem Anspruch nachhaltiger Entwicklung bzw. eines nachhaltigen Wachstums am weitesten entspricht, ist jene der UNDP. Allen Definitionen ist jedoch die Kompatibilität bzw. Zusammenführung von Wirtschaftswachstum und Umweltschutz gemeinsam. Führt man Green Growth mit nachhaltiger Entwicklung zusammen, so stellt die OECD fest, dass Nachhaltigkeit als übergeordnetes Konzept des Green Growth gelten soll.

> „Das umweltverträgliche Wachstum soll nicht an die Stelle der nachhaltigen Entwicklung treten, sondern ist eher als Unteraspekt davon zu betrachten. Es ist ein eng gefasstes Konzept, aus dem sich eine umsetzbare Politikagenda ergibt, die zur Erzielung konkreter, messbarer Fortschritte an den Schnittstellen zwischen Wirtschaft und Umwelt beitragen kann. Es gewährleistet eine starke Fokussierung auf die Förderung der notwendigen Voraussetzungen für Innovationen, Investitionen und Wettbewerb, woraus sich neue Quellen wirtschaftlichen Wachstums entwickeln können, die mit widerstandsfähigen Ökosystemen vereinbar sind." (OECD 2012, S. 6)

Die gemeinsamen Elemente von nachhaltiger Entwicklung und Green Growth sind, Naturkapital für die Zukunft zu erhalten, die Lebensqualität zu fördern und die positiven Wirkungen des Naturkapitals mit einzubeziehen, wie aus dem folgenden Schaubild deutlich hervorgeht.

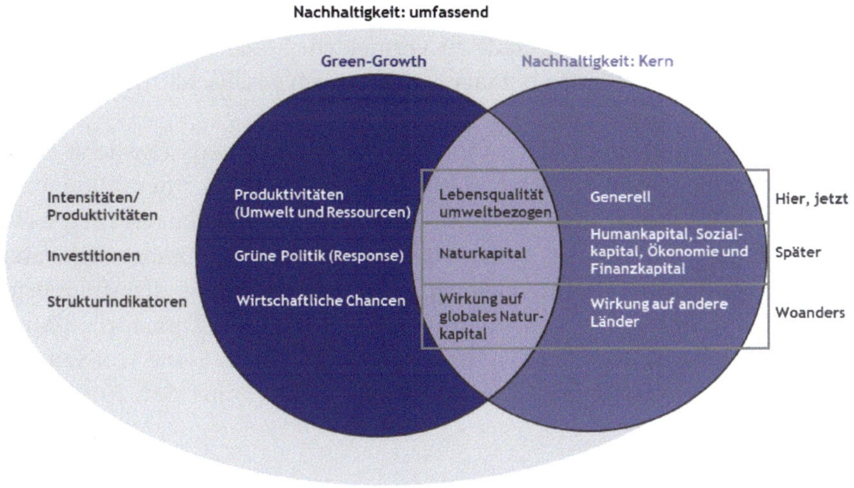

Abbildung 7: Vereinfachte Darstellung zum Bezug von Green Growth und nachhaltiger Entwicklung (Quelle: Hoffmann-Müller, Lauber 2013 nach van der Veen et al. 2012)

Das Paradigma nachhaltiger Entwicklung geht jedoch darüber hinaus und berücksichtigt neben dem Naturkapital weitere Kapitalarten, wie beispielsweise das Humankapital. Daraus wird deutlich, dass der Fokus des Green Growth bisher primär auf dem physischen und dem Naturkapital liegt. Entsprechend der Dreidimensionalität nachhaltiger Entwicklung bleibt somit die soziale Dimension bisher weitgehend unberücksichtigt.[3] Weiterhin ist Green Growth eher ein kurzfristig angelegtes politisches Rahmenwerk für konkrete Instrumente und Empfehlungen, während das Nachhaltigkeitskonzept den Charakter einer langfristig angelegten Nachhaltigkeitsstrategie aufweisen sollte. Die Schlussfolgerung ist: Green Growth soll zu dem Transformationsprozess zu mehr Nachhaltigkeit beitragen.

Die Defizite, die Green Growth im Kontext nachhaltiger Entwicklung aufweist, sollen im Rahmen des Ansatzes eines *„Inclusive Growth“* überwunden werden. Zunächst wurde Inclusive Growth als Ergänzung zu Green Growth verstanden. In diesem Kontext zielt Inclusive Growth bzw. eine *„inclusive growth policy“* darauf ab, die persönliche Lebenssituation der Bevölkerung

3 Eine der wenigen Ausnahmen ist die Green Growth Strategy Vietnams, die auch Aspekte der sozialen Dimension enthält und die Definition von Green Growth der UNDP.

zumindest zu stabilisieren bzw. zu verbessern und dadurch auch eine soziale Spaltung der Gesellschaft zu vermeiden. Entsprechend sollen alle Menschen am Wachstum so teilhaben, dass sie am gesellschaftlichen Leben in adäquater Weise partizipieren können.

Der Begriff Inklusion zielt besonders für einkommensschwache bzw. armutsbedrohte Gruppen einer Gesellschaft auf soziale Integration und Teilhabe ab. Inklusion steht somit im Gegensatz zu sozialem Abstieg bzw. sozialer Exklusion. Das ist in Entwicklungsländern von hoher Relevanz zumal es in diesen Ländern vielfach marginalisierte bzw. diskriminierte Gruppen gibt. Im Zusammenhang mit dem angestrebten Transformationsprozess setzt das die Möglichkeit für soziale Mobilität im Sinne von Sen der Verwirklichung von Chancen (capability approach) voraus (Sen 2010).

4.6 Inclusive Green Growth als nachhaltige Wachstumsagenda

Die Einbeziehung der sozialen Dimension führt in der Literatur zu dem Konzept *„Inclusive Green Growth"*. Das erweiterte Konzept wurde von Allen und Clouth (2012, S. 61) erstmals 2012 im Zusammenhang der Rio+20 Konferenz eingeführt. Nach der OECD geht es in längerfristiger Perspektive darum, Primär- und Sekundärverteilung, Investitionen in öffentliche Institutionen sowie ökologische Aufgabenbereiche in eine inklusive Wachstumsagenda zu integrieren und zum Ausgangspunkt politischer Maßnahmen zu machen. Die OECD setzt sich somit auch in diesem Kontext klar von dem bisherigen Wachstumsverständnis ab, indem sie feststellt:

> „There is widespread recognition that gross domestic product (GDP) captures only part of economic welfare and excludes other dimensions which also matter for well-being, such as jobs, skills, and education, „There "There is widespread recognition that gross domestic product (GDP) captures only part of economic welfare and excludes other dimensions which also matter for well-being, such as jobs, skills, and education, health status, environment, and civic participation and social connections." (OECD 2014, S. 80)

Dieser Transformationsprozess ist jedoch nur dann zu realisieren, wenn die adäquaten Prioritäten gesetzt und die anstehenden Zukunftsfragen für Unternehmen, Bürger und den Staat thematisiert und Lösungsstrategien entwickelt werden. Auch in diesem Zusammenhang spricht man von Kohärenz der Politik.

Die Ausführungen zu green growth und inclusive growth bzw. inclusive green growth zeigen, warum diese Konzepte gerade in Entwicklungsländern, insbesondere im asiatischen Raum und in Südamerika, eine besondere Beachtung finden bzw. eine wachsende Popularität aufweisen. Ereignisse wie die Covid-19-Pandemie, aber auch das Fortschreiten des Klimawandels mit den vielfach verheerenden Folgen, haben zu der steigenden Bedeutung noch beigetragen. So gilt inclusive green growth als der umfassendste Ansatz eines nachhaltigen Wachstums und hat somit das Potenzial die drei Dimensionen nachhaltiger Entwicklung positiv zu beeinflussen (International Institute for Environment and Development (IIED) 2016). Das Problem der Umsetzung besteht jedoch darin, dass der hierfür notwendige Transformationsprozess einen neuen Politikstil erfordert und viele Privilegien, die von Interessengruppen und großen Unternehmen bisher erfolgreich verteidigt werden, zu überwinden sind.

Bisher gibt es für inclusive green growth keine einheitliche Abgrenzung (v. Hauff 2025). Das begründet sich damit, dass die regionale Differenzierung zwischen den Ländern im globalen Süden zu unterschiedlichen Problemen bzw. Schwerpunkten führt. Daher sollte die Ausgestaltung und Umsetzung des Ansatzes an den jeweiligen Rahmenbedingungen bzw. Problemlagen eines Landes angepasst werden. Das IIED kommt zu der Schlussfolgerung, dass inclusive green growth einen Ausweg aus multiplen Krisen, d.h. aus sich wechselseitig beeinflussenden und zusammenhängenden Krisenphänomenen bietet. Danach handelt es sich nicht um eine Addition unabhängiger Krisen, sondern um ein komplexes Zusammenspiel von Krisendimensionen. Bisher zielen die meisten Bemühungen darauf ab, die Wirtschaft und die Umwelt in den Mittelpunkt zu stellen. Sollte der Ansatz die aufgeführte Intension anstreben, müssen verstärkt Menschen mitgenommen werden um Armut, Ungleichheit und Ausgrenzung zu bekämpfen.

Inclusive green growth kann im Rahmen verschiedener Ansätze erschlossen werden, was exemplarisch aufgezeigt wird (Aslam, Ghouse 2023). Das Konzept des Wohlbefindens hat hierbei eine besondere Bedeutung erlangt, da es Interaktionen zwischen Menschen und Mensch und Umwelt fördert. Es geht davon aus, dass sozial integrierte Gemeinschaften stärker sind, wenn sie das Wohlbefinden über das Wachstum im Sinne von Bruttoinlandsprodukt stellen. Soziale Inklusion ermöglicht es den Menschen herausfordernde und drängende Ziele, wie sie in der Agenda 2030 im Rahmen der 17

SDGs gefordert werden, zu realisieren. Stafford-Smith et al. weisen dabei besonders auf SDG 17 hin:

> „The world has rightly paid attention to achieving an integrated agenda in the SDGs, however imperfect this achievement may have been in this first iteration of such a transformative agenda. However, this effort has focused particularly on integration among the substantive goals and targets. Vital as this is, here, we focus on the need for similar attention to obtaining a system's view and integrated approach to the means of implementation, scattered in an imbalanced way through all the goals and specifically in Goal 17." (Stafford-Smith et al. 2017)

Ein robustes Wohlfahrtskonzept basiert auf fünf Dimensionen, die für Entwicklungsländer hoch relevant sind:

1. Zugänglichkeit und Zuverlässigkeit zu produktiven Dienstleistungen wie Gesundheitsversorgung, Bildung oder Transport;
2. Verringerung der sozialen oder räumlichen Distanz zwischen den produktiven Dienstleistungen und den Menschen;
3. Verringerung der Abhängigkeit von weit entfernten oder globalen Märkten, soweit diese nicht digital vernetzt sind;
4. Erhaltung von Natur und Umwelt und
5. die Stärkung der Idee der Kreislaufwirtschaft, d.h. die Erforschung neuer Wege zur Bewältigung und Messung der Umweltzerstörung.

Internationaler Handel, so der ökonomische Mainstream, bietet in einer globalisierten Welt im Prinzip vielfältige Möglichkeiten die wirtschaftliche Entwicklung zu fördern. Länder die sich in den internationalen Handel integrieren, tendieren dazu schneller zu wachsen und auch innovativer bzw. wettbewerbsfähiger zu werden. Als Beispiel hierfür werden die vier asiatischen Tigerstaaten genannt. Weiterhin kann der internationale Handel dazu beitragen den kulturellen Austausch zu fördern, Konflikte zu verringern und die ökologische Nachhaltigkeit durch globale Vereinbarungen wie das Pariser Abkommen oder die Agenda 2030 zu stärken.

Natürlich sollten die Schattenseiten des internationalen Handels besonders für Entwicklungsländer nicht vernachlässigt werden: so gilt zu prüfen ob Wachstum, das durch internationalen Handel gefördert wird, den Anforderungen eines inclusive green growth entsprechen. Abhängigkeitstheoretiker wie Prebisch haben schon früh auf die ungleiche Verteilung der Vorteile des internationalen Handels zwischen Industrie- und Entwicklungsländern hingewiesen (Prebisch 1981). So kann es zu einer Stärkung bestehender bzw. neuer Abhängigkeitsverhältnisse kommen. Einseitige Profitmaximierung multinationaler Unternehmen führt zu einem ressourcenintensiven und umweltschädlichen handeln, wodurch die natürlichen Ressourcen und Arbeitskräfte in Entwicklungsländern ausgebeutet werden.

> „This not only results in severe environmental degradation but can also perpetuate social inequalities and disrupt local communities. For instance, the extraction of natural resources by multinational corporations has frequently been associated with environmental pollution, deforestation, and displacement of indigenous populations. To achieve Sustainable Inclusive Green Growth, it is crucial to recognize and address these negative externalities of international trade and promote more equitable and environmentally responsible trade practices." (Aslam, Ghouse 2023, S. 7)

Internationaler Handel erfordert für Entwicklungsländer im Sinne von inclusive green growth daher Investitionen in den Auf- bzw. Ausbau des Human- und Sachkapitals, in eine nachhaltige Bildung bzw. Ausbildung und eine Verbesserung der Produktivität durch umweltgerechte Innovationen und Technologien. Eine wichtige Voraussetzung ist die gesamtwirtschaftliche Stabilität. So belasten steigende Inflationsraten in besonderem Maße die unteren Einkommensgruppen und können somit zu einer Verschärfung der Einkommensdisparitäten führen. Weiterhin kann die Inanspruchnahme von Gesundheits- und Bildungsleistungen der Bezieher geringer Einkommen beeinträchtigt werden (Pattanaik, Nadhanael 2013).

Im Rahmen von inclusive green growth ist China in besonderem Maße durch theoretische und besonders durch empirische Studien ausgewiesen. China zeichnete sich nach den Reformen von 1978 über Jahrzehnte durch überdurchschnittlich hohe Wachstumsraten aus. In diesem Kontext erkannte die Regierung Chinas die Widersprüche zwischen dem Anspruch eines sozialistischen Wirtschafts- und Gesellschaftssystems einerseits und den wachsenden Umweltbelastungen und der steigenden Verteilungsdisparität von Einkommen und Vermögen andererseits.

Daher ist die Regierung Chinas bemüht diese Widersprüche durch das Konzept inclusive green growth zu verringern. Weiterhin stagniert das Gesundheitsniveau der Bevölkerung seit der Reform von 1978 und die Lebenserwartungen der Bevölkerung haben sich verringert. Bei der Senkung der Sterblichkeitsrate bei Kindern unter fünf Jahren kam China von einer überdurchschnittlich positiven Ausgangssituation in den 1960er und 1970er Jahren zu einem unterdurchschnittlichen Niveau in den 1980er und 1990er

Jahren (Lindelow, Wagstaff 2005). Die Bevölkerung leidet zunehmend gesundheitlich unter den Belastungen von Emissionen und Hitzeperioden. Der Klimawandel führt zu Herausforderungen wie Ernährungssicherung, Katastrophenschutz und Ausbau des Gesundheitswesens.

> „In summary … inequitable income distribution in China leads to life loss and that men suffer more than women from income inequality. Our results thus shed new light on the puzzle of China's pace of health gains slowing down despite its ever-growing economy during the reform decades. We know that China's income inequality is largely driven by regional difference and rural/urban divide. As a consequence, accompanying the slow-down health gains in China have been increases in health disparities by these two structural dimensions over recent decades. For example, within China, improvement in life expectancy has been slower in poor provinces than in rich ones." (Wan, Hu, Liu 2021)

Ein wichtiger Schwerpunkt von Untersuchungen lag primär auf dem Vergleich einzelner Regionen. Dabei wurde deutlich, dass besonders bei den Umweltbedingungen und der Ressourcenverfügbarkeit große regionale Ungleichgewichte im Rahmen von inclusive green growth bestehen. In der Studie von Sun et al. werden 34 Indikatoren auf der Grundlage von Daten ab 2008 bis 2018 verwendet, um das inclusive green growth Niveau der Regionen Chinas näher zu bestimmen, wobei das Indikatorensystem auf vier Dimensionen basiert (Sun et al. 2022):

1. wirtschaftliche Entwicklung,
2. soziale Chancengleichheit,
3. umweltfreundliche Produktion und Umweltschutz und
4. Konsum und Umweltschutz.

In der Untersuchung über die 30 Provinzen wird deutlich, dass die östlichen Provinzen ein höheres Niveau des inclusive green growth aufweisen, wobei der Aufholprozess in den zentralen und westlichen Provinzen signifikant ist. Die positive Bewertung der östlichen Provinzen erklärt sich aus der relativ guten Infrastruktur, der Verfügbarkeit über Humankapital und der entsprechenden Politikgestaltung. Dagegen begründet sich die Situation der relativ schwächeren Regionen aus ihrer geringeren Finanzkraft, die sich negativ auf den Zustand der Infrastruktur auswirkt. Das Niveau des inclusive green growth für den Zeitraum von 2008 bis 2018 ist jedoch gestiegen. Während 2008 der Wert des inclusive green growth in mehr als der Hälfte der chinesischen Provinzen unter eins und in keiner Provinz über

1,5 lag, betrug der Wert 2018 in den meisten Provinzen über 1 und ein Drittel der Provinzen erreichten einen Wert von 1,5 (Sun et al.2022).

Dabei gibt das Indikatorensystem einen differenzierten Einblick in die konkrete Entwicklung in den verschiedenen Bereichen. So ist die gute Bewertung von Peking primär auf die positive wirtschaftliche Entwicklung und die relativ ausgeprägte soziale Chancengleichheit zurückzuführen, während Defizite in den Bereichen umweltfreundliche Produktion und Verbrauch aber auch allgemein im Umweltschutz festgestellt wurden. Wang et al. begründen die große Ungleichheit zwischen den einzelnen Regionen primär durch das starke wirtschaftliche Gefälle. Daher empfehlen sie der chinesischen Regierung der regionalen Ungleichheit proaktiv gegenzusteuern (Wang et al. 2022).

Li et al. führten in ihrer Studie einen Ländervergleich im asiatisch-pazifischen Raum durch. Bei dieser vergleichenden Studie belegt China den zehnten Rang und befindet sich damit im oberen Teil von 37 Ländern. Auch sie kommen zu der Schlussfolgerung, dass das Niveau in der Region in hohem Maße vom wirtschaftlichen Entwicklungsstand des jeweiligen Landes abhängen. So weisen die Länder Ostasiens und Ozeanien ein höheres Niveau auf als Länder Südostasiens wie Timo-Leste, Vanuatu und Tuvalu. Hier stellt sich jedoch die Frage, ob der wirtschaftliche Entwicklungsstand im Verhältnis zu den anderen Indikatoren zu hoch bewertet wird.

Allgemein lässt sich feststellen, dass die Mehrzahl der Entwicklungsländer vor der Herausforderung stehen durch Wachstum einerseits Armut und Ungleichheit zu verringern und andererseits Umweltprobleme, die durch unkontrolliertes Wachstum verursacht werden, zu vermeiden. Entsprechend sollten Maßnahmen gefördert werden, die das Problem von Wachstum, Ungleichheit und Umwelt in den Ländern und der Region lösen. Nach Li et al. bietet beispielsweise die *Asiatisch Pazifische Wirtschaftsgemeinschaft (APEC)* vielfältige Möglichkeiten der Kooperation zwischen den Ländern an, die dazu beitragen die Effizienz der Ressourcennutzung und Energienutzung zu verbessern, die Nutzung erneuerbarer Energien auszuweiten und den ständig steigenden Abfall zu reduzieren, aber auch die Abfallbeseitigung zu verbessern. Weiterhin, so die Forderung, sollte die Stärkung kohlenstoffarmer und grüner Technologien eine größere Bedeutung erlangen.

Abschließend lässt sich feststellen, dass zu inclusive green growth bisher eine Reihe von Determinanten analysiert wurden. In neuerer Literatur wird jedoch festgestellt, dass inclusive green growth weiteren Forschungsbedarf aufweist. So stellen beispielsweise Okombi und Ndoum Babouama (2024) fest, dass der Einfluss von Umweltsteuern auf inclusive green growth bisher unzureichend erforscht wurde. Sie wenden sich in ihrer Studie erstmals diesem Forschungsschwerpunkt in Entwicklungsländern von 2000-2021 zu. Dabei kommen sie zu dem Ergebnis, dass Umweltsteuern ein inclusive green growth fördern. Weitere Ergebnisse deuten darauf hin, dass die Bekämpfung von Korruption, die Steigerung der Effizienz der Regierung, die Qualität der Regulierung und die Rechtsstaatlichkeit mit den Umweltsteuern korrelieren um ein inclusive green growth zu stärken. Daher weisen die Ergebnisse der Studie wichtige politische Implikationen für Entwicklungsländer hinsichtlich der Förderung dieses Konzeptes auf (Okombi, Ndoum Babouama 2024).

5 Die Dreidimensionalität nachhaltiger Entwicklung

Die Politik vieler Entwicklungsländer zeichnet sich im Kontext der Dreidimensionalität[4] dadurch aus, dass die Anforderungen nachhaltiger Entwicklung zumindest in rudimentärer Form in Politik, Wirtschaft, Bildung und Wissenschaft zu erkennen sind. Dabei lässt sich jedoch feststellen, dass die wirtschaftliche Entwicklung vielfach auf Kosten von wachsenden Umweltschäden aber auch von sozialer Ungleichheit verläuft, d.h. zu einem großen Teil einen nicht-nachhaltigen Verlauf aufweist. Teilweise steigen die Umweltschäden und die soziale Ungleichheit im Verhältnis zur wirtschaftlichen Entwicklung sogar überproportional. In einigen Ländern nehmen die Wachstumsraten von Emissionen wie CO2 schneller zu als jene des Wirtschaftswachstums. Ein Indikator hierfür ist die relativ geringe Ressourceneffizienz. Somit lässt sich feststellen, dass die Politik vieler Entwicklungsländer in der Regel von einer kohärenten Nachhaltigkeitspolitik auf der Grundlage einer nationalen Nachhaltigkeitsstrategie noch weit entfernt ist.

Kirchgässner stellt in diesem Kontext die wichtige Frage, ob der Markt ökologisch und sozial verantwortliches Handeln fördert oder ob er es zumindest zulässt. Obwohl er das vielfältige soziale und ökologische Verantwortungsbewusstsein einzelner Unternehmer, Organisationen und Politiker erkennt, kommt er zu der zutreffenden Erkenntnis:

> „So nützlich Märkte auch für die wirtschaftliche Entwicklung sind und so wichtig die Rolle ist, die dabei der Wettbewerb spielt, Wettbewerbsmärkte vermitteln von sich aus zu wenig Anreize im Hinblick auf ökologisch und sozial nachhaltiges Handeln." (Kirchgässner 2002, S. 393)

Daraus begründet sich für die Politik auch in Entwicklungsländern die Aufgabe, Bedingungen bzw. Anreize zu schaffen, wonach es besonders für Unternehmen attraktiv wird, ihr Handeln so auszurichten, dass es die

4 Dreidimensionalität bedeutet im Rahmen nachhaltiger Entwicklung die drei Dimensionen Ökologie, Ökonomie und Soziales in ein stabiles Gleichgewicht zu bringen. Dabei ist zu beachten, dass das menschliche Überleben von Ökosystemen abhängt die nicht überlastet werden.

nachhaltige Entwicklung fördert. Das gilt sowohl für Produzenten als auch für Konsumenten. Dabei ist zu berücksichtigen, dass die Forderung eines nachhaltigen Konsums, d.h. die Verantwortung der Konsumenten für eine nachhaltige Entwicklung noch in starkem Maße vernachlässigt wird, oder positiv formuliert, noch ein großes Potenzial aufweist (Fischer, v. Hauff 2017, S. 14ff). Das gilt für Industrie- als auch für Entwicklungsländer. Ein typisches Beispiel ist der Verlust und die Entsorgung von Nahrungsmitteln was dem Prinzip nachhaltiger Entwicklung widerspricht. Es betrifft alle drei Dimensionen: der Verlust und die Entsorgung von Lebensmitteln wirkt sich negativ auf das Klima[5] aus, es werden Ressourcen wie Energie, Wasser und Agrarfläche aber auch Arbeitskräfte „verschwendet“, was zum Preisanstieg von Nahrungsmitteln auch in Entwicklungsländern führt. Das wiederum verschärft die Armut.

Man geht davon aus, dass in Entwicklungsländern bis zu 50 % aller Lebensmittel schon auf dem Weg zu den Menschen verderben (Welthungerhilfe 2021). Das begründet sich vor allem in mangelhafter Ernte- und Nacherntetechnik, schlechter Logistik, dem Fehlen notwendiger Infrastrukturen wie Kühlcontainer, unzureichender Verarbeitung und Verpackung, sowie fehlenden Marktinformationen die eine bessere Anpassung der Produktion an die Nachfrage ermöglichen könnte. Vor Beginn der Ernte können bereits entsprechende Einbußen je nach Pflanzenart von 50 bis 80 Prozent betragen. Problematisch sind die Nachernteverluste über die vielfach unzureichend geforscht wird. So gehen in Afrika bis zu 40 % der verderblichen Waren verloren bevor sie den Endverbraucher erreichen. Nigeria, das stark auf die Landwirtschaft angewiesen ist, gehört zu jenen Ländern, wo jährlich hohe Mengen an Lebensmitteln verderben. In Indien, einem der größten Agrarproduzenten weltweit, gehen jährlich zwischen 20 und 50 % der verderblichen Waren verloren.

Nach Schätzungen könnten durch eine bessere Kühlkettenlogistik jährlich Milliarden eingespart und gleichzeitig die Versorgung mit Nahrungsmitteln stabilisiert werden. China trägt bis zu 50 % der weltweiten Verluste verderblicher Waren bei. Ähnliche Probleme sind auch in Südamerika zu beobachten. So verderben in Kolumbien viele Lebensmittel bereits in der frühen Phase der Lieferkette, besonders nach der Ernte und während des Transports. Allgemein kann festgestellt werden, dass in Ländern mit

---

5 So sind nach dem britischen Historiker Tristam Stuart 10 % der Treibhausgasemissionen reicher Länder auf die Produktion nicht benötigter Lebensmittel zurückzuführen.

niedrigem Lebensstandard 15 % der Getreideernte verloren geht und sich die Nachernteverluste pro Jahr auf etwa 150 Millionen t Getreide belaufen. Nach Angaben der FAO könnte durch die Vermeidung der Verluste somit ein großer Teil hungernder Menschen in Entwicklungsländern ernährt werden.

5.1 Abgrenzung der drei Dimensionen nachhaltiger Entwicklung

Die zentrale Frage ist: was ist das Novum der nachhaltigen Entwicklung im Verhältnis zur Mainstream Ökonomie. Ein zentrales Merkmal nachhaltiger Entwicklung ist die Dreidimensionalität. Dabei geht es idealtypisch um die ausgewogene gleichrangige Zusammenführung der drei Dimensionen Ökologie, Ökonomie und Soziales zu einem Gleichgewicht. Das erfordert ein ganz anderes Stabilitätsverständnis als es in typischen marktwirtschaftlichen Systemen dominiert. Ein erster Schritt ist daher, die drei Dimensionen inhaltlich abzugrenzen, um sie dann zusammen zu führen (vgl. hierzu ausführlich v. Hauff 2021).

Es besteht heute ein breiter Konsens, wonach im Kontext der Dreidimensionalität die Ökologie eine besondere Bedeutung aufweist. In der Realität konnte sich diese Erkenntnis bisher noch nicht ausreichend durchsetzen. Die Beschädigung von Ökosystemen kann oft nur sehr bedingt wieder beseitigt werden (siehe hierzu den Klimawandel und die Biodiversität). Dabei ist zu berücksichtigen, dass die Funktionsweise von Ökosystemen eine wichtige Voraussetzung für das Überleben der Menschheit, die Produktion von Gütern und Dienstleistungen, aber auch für das gesellschaftliche Zusammenleben ist. Auf dieser Grundlage ist die Ausgewogenheit der drei Dimensionen zu verstehen. Nur die Berücksichtigung und Zusammenführung der drei Dimensionen kann zu einer Sicherung beziehungsweise Verbesserung der Lebensqualität führen. Ob es sich hierbei um das individuelle Wohlbefinden oder die gesellschaftliche Wohlfahrt handelt, ist nicht eindeutig geklärt. Dabei handelt es sich um zwei verschiedene Begründungsebenen, die nicht deckungsgleich sind. Sie haben jedoch beide gleichermaßen ihre Berechtigung (Diefenbacher, Zieschank 2011, S. 70). Diese beiden Begründungsebenen lassen sich über die Gerechtigkeit verknüpfen, wobei die beiden Formen der Gerechtigkeit in alle drei Dimensionen eingehen und somit als Querschnittsanforderung nachhaltiger Entwicklung zu verstehen sind. Die drei Dimensionen der Nachhaltigkeit werden nun inhaltlich konkretisiert:

Ökologische Nachhaltigkeit

Die Nutzung der Natur, ohne die der Mensch nicht überlebensfähig ist, hat teilweise schon das Niveau der Übernutzung erreicht. Das erklärt sich daraus, dass die Nutzung der Natur durch den Menschen wie der Abbau von Rohstoffen, die Umlenkung von Stoff- und Energieströmen, die Veränderung von großräumigen natürlichen Strukturen wie die Abholzung von Wäldern zur Gewinnung landwirtschaftlicher Nutzflächen und die Belastung von Schutzgütern wie der Atmosphäre die ökologischen Systeme zunehmend belasten. Das gilt auch in dramatischer Weise durch die Verringerung der Biodiversität.

Aber auch die mangelnde oder unsachgemäße Beseitigung von Müll und Verschmutzung von Landflächen und Meeren und sonstiger Gewässer belasten die Ökosysteme. Der in seiner Geschwindigkeit einzigartige Transformationsprozess eines nicht ökologisch nachhaltigen Verhaltens und die sich daraus begründenden Bedrohungspotenziale zwingen auch Entwicklungsländer dazu, das Verhältnis der Menschheit zu ihren natürlichen Lebensgrundlagen neu zu bestimmen. Neben den ökonomisch relevanten Aspekten bietet die Natur aber auch den Lebensraum für alle Lebewesen oder ist ein Ort des ästhetischen Genusses (Grunwald, Kopfmüller 2022, S. 43). Die Bekämpfung von Armut ist nicht nur ein ökonomisches Problem wie lange Zeit in der Mehrzahl von Entwicklungstheorien und –strategien zugrunde gelegt wurde, sondern begründet sich somit auch aus der Übernutzung der Natur (vgl. Kapitel 2). Ein typisches Phänomen ist die zunehmende Verschmutzung von Gewässern bzw. von Grundwasser, das oft nur noch bedingt für den Menschen bzw. für die Landwirtschaft nutzbar ist.

Die ökologische Nachhaltigkeit zielt daher auf die Erhaltung bzw. Verbesserung der ökologischen Systeme ab. Das begründet sich – wie schon erwähnt – daraus, dass die ökologischen Systeme die Lebensgrundlage (life support system) aller menschlichen Aktivitäten und in einem weiteren Sinne aller Lebewesen bildet. Anders formuliert: Das ökonomische aber auch das soziale System, also die Wirtschaft und die Gesellschaft können für sich alleine nicht nachhaltig sein, da ihre dauerhafte Existenz von dem Zusammenspiel der Wirtschaft und der Gesellschaft mit der Natur abhängt. Diese Erkenntnis setzt sich in den meisten Entwicklungsländern, entsprechend dem Vorbild der Industrieländer, nur langsam durch. Das Paradigma „*first to become rich and clean up later*" dominiert auch heute noch in vielen Entwicklungsländern. Aus der Perspektive der aufkommenden

Mittelschicht in vielen Entwicklungsländern könnte man diese bekannte Maxime noch erweitern in *„first to become richer and clean up later“*, worunter besonders die Armutsbevölkerung zu leiden hat.

Die Natur dient weiterhin als Aufnahmemedium (Senke) anthropogener Emissionen und als Quelle natürlicher Ressourcen, die den Menschen direkten oder indirekten Nutzen stiften. In diesem Zusammenhang stellt sich die Frage, wann das Optimum des Nutzens erreicht ist. Für Entwicklungsländer ist noch die Frage relevant, wem der Nutzen z.B. durch den Abbau von natürlichen Ressourcen primär zukommt. Zu denken ist an die Gewinnung von Rohöl aber auch an den Abbau von seltenen Erden und seltenen Metallen und schließlich auch an die Abholzung besonders von Regenwäldern zur Gewinnung zusätzlicher landwirtschaftlicher Nutzfläche für die Viehwirtschaft bzw. Plantagenwirtschaft[6]. Sie begründet sich aus der weltweit steigenden Nachfrage nach Fleisch und Palmöl.

Global geht man davon aus, dass etwa 27 % (5,8 Millionen ha) durch Abholzung zur Gewinnung landwirtschaftlicher Nutzfläche, Bergbau und Urbanisierung zu begründen sind. Dieses Phänomen trifft besonders für Südamerika, Afrika (z.B. Kongobecken) und Südostasien wie z.B. Indonesien zu. Die weltweit steigende Nachfrage nach Soja und Palmöl beschleunigt den Prozess der Abholzung. Dadurch wird der Lebensraum nicht nur von Pflanzen und Tieren zunehmend einschränkt, sondern auch jener der indigenen Bevölkerung die in Harmonie und zum Schutz von Regenwäldern teilweise schon über Jahrtausende in den Wäldern lebt (v. Hauff 2023, S. 28).

Fazit zur ökologischen Nachhaltigkeit

Es ist hinreichend belegt, dass die Menschen sowohl von dem Abbau und der Nutzung von Rohstoffen als auch von der zunehmenden Belastung durch Emissionen sehr unterschiedlich profitieren bzw. belastet werden. Es ist weiterhin davon auszugehen, dass die zukünftigen Generationen durch den starken Abbau von Rohstoffen, aber auch durch die zunehmende Belastung durch Emissionen stärker als die heute lebende Generation belastet werden. Das gilt in besonderem Maße für jene Entwicklungsländer, die über viele Rohstoffe verfügen. Die Rohstoffe werden häufig von internationalen Konzernen abgebaut, wovon jedoch nur ein kleiner Teil der Bevölkerung wie

6 Die Plantagenwirtschaft ist eine Form der Landwirtschaft, bei der auf großen Flächen Nutzpflanzen wie Ölpalmen angebaut werden.

z.B. korrupte Politiker, aber auch globale Konzerne, militante Gruppen und Geschäftsleute auch in Industrieländern profitieren und zukünftige Generationen – wenn die Rohstoffe weitgehend abgebaut sind – kaum noch einen Nutzen haben werden. Insofern ist bisher davon auszugehen, dass weder die intra- noch die intergenerationelle Gerechtigkeit in Entwicklungsländern befriedigend realisiert werden konnten.

Ökonomische Nachhaltigkeit

Die ökonomische Nachhaltigkeit sollte besonders in Entwicklungsländern auf die Stärkung der Wirtschaftskraft im Rahmen der planetaren Grenzen abzielen, um die gewünschte Bedürfnisbefriedigung bzw. Lebensqualität der Menschen im Zeitablauf zu sichern. Die planetarischen Grenzen sind ein Konzept, das von einer Gruppe von Wissenschaftlern unter der Leitung von Johan Rockström 2009 entwickelt wurde. Es umfasst neun biophysikalische Systeme und Prozesse, die für die Funktionsweise des Weltsystems von zentraler Bedeutung sind. Die Grenzen definieren den Handlungsspielraum für die Menschheit und sollen verhindern, dass Kipppunkte überschritten werden, die irreversible Veränderungen im Erdsystem verursachen können.

Die neun planetaren Grenzen sind[7]:

1. Klimawandel: die Erwärmung der Erde, die Lebensbedingungen gefährdet.
2. Überladung mit neuartigen Substanzen: die Einführung von Chemikalien, die nicht vom Planeten abgebaut werden können.
3. Abbau der Ozonschicht: die Entstehung von Ozonlöchern, die die Ozonschicht schädigen.
4. Aerosolbelastung: die Verunreinigung der Atmosphäre durch Treibhausgase.
5. Versauerung der Ozeane: die Versauerung der Ozeane, die die Lebensbedingungen für Meereslebewesen gefährdet.
6. Störung der biogeochemischen Kreisläufe. Die Veränderung der Stickstoff- und Phosphorkreisläufe.
7. Veränderung im Süßwassersystemen: die Veränderung der Wasserqualität und -menge.

---

7 Aktuell sind bereits sechs der Grenzen überschritten, was das Risiko von abrupten oder irreversiblen Umweltschädigungen erhöht.

8. Veränderungen der Landnutzung: die Umwandlung von Landschaften in landwirtschaftliche Flächen.
9. Veränderung in der Integrität der Biosphäre: die Beeinträchtigung der biologischen Vielfalt.

Unter Berücksichtigung der hohen Armutsbevölkerung in vielen Entwicklungsländern gilt in besonderem Maße das Prinzip der Agenda 2030: *„leave no one behind.“* Die erwünschte Lebensqualität bzw. die Steigerung des Wohlbefindens erfordert sowohl die Erhaltung der materiellen als auch die Erhaltung bzw. die Steigerung der immateriellen Lebensgrundlagen wie Human- und Sozialkapital als auch die Kompetenzen. Die Forderung nach einem nachhaltigen Wachstum wurde bereits im Kontext eines inclusive green growth aufgezeigt. Dabei geht es darum, dass die Bevölkerung eines Landes am Wachstum partizipiert als auch ein ökologieverträgliches Wachstum erzeugt wird.

In der Agenda 2030 wird in dem SDG 8 ein dauerhaftes, breitenwirksames und nachhaltiges Wirtschaftswachstum, produktive Vollbeschäftigung und menschenwürdige Arbeit gefordert. Hierbei handelt es sich um zentrale Forderungen für die ökonomische Nachhaltigkeit in Entwicklungsländern. Problematisch ist jedoch, dass bei diesem Ziel der Indikator „Bruttoinlandsprodukt pro Kopf“ zugrunde liegt. Auf internationaler Ebene fand vielmehr der *„Inclusive Wealth Index“* breiten Zuspruch.

> „The inclusive wealth index measures the wealth of nations by carrying out a comprehensive analysis of a country's productive base including the assets from which human well-being is derived, manufactured, human and natural capital.“ (United Nations Environment Programme (UNEP) 2023).

Weitere SDGs können einen Beitrag zu ökonomischer Nachhaltigkeit leisten. Exemplarisch zu nennen ist das SDG 7 und SDG 9. SDG 7 fordert den *„Zugang zu bezahlbarer, verlässlicher, nachhaltiger und moderner Energie für alle sichern“*, was auf regenerative Energie abzielt. SDG 9 fordert *„Eine widerstandsfähige Infrastruktur aufbauen, breitenwirksame und nachhaltige Industrie fördern und Innovationen unterstützen.“*

Ökonomische Nachhaltigkeit ist ein Prozess, der besonders in Entwicklungsländern innovative Impulse erfordert. Sie zielen auf Änderungen von Praktiken, Routinen und Gewohnheiten von Produzenten wie beispielsweise dem Anbau, Transport, der Lagerung und Verarbeitung landwirtschaftlicher Produkte ab. Hierfür sind sowohl bezahlbare und nachhaltige, d.h. regenerative Energie, als auch eine widerstandsfähige Infrastruktur und eine nachhaltige Verarbeitungsindustrie erforderlich. Die Umsetzung erfordert aber auch soziale und institutionelle Innovationen, die notwendige Verhaltensänderungen (aware-ness building) verdeutlichen und zur Umsetzung beitragen. Es gilt jedoch zu vermeiden, dass ein breit angelegtes Innovationsverständnis dazu führt, alle möglichen Veränderungsvorgänge bzw. Neuheiten mit einzubeziehen. Dadurch verliert der Innovationsbegriff an Schärfe. Weiterhin ist zu beachten, dass es nicht nur um die Entwicklung und Einführung von Innovationen, sondern auch um die Frage der Reichweite von Innovationen geht. Beispiel: die einmalige Vermeidung der Vernichtung landwirtschaftlicher Produkte auf dem Transport oder bei der Verarbeitung reicht nicht aus.

Ein besonders relevanter Nachhaltigkeitsbereich für Entwicklungsländer ist die Circular Economy, die durch Innovationen gestärkt werden sollte. Sie gilt international als bedeutendster Nachhaltigkeitsbereich zur Förderung des Transformationsprozesses zu einer nachhaltigen Entwicklung. Das erklärt sich aus der auch in Entwicklungsländern dominierenden Logik des *„take, make, waste."* In diesem Zusammenhang geht es darum die „Wegwerfgesellschaft" zu überwinden und ein Wirtschaftsmodell auf der Grundlage der Circular Economy zu entwickeln. Ein zentrales Ziel dabei ist den Ressourcenverbrauch zu reduzieren. Nach vorliegenden Prognosen steigt der Ressourcenverbrauch bis 2050 auf ein Niveau, als gäbe es drei Planeten, wobei der globale Norden für den enormen Ressourcenverbrauch ganz wesentlich verantwortlich ist. Die wirtschaftlich aufstrebenden Entwicklungsländer tragen hierbei jedoch in zunehmendem Maße bei.

Bisher wurde die Relevanz der Circular Economy für den globalen Süden vernachlässigt, obwohl in Entwicklungsländern noch ein sehr großes Potenzial besteht, das im Prinzip auch eine beachtliche wirtschaftliche Bedeutung hat (v. Hauff 2024). In vielen Ländern des globalen Südens wächst die Bevölkerung und gleichzeitig steigen die Abfallmengen oft überproportional an. Die wachsenden Müllberge zählen zu den vier größten Herausforderungen des globalen Südens bei der Umsetzung der Agenda 2030. In diesem Zusammenhang geht es um drei Dimensionen:

1. die Circular Economy trägt ganz wesentlich zum Klimaschutz bei,
2. es lassen sich Ressourcen einsparen, was ökonomisch relevant ist und
3. die Circular Economy trägt zur Verbesserung der Lebensqualität und zum Gesundheitsniveau der Bevölkerung bei.

Die vier R im Rahmen der Circular Economy, werden wegen der verbreiteten Armut oft nicht mit der nötigen Sach- und Fachkenntnis wahrgenommen. Es handelt sich um

- Reduce (Verlängerung der Lebensdauer und damit eine Verringerung des Einsatzes von Ressourcen bzw. Stärkung der Ressourceneffizienz),
- Reuse (sachgemäße Wiederverwendung und reparieren),
- Recycling (Gewinnung von Sekundärrohstoffen aus entsorgten Produkten oder Abfällen) und
- Recover (Verbrennung von Abfällen zur Energierückgewinnung).

Das Problem in Entwicklungsländern beginnt bei der unsachgemäßen Sammlung von Abfällen und der Abfallentsorgung. Ein erster Schritt wäre der Auf- und Ausbau einer Abfallinfrastruktur, d.h. der Aufbau von Verwertungs- und Entsorgungsanlagen aber auch die Aus- und Fortbildung von Fachkräften. Unter Berücksichtigung des zu erwartenden Anstiegs der Abfallmengen in den kommenden Jahren sind diese Maßnahmen von besonderer Bedeutung.

Die Weltbank geht davon aus, dass bis zum Jahr 2050 der Abfall jährlich um 3,88 Milliarden t steigt. Dabei werden zwei Drittel von den Ländern des globalen Südens erzeugt. Während die Industrieländer im Durchschnitt eine Recyclingsrate von 30 % aufweisen, werden in Ländern des globalen Südens 4 % der Abfälle wiederverwertet (Kaza et al. 2018). Die Abfallmenge korreliert in Entwicklungsländern stark mit dem Bevölkerungswachstum und der wirtschaftlichen Entwicklung. Es gibt jedoch starke regionale Unterschiede. So geht man davon aus, dass sich die Abfallmenge auf dem afrikanischen Kontinent, gemessen in Millionen Tonnen pro Jahr, verdreifacht. Damit weist sie die stärkste Dynamik auf. Es folgt Südasien, das ebenfalls eine starke Dynamik aufweist.

Eine der Folgen ist die Entstehung von Emissionen, die durch Abfälle erzeugt werden. Weiterhin lässt sich feststellen, dass der Abfallsektor einer der drei wichtigsten Sektoren nach der Landwirtschaft und der Öl- und Gasindustrie ist, die Methan emittieren. Dabei entstehen weltweit 20 % der menschlich verursachten Methanemissionen. Die Relevanz begründet sich daraus, dass Methan als Klimaschadstoff mehr als 80-mal stärker wirkt als Kohlendioxid und für etwa die Hälfte der bisherigen Erwärmung um ein Grad Celsius verantwortlich ist. Methanemissionen, die durch den Abfallsektor erzeugt werden, begründen sich primär aus der Zersetzung organischer Abfälle. Organische Stoffe verrotten langsam und setzen sogenanntes Deponiegas frei. Bei den Abfällen sind besonders Lebensmittel- und Gartenabfälle, sowie Papier, Pappe und Holz zu nennen, wobei Lebensmittel- und Grüngutabfälle den größten Anteil ausmachen (v. Hauff 2024, S. 99).

Die steigende Nachfrage nach Metallen einschließlich seltenen Erden stellt sich im Kontext ökonomischer Nachhaltigkeit für Entwicklungsländer ambivalent dar. Der wachsende Bedarf besonders des globalen Nordens begründet sich aus der Digitalisierung, den Trägern regenerativer Energie, dem Gesundheitswesen, der Elektromobilität und anderen Bereichen wie der industriellen Produktion 4,0, neuen Finanzsystemen und der Landwirtschaft (Reller 2020, S.27). Der technologische Fortschritt wie die Digitalisierung und regenerative Energieträger gewinnen besonders für Entwicklungsländer eine wachsende Bedeutung. Daher lässt sich feststellen, dass diese Technologien global erwünscht sind und entsprechend gefördert werden, wobei der internationale Wettbewerb diesen Prozess beschleunigt. Vergleicht man den Bedarf des Jahres 2013 mit dem Jahr 2035, so steigt der Bedarf einiger Rohstoffe wie Lithium überdurchschnittlich, während andere Rohstoffe weniger stark steigen oder wie im Fall von Zink sinken. Es besteht jedoch der Trend, dass bei den meisten seltenen Erden bzw. Metallen für den genannten Zeitraum eine Zunahme prognostiziert wird. (Marscheider-Wiedemann et al. 2016).

Die Relevanz lässt sich im Rahmen einer Kritikalitätsanalyse verdeutlichen. Dabei werden jedoch nur ausgewählte Metalle abgebildet. In dem folgenden Schaubild zeigt die horizontale Achse die wirtschaftliche und die vertikale Achse das Angebotsrisiko auf. Kritische Rohstoffe befinden sich in dem Rechteck und damit innerhalb der Kritikalitätszone. Sie zeichnen sich durch ein hohes Angebotsrisiko bei gleichzeitig hoher wirtschaftlicher Bedeutung aus und sind somit der Gruppe der kritischen Metalle zuzuordnen. Weitere kritische Metalle, die in der Abbildung nicht berücksichtigt wurden sind u.a. Titan, Wolfram und Tantal. Daraus begründet sich die Erkenntnis, dass die Abhängigkeit von kritischen Metallen in zunehmendem Maße die lange Zeit dominierende Abhängigkeit von Öl und Gas ersetzt.

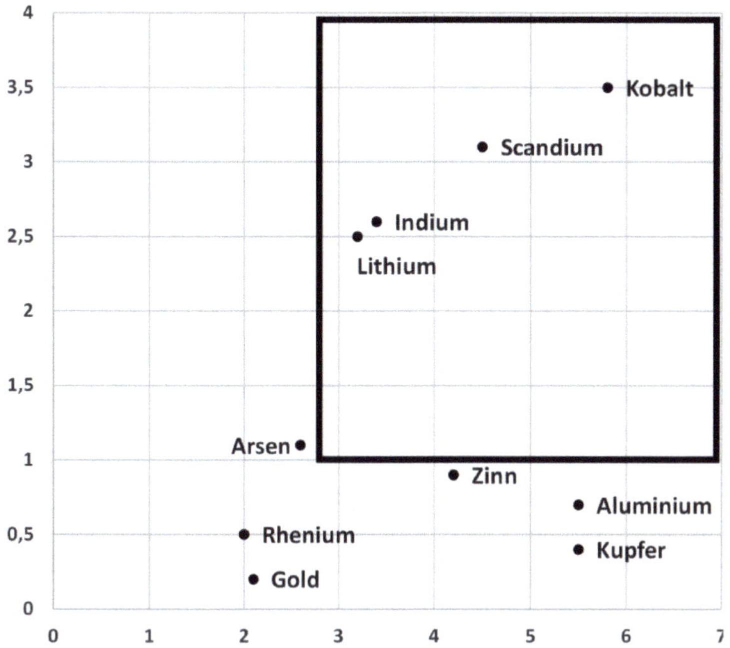

Abbildung 8: Die wirtschaftliche Bedeutung und das Versorgungsrisiko – Ergebnisse der Kritikalitätsbewertung 2020 (Quelle: in Anlehnung an European Commission 2020, S.3)

Im Rahmen der genannten Technologien, für die seltene Metalle und seltene Erden erforderlich sind, lässt sich ein Bezug zur ökonomischen Nachhaltigkeit herstellen. Werden die Metalle jedoch in Entwicklungsländern in sensiblen Ökosystemen wie Regenwäldern abgebaut und wird dadurch Regenwald zerstört, kann es zwischen ökonomischer und ökologischer Nachhaltigkeit zu einem Konflikt kommen. In der DR Kongo, die in einem der größten Regenwaldregionen (Kongobecken) weltweit liegt, wird besonders Tantal für den Kondensatorbau und Kobalt für den Bau von Batterien in großen Mengen abgebaut und exportiert (Manhard et al. 2016). In Bergwerken im Kongo wird weiterhin Kupfer und Gold abgebaut. Weitere Länder die ebenfalls Regenwälder aufweisen wie Indonesien verfügt über Kupfer, Nickel und Gold und Peru über Kupfer und Gold (Drobe 2019, S. 16). Somit kommt es im Rahmen neuer bzw. dem Ausbau bestehender Bergwerke auf allen drei Kontinenten zu Entwaldungen. Durch den Bau der erforderlichen Infrastruktur wie Straßen und Wohnsiedlungen kommt es noch zusätzlich zu ökologischen Belastungen. Eine besonders schwer zu kontrollierende Belastung stellt sowohl das informelle Goldschürfen als auch der informelle Abbau von Metallen dar.

Brasilien kommt in diesem Zusammenhang eine herausragende Bedeutung zu, da es an mineralischen Rohstoffen ein besonders reiches Land ist. In dem Land werden etwa 80 verschiedene Metalle wie Niob, Kupfer, Mangan, Gold, Nickel und Zinn gefördert. Weiterhin gibt es noch ein großes Potenzial an Kobalt, Lithium und weitere seltene Erden, die noch erschlossen werden. Brasilien liegt bei dem Abbau wirtschaftlich gewinnbringender Ressourcen nach Australien und China auf dem dritten Rang. In dem Land gab es 2017 insgesamt 9.415 registrierte Bergbaubetriebe. In dem gleichen Jahr wurde das Konfliktpotenzial besonders offensichtlich, als der damalige Präsident Bolsonaro ein Urwaldgebiet mit einer Fläche von 46.000 km^2 nördlich des Amazonasflusses für die Rohstoffförderung freigeben wollte indem er den Schutzstatus des Reservats Renca beseitigen wollte. Die nationalen und internationale Proteste richteten sich gegen die Zerstörung des Regenwaldes dieser Region und dem Territorium der dort lebenden indigenen Bevölkerung, was dazu führte, dass die Pläne zurückgenommen wurden (v. Hauff 2023, S. 50).

Einerseits bietet der Abbau von Ressourcen internationalen Konzernen und Regierungen hohe Gewinne. Andererseits entstehen neben der Entwaldung durch den Abbau von Ressourcen oft regional „ökologische Wüsten" die meistens nicht renaturiert werden. So entstehen negative externe Effekte, die von der lokalen Bevölkerung zu tragen sind, während die Gewinne den Konzernen und Regierungen zukommen. Weiterhin arbeitet die lokale Bevölkerung häufig unter körperlich harten und gesundheitsbelastenden Bedingungen für geringe Löhne.

Bisher wird die ökologische Belastung häufig auf die Entwaldung reduziert. Dabei werden bei dem Abbau und der Verarbeitung giftige Substanzen wie Schwermetalle aber auch Chemikalien wie Blei, Cyanid und Quecksilber eingesetzt, die in Luft und Wasser eintreten und somit für die Bevölkerung hoch belastend sind. Schließlich kommt es neben den negativen ökologischen Effekten auch, wie schon erwähnt, häufig zu negativen sozialen Effekten wie der Vertreibung indigener Bevölkerung, hoch belastender Arbeitsbedingungen und der Verletzung von Menschenrechten z.B. in Form von Kinderarbeit. Somit lassen sich bei diesem ökonomisch hoch relevanten Bereich die drei Dimensionen nachhaltiger Entwicklung nicht zu einem Gleichgewicht zusammenführen, was auch die Entwicklung und Umsetzung einer nationalen Nachhaltigkeitsstrategie belastet. Daher bietet sich auch in diesem Kontext die Einführung des Konzeptes inclusive green growth an, um diesen Konflikt zu verringern bzw. abzubauen.

Soziale Nachhaltigkeit

In der wissenschaftlichen Diskussion zur nachhaltigen Entwicklung findet die soziale Dimension eine wachsende Aufmerksamkeit. Dennoch hat sie bisher noch nicht die Bedeutung erfahren wie die ökologische und ökonomische Dimension. Dabei ist die soziale Nachhaltigkeit, die den gesellschaftlichen Zusammen-halt in Humanität, Freiheit und Gerechtigkeit zum Ziel hat, in Entwicklungsländern von großer Bedeutung.

Die soziale Nachhaltigkeit ist in der Mehrzahl der SDGs verankert, die in den folgenden Ausführungen noch erläutert wird. Die SDGs 16 und 17 sollen jedoch besonders herausgestellt werden. SDG 16 zielt darauf ab

> „Friedliche und inklusive Gesellschaften für eine nachhaltige Entwicklung fördern, allen Menschen Zugang zur Justiz ermöglichen und leistungsfähige, rechenschaftspflichtige und inklusive Institutionen auf allen Ebenen aufbauen."

Die Relevanz des Ziels begründet sich daraus, dass es auf wichtige gesellschaftliche Defizite vieler Entwicklungsländer hinweist. Grundsätzlich lässt sich feststellen, dass eine nachhaltige Entwicklung ohne Frieden, Stabilität und gesellschaftlichen Zusammenhalt nicht möglich ist.

Daher werden alle Formen von Gewalt wie Folter, der Missbrauch und die Ausbeutung von Arbeitskräften aber auch die Diskriminierung von Minderheiten und Frauen und schließlich Kinderarbeit untersagt. Viele gesellschaftliche Konflikte in Ländern des globalen Südens begründen sich aus Ungleichheit in der Bevölkerung, die auf der Marginalisierung bestimmter gesellschaftlicher Gruppen basiert, der Zugang zur Justiz für viele Menschen nicht gegeben ist und schwache Institutionen dominieren worunter besonders die Armutsbevölkerung zu leiden hat. Weiterhin sollen illegale Finanz- und Waffenströme verringert, Korruption und Bestechung und alle Formen von Kriminalität mit Nachdruck bekämpft werden. Prozesse der Entscheidungsfindung sollen bedarfsorientiert und partizipativ gestaltet und die Teilhabe von Entwicklungsländern an globalen Lenkungsinstitutionen verstärkt werden.

SDG 17 fordert

> „Maßnahmen zur Umsetzung stärken und die globale Partnerschaft für nachhaltige Entwicklung mit neuem Leben füllen."

Das Ziel geht davon aus, dass kein Staat die globalen Probleme alleine bewältigen kann. Das gilt besonders für Entwicklungsländer. Daher sollen besonders Partnerschaften zwischen Industrie- und Entwicklungsländern aufgebaut werden um nachhaltige Entwicklung weltweit voranzubringen bzw. umzusetzen. Hierzu gibt es im Rahmen der Entwicklungszusammenarbeit schon viele Programme und Projekte die jedoch nur bedingt zur Umsetzung nachhaltiger Entwicklung beitragen. Dabei kommt auch den vielfältigen Aktivitäten der civil society beispielsweise in Form von NGOs eine große Bedeutung zu.

Die relativ neue Diskussion über neokoloniale Ansätze bzw. Theorien wurde bereits in dem Abschnitt 2.3 „Entwicklungstheorien" vorgestellt. Im Kontext der Ziele 16 und 17 soll nun die Kritik an den neokolonialen Verhaltensweisen bzw. Strukturen, wie sie in der Zusammenarbeit zwischen globalem Norden und globalem Süden teilweise beklagt werden, kurz erläutert werden, da sie der Intention der beiden Ziele 16 und 17 widersprechen. Das versteht sich als Beitrag des Nordens gegenüber dem Süden zur sozialen Nachhaltigkeit. Vertreter des Neokolonialismus wenden sich verschiedenen Bereichen der Nord-Süd Zusammenarbeit zu. Einige kritisieren die Entwicklungszusammenarbeit als Fortführung kolonialer Machtstrukturen und hinterfragen daher das Entwicklungsparadigma grundsätzlich. Der Begriff Entwicklungszusammenarbeit wird als ideologisches Instrument interpretiert, das Macht zementiert und die Abhängigkeit des globalen Südens verstärkt (Ziai 2010).

Daraus begründet sich die Verantwortung des globalen Nordens aus der historischen Position der Entstehung kolonialer Machtstrukturen und wirtschaftlicher Abhängigkeiten, die ein ungleiches System geschaffen haben. Die Machtasymmetrie wird bis heute in globalen Handelsbeziehungen, ungleicher Ressourcenverteilung und der Dominanz westlicher Wirtschaftsinteressen erkennbar. Daher sind im Rahmen der Entwicklungszusammenarbeit Maßnahmen notwendig, die strukturelle Ungleichheiten verringern, lokales Ownership fördern und Handels- sowie Entscheidungsprozesse gleichberechtigt gestalten, ohne die eine Aufarbeitung des kolonialen Erbes nicht gelingen wird (Kornprobst et al. 2020). Es gibt jedoch auch heute noch entwicklungspolitische Institutionen die auf

Denkmustern kolonialer Strukturen und postkolonialer Abhängigkeiten basieren. Aus diesem Grund nimmt das Bundesministerium für wirtschaftliche Zusammenarbeit und Entwicklung Formen kolonialer Kontinuität wahr und setzt sich zunehmend mit dem kolonialen Erbe Deutschlands auseinander (BMZ 2023):

> „Auch heute sind Gesellschaften noch von Denkmustern und Strukturen geprägt, die auf die Kolonialzeit zurückgehen. Das Bundesministerium für wirtschaftliche Zusammenarbeit und Entwicklung (BMZ) setzt sich mit dem Kolonialismus und seinen Folgen kritisch auseinander, um fortbestehende Handlungsweisen und Auffassungen in der Entwicklungspolitik zu erkennen und abzubauen. Das Ziel ist eine gleichberechtigte Partnerschaft zwischen den Ländern und Akteurinnen und Akteuren aus dem globalen Süden und im globalen Norden."

Akteure der Entwicklungszusammenarbeit aber auch Vertreter der Post-Development Theorien stellen immer wieder fest, dass Erkenntnisse nicht ausreichen und vielmehr Reparationen sowie Schuldenerlasse wesentlicher Bestandteil eines solchen Prozesses sein müssten (Kornprobst 2020, S. 12). Als Beispiel für eine gelungene Aufarbeitung eines kolonialen Erbes wird vielfach das deutsch-namibische Versöhnungsabkommen betrachtet. Die Bundesregierung hat die Verbrechen an den Ovaherero und Nama während der Kolonialzeit als „Völkermord aus heutiger Sicht" anerkannt und sich dafür entschuldigt. Die finanzielle Unterstützung von 1,1 Milliarden € wird jedoch als freiwillige Entwicklungszusammenarbeit und nicht als völkerrechtliche Reparation deklariert. Positiv anzuerkennen ist weiterhin die Restitution von geraubten Kulturgütern und die Rückgabe menschlicher Überreste. Die Aufarbeitung des kolonialen Erbes findet auch in Schulen statt, womit koloniale Denkmuster und die daraus resultierenden Strukturen kritisch reflektiert werden. In Zeiten wo im globalen Norden rechte Tendenzen in der Gesellschaft an Bedeutung gewinnen, besteht die teilweise schon eingetretene Gefahr eines wachsenden Rassismus, der dadurch verstärkt wird, dass historische Zusammenhänge nicht ausreichend thematisiert werden (Palasie 2019).

Wendet man sich den Forderungen sozialer Nachhaltigkeit in Entwicklungsländern zu, so kommt der Bildung wie sie in SDG 4 vorgegeben wird und der Geschlechtergleichstellung SDG 5 eine herausragende Bedeutung zu:

Ziel 4: „Inklusive, gleichberechtigte und hochwertige Bildung gewährleisten und Möglichkeiten lebenslangen Lernens für alle fördern." (UN 2015, S. 15)

Zunächst kann festgestellt werden, dass die Bildungschancen in den Ländern des globalen Südens sich viel stärker durch eine Asymmetrie als in Ländern des Nordens auszeichnen. Die folgenden Ausführungen beschränken sich auf einige exemplarische Fakten zu den Entwicklungsländern. Mehr als 773 Millionen Erwachsene und Jugendliche können nach Angaben der UNESCO weltweit nicht lesen und schreiben. Nach regionaler Verteilung lässt sich feststellen, dass die Hälfte in Südasien und etwa ein Viertel in Afrika südlich der Sahara leben. Besonders problematisch ist, dass 250 Millionen Kinder nicht lesen und schreiben können, wodurch ihre Chancen in der Gesellschaft und besonders am Arbeitsmarkt stark beeinträchtigt werden.

Daher stellen Ilie und Rose die Frage, ob ein gleichberechtigter Zugang zu höherer Bildung in Südasien und Subsahara-Afrika bis 2030 erreichbar ist. In ihrer Untersuchung kommen sie zu dem Ergebnis, dass anhand aktueller Daten aus Haushaltserhebungen in den Ländern Südasiens und Subsahara Afrika die Hochschulbesuchsquoten im Allgemeinen niedrig bleiben, wobei in vielen Ländern weniger als 5 % der jungen Menschen Zugang zu einer Hochschulbildung erhalten. Die ärmsten Menschen in diesen Ländern haben die geringsten Chancen auf Zugang, wobei in einigen Ländern fast keiner der Ärmsten eine Hochschulbildung erreichen wird. Vielmehr wird ein Trend erwartet, wonach besonders junge Männer aus sehr reichen Familien primär einen Zugang zur Hochschulbildung haben (Ilie, Rose 2016).

Positiv festzustellen ist, dass in den vergangenen Jahren der Analphabetismus bei Frauen etwas zurückgegangen ist. Dennoch ist der Unterschied zwischen den Geschlechtern deutlich: unter Männern lag die Analphabetismusquote 2020 weltweit bei 13 % und bei Frauen bei 17 %. Dabei gibt es weltweit einen großen Konsens, dass Bildung der Schlüssel zu einer nachhaltigen und zukunftsfähigen Entwicklung ist. Sie soll dazu beitragen Menschen zu befähigen ihre politische, kulturelle, soziale und wirtschaftliche Situation zu verbessern und gilt daher als Menschenrecht gemäß der allgemeinen Erklärung der Menschenrechte durch die UN (BMZ 2017).

Dabei gilt, dass jeder unabhängig von seiner sozialen Herkunft, seiner Abstammung oder seinem Geschlecht die gleichen Chancen bei der Bildung bekommen soll. Geschlechtsspezifische Ungleichheiten gehören zu den am stärksten ausgeprägten Formen von Ungleichheit. Ungleichheiten sind aber auch teilweise noch strukturelle Folgen des Kolonialismus, wie schon erwähnt wurde. So zerstörte der Kolonialismus in vielen Gebieten präkoloniale Formen von Bildung oder verdrängte sie in den informellen oder privaten Bereich. Stattdessen wurden Interessen der Kolonialmacht befördert. Ein weiteres Risiko besteht in der Verfestigung von Ungleichheit durch technologische Entwicklungen und die Klimakrise. So kommen Hopf und Edelstein (2018, S. 6) zu der Schlussfolgerung:

> „Soziale Ungleichheit ist durch gesellschaftliche Strukturen, Institutionen und Prozesse bedingt, die auch für die Traumatisierung von Ungleichverhältnissen verantwortlich sind. Ungleichheit ist also eine Folge gesellschaftlicher und politischer Gestaltung, damit es sie aber auch grundsätzlich veränderbar."

Ziel 5: „Geschlechtergleichstellung erreichen und alle Frauen und Mädchen zur Selbstbestimmung befähigen." (UN 2015, S. 15)

Viele Frauen leiden in Entwicklungsländen neben verschiedenen Formen der Diskriminierung besonders unter Armut, fehlendem Zugang zu Bildung und sexualisierter Gewalt. Daraus begründet sich die Forderung für Gleichberechtigung von Frauen und Männern im Kontext sozialer Nachhaltigkeit. Aus diesem Grund wird die Beendigung und Beseitigung aller Formen von Diskriminierung und Gewalt gegenüber Frauen und Mädchen gefordert. Unbezahlte Haus- und Pflegearbeit sollen entsprechend den nationalen Gegebenheiten anerkannt und wertgeschätzt werden. Weiterhin soll die volle Teilhabe von Frauen sowie die Chancengleichheit bei der Übernahme von Führungsrollen sichergestellt sein und der allgemeine Zugang zu sexueller und reproduktiver Gesundheit gewährleistet werden.

Der Bericht der UN-Frauenorganisation *„Progress on the Sustainable Development Goal 5 – The Gender Snapshot 2024"* kommt zu der Erkenntnis, dass die Gleichstellung der Geschlechter trotz Fortschritten zu langsam vorankommt, wie die Exekutivdirektorin von UN Women feststellt. Das wird u.a. daran aufgezeigt, dass ein ausgewogenes Verhältnis von Frauen und Männern in Parlamenten erst im Jahr 2063 erreicht wird und es könnte noch 137 Jahre dauern, bis extreme Armut für Frauen und Mädchen beseitigt ist, wobei entsprechend der Agenda 2030 das SDG 5 bis 2030 erreicht werden sollte. Somit geht es um die Beschleunigung des Fortschritts bei der Gleichstellung der Geschlechter und den Rechten der Frauen unter anderem durch die Umsetzung in evidenzbasierte, gut ausgestattete, wirkungsvolle und Zeit gebundene Maßnahmen. Daher wird in dem Bericht sofortiges Handeln, ehrgeizigere Finanzmittel und eine wesentlich bessere Datenlage gefordert.

Der SDG-Tracker bewertet die Fortschritte der Unterziele und Indikatoren. Er umfasst zwei Messgrößen: eine Niveaubewertung, die den aktuellen Stand der Zielerreichung für ein bestimmtes Ziel oder einen bestimmten Indikator misst, und eine Trendbewertung, die das Tempo der Fortschritte vom Basisjahr bis zur Gegenwart sowie gegebenenfalls die Entfernung vom Ziel misst. Bei den Fortschritten der Datenerhebung sollte nicht übersehen werden, dass Datenlücken bei der Messung des Fortschritts nach wie vor eine große Herausforderung darstellen. Die begrenzte Verfügbarkeit von intersektoralen Daten, d.h. Daten zwischen den einzelnen SDGs, ist ein großes Anliegen für die genaue Messung um keine Frau und kein Mädchen zurückzulassen. Daher ist auf der Grundlage der verfügbaren Daten die Messung der Gleichstellung der Geschlechter immer noch ein Ziel das in weiter Ferne liegt. Kein Indikator oder Unterindikator für das Ziel 5 hat das Niveau „Ziel erreicht oder fast erreicht."

Als übergreifend für Ungleichheit ist das SDG 10 zu nennen: *„Ungleichheit in und zwischen Staaten verringern."* Heute wird als eine der größten Herausforderungen die wachsende soziale aber auch wirtschaftliche Ungleichheit innerhalb und zwischen Staaten genannt (BMZ 2017). Entsprechend sollen alle Menschen zur Selbstbestimmung befähigt werden, indem soziale, wirtschaftliche und politische Inklusion gefördert und Chancengleichheit gewährleistet werden. Dazu sollen Finanzmärkte und -institutionen besser reguliert und überwacht werden, und die Mitsprache von Entwicklungsländern in internationalen Organisationen verstärkt sowie eine sichere, geordnete, und verantwortungsvolle Migration und Mobilität von Menschen erleichtert werden (UN 2015, S. 21). Hierzu bedarf es auf theoretischer Ebene im Rahmen der neuen Institutionenökonomie Normen, die allgemein eingehalten werden (Göbel 2021). In Bezug auf die soziale Nachhaltigkeit bedeutet das, dass eine Norm, die den gesellschaftlichen Zusammenhalt fördert, dann von der Gesellschaft anerkannt wird, wenn ihr Grenznutzen (z. B. die Sicherheit) ihre Grenzkosten (z. B. die Einschränkung der individuellen Handlungsmöglichkeiten) übersteigt.

Betrachtet man die individuelle Ebene, so bietet die Verknüpfung zwischen individueller Nutzenmaximierung und dem gesellschaftlichen Wohlergehen interdependente Nutzen-funktionen. Personen sind demnach bereit, ein nicht normenkonformes, die Gemeinschaft schädigendes Verhalten anderer Gesellschaftsmitglieder zu sanktionieren, auch wenn es sie scheinbar nicht direkt betrifft (Voigt 2009, S. 196). Eine Person sorgt sich demnach nicht nur um sein eigenes Wohlergehen, sondern auch um das seiner Mitmenschen und das der zukünftigen Generationen, wenn seine eigene Nutzenfunktion positiv von deren Güterbündeln abhängt. Kann z.B. durch eine gerechtere Verteilung von Einkommen und Vermögen sozialen Spannungen vorgebeugt, abgebaut oder vermieden werden, wovon gerade auch wohlhabende Personen profitieren, werden sie zumindest bei rationalem Verhalten entsprechenden Umverteilungsmaßnahmen zustimmen. Dadurch könnte die armutsbedingte Kriminalität in vielen Entwicklungsländern verringert werden.

Einen anderen Zugang zur sozialen Nachhaltigkeit bietet das Konzept des Sozialkapitals. Positive Effekte des sozialen Kapitals bieten die Informations- und Kommunikationstechnologien (IKT) einhergehend mit dem Internet. Das hat zu einer bisher nicht gekannten Vernetzung bzw. Bereitstellung von Informationen geführt. Das ist eine der Begründungen, weshalb die Digitalisierung und deren weitere Verbreiterung in Entwicklungsländern verstärkt gefordert wird (Sangmeister 2018, S. 23). Die Digitalisierung und das damit einhergehende Internet haben die Transaktionskosten bei der Beschaffung von Informationen ganz wesentlich verringert.

Daraus begründet sich eine höhere Transparenz von Gesellschaften, die in zunehmendem Maße auch in Entwicklungsländern zu beobachten ist. Die Ursachen von Machtstrukturen und Machtmissbrauch können dadurch von den weniger privilegierten Bevölkerungsgruppen wie der Armutsbevölkerung erkannt werden und Widerstand kann sich leichter formieren. Von dem sozialen Kapital können aber auch positive Effekte auf das ökologische Kapital ausgehen. Die Intensivierung sozialer Beziehungen und die verbesserte Informiertheit über Ursachen aber auch die Vermeidung von Umweltschäden kann dazu führen, dass umweltschädliches Verhalten als unsozial empfunden wird und zu einer Reduzierung der Umweltbelastung beiträgt (Pearce, Atkinson 1998, S. 260).

Somit stellt sich die Frage, wie das soziale Kapital erhalten bzw. ausgebaut werden kann und wie zukünftige Generationen von seinem heutigen Bestand profitieren können. Dabei ist zu berücksichtigen, dass sich soziales Kapital nicht im Besitz einer Person, sondern nur im Besitz eines sozialen Netzes oder der gesamten Gesellschaft befinden kann. Da die Übertragung sozialen Kapitals von einer Gesellschaft auf die nächste Generation nur sehr begrenzt möglich ist, muss sich jede Generation ihr soziales Kapital weitgehend selbst auf- bzw. ausbauen.

5.2 Die Beziehung der drei Dimensionen zueinander

Die inhaltliche Abgrenzung der drei Dimensionen gibt keine Auskunft über deren Beziehung zueinander. Weiterhin stellt sich die Frage nach der optimalen Bewirtschaftung der drei Dimensionen, die zu einem Optimum menschlichen Wohlbefindens führen soll. Daher ist es wichtig, die Komplementarität der Dimensionen zu analysieren und aufzuzeigen. Auffällig in diesem Zusammenhang ist, dass die Beziehung zwischen ökologischer und ökonomischer Nachhaltigkeit in der Literatur umfassend behandelt wird, wie in dem nächsten Kapitel noch gezeigt wird. Dagegen wurde die Bedeutung der sozialen Nachhaltigkeit in der Literatur zur Nachhaltigkeit lange vernachlässigt.

In der neueren Diskussion wird jedoch zunehmend die Rolle der sozialen Nachhaltigkeit für die Akkumulation, die Erhaltung und Produktivität von Sachkapital, Umweltkapital und Humankapital aufgezeigt. Ein typisches Beispiel hierfür ist das Handelskonzept Fair Trade. Hier wird z.B. durch den Zusammenschluss von Kleinbauern zu Kooperativen ein Netzwerk von Produzenten geschaffen, das den einzelnen Kleinfarmern in Zusammenhang mit verschiedenen Förderaktivitäten eine verbesserte Produktions- und Lebensbasis bietet. Das lässt sich exemplarisch an drei Beispielen der Weltbank verdeutlichen (Weltbank 2003, S. 22):

- Der soziale Zusammenhalt kann zu einer Verbesserung der Bewirtschaftung und Produktivität von Umweltkapital beitragen. So hat der kombinierte Effekt von Einstellungen zur Partizipation, d. h. ein gemeinsames Vorgehen regionaler Kleinbauern, in Verbindung mit der Stärkung des Humankapitals (Alphabetisierung), die Bewirtschaftung von Wassereinzugsgebieten im indischen Bundesstaat Rajasthan/ wesentlich verbessert. Das war eine wichtige Voraussetzung für die Steigerung der Einkommen. Dabei war das Vertrauen zwischen den Agrarberatern und den Bauern für die Steigerung der Agrarproduktion von großer Bedeutung.
- Sozialer Zusammenhalt kann zu einer Stärkung von Humankapital beitragen. So wurde ein Zusammenhang zwischen mehr Vertrauen und höheren Schulbesuchs-quoten auf der Sekundarstufe festgestellt.

- Sozialer Zusammenhalt kann auch die Produktivität von Sachkapital erhöhen. So wurde in einer Untersuchung festgestellt, dass beispielsweise der zwischenbetrieb-liche Kontakt in Form von Netzwerken in der Bekleidungsindustrie einen positiven Effekt auf das Lernen hat (Uzzi 1997).

Es gibt viele weitere Beispiele für die Komplementarität der Nachhaltigkeitsdimensionen. So verbessern saubere Luft und sauberes Wasser die menschliche Gesundheit und die Produktivität von Humankapital. Das ist besonders für die Armutsbevölkerung in Entwicklungsländern wichtig, da sie in der Regel von ihren täglichen Einnahmen abhängig sind. Werden sie beispielsweise durch verunreinigtes Wasser krank, kann das zu einer existenziellen Bedrohung führen. Daraus lässt sich ableiten, dass die Synergieeffekte aus der Komplementarität von zwei oder mehr Nachhaltigkeitsdimensionen die Gesamtpro-duktivität erhöhen. Diese Zusammenhänge werden in Kapitel sechs weiter vertieft bzw. konkretisiert.

Das folgende Kapitel wendet sich nun der Agenda 2030 und den 17 Nachhaltigkeitszielen explizit zu. In diesem Zusammenhang wird auch die Komplementarität zwischen den Zielen diskutiert. Im Mittelpunkt steht jedoch die Bedeutung der Agenda 2030 für die Neuorientierung und Ausgestaltung der Entwicklungspolitik. Da sich alle Mitgliedsländer der Vereinten Nationen dazu verpflichtet haben auf der Grundlage der Agenda 2030 und den 17 SDGs eine nationale Nachhaltigkeitsstrategie zu entwickeln, soll am Beispiel von Vietnam aufgezeigt werden, wie das umgesetzt werden kann.

6 Von der Agenda 2030 zur nationalen Nachhaltigkeitsstrategie

Entwicklungsländer sind keine homogene Ländergruppe, was im Kontext der Agenda 2030 von großer Bedeutung ist. Sie unterscheiden sich nach ihrer kulturellen Herkunft, ihren politischen und wirtschaftlichen Strukturen und ihrer sozialen Schichtung in ausgeprägtem Maße. Diese Unterschiede haben in den vergangenen Jahrzehnten noch zugenommen. Die Klassifizierung der Weltbank nach Ländergruppen erfolgt nach dem Indikator Pro-Kopf-Einkommen. Danach lassen sich vier Einkommensgruppen jeweils mit einem jährlichen Einkommen in US-$ unterscheiden (Basis 2024):

- Low-Income Economies (1.145),
- Lower-Middle-Income Economies (1.146-4.515),
- Upper-Middle-Income-Economies (4.516-14.005) und
- High-Income-Economies (> 14.005).

Die wirtschaftliche Kenngröße wird seit über drei Jahrzehnten beispielsweise durch soziale Indikatoren wie die Umwelt (z.B. Energieverbrauch pro Kopf), Gesundheit (Versorgung mit Ärzten, Säuglingssterblichkeit), Bildung (Analphabetenquote) oder Arbeitsbedingungen ergänzt. Mit den sozialen Indikatoren wird die Lebensqualität der Bevölkerung gemessen.

Soziale Indikatoren sollen somit das pro-Kopf-Einkommen als Ausdruck des materiellen Wohlstands ergänzen. Eine besondere Bekanntheit erlangte der Human Development Index (HDI) der seit 1990 in dem jährlichen erscheinenden Human Development Report des Entwicklungsprogramms der Vereinten Nationen (UNDP) veröffentlicht wird. Der Indikator führt soziale und wirtschaftliche Kenngrößen zusammen. Mit dem Indikator wollte die UNO eine Verbesserung der Lebensqualität in Entwicklungsländern anstoßen. Nach den Ergebnissen der Auflagen von 2021 und 2022 hat sich die Lebenssituation in neun von zehn Ländern verschlechtert. Damit hat sich der globale Index-Wert zum zweiten Mal verschlechtert. Die Klassifizierung der Entwicklungsländer verdeutlicht, dass sie im Kontext der Agenda 2030 ganz unterschiedliche Rahmenbedingungen aufweisen, was sich auch auf die global geforderte nationale Nachhaltigkeitsstrategie auswirkt.

Auf der Konferenz Rio+20, die erneut in Rio de Janeiro im Jahr 2012 stattfand, kamen die Vertreter der Völkergemeinschaft zu der Erkenntnis:

> „We recognize that the development of goals could also be useful for pursuing focused and coherent action on sustainable development. … We further recognize the importance and utility of a set of Sustainable Development Goals (SDGs) … These goals should address and incorporate in a balanced way all three dimensions of sustainable development and their inter-linkages." (UNGA 2012, S. 43.)

Vom 25. bis 27. September 2015 fand in New York der UN-Sondergipfel zur Agenda 2030 unter dem Titel *„Transforming our World: The 2030 Agenda for Sustainable Development"* statt, auf dem die Agenda 2030 verabschiedet wurde. Die Ziele sollten am 1. Januar 2016 in Kraft treten. Wie schon ausgeführt wurde, sind die SDGs, im Gegensatz zu den MDGs, nicht nur auf Entwicklungsländer ausgerichtet, sondern gelten auch für Industrieländer. Im Kontext der Entwicklungspolitik sind zunächst die Entwicklungsländer selbst für die Umsetzung der 17 SDGs zuständig und verantwortlich. Entsprechend der Agenda 2030 sollen jedoch auch die Industrieländer ihre Entwicklungszusammenarbeit mit den Ländern des Südens darauf ausrichten. Die SDGs sollen nach Sachs zu globalem Enthusiasmus motivieren und das Wissen zu Handlungen führen (Sachs 2015, S. 483).

Die Vereinbarung der Weltgemeinschaft wurde häufig als eine einmalige historische Chance bewertet. In den folgenden Jahren bis in die Gegenwart wurde immer wieder festgestellt, dass es auf Grund der internationalen politischen Turbulenzen wohl nicht mehr gelungen wäre, die Agenda 2030 *„auf den Weg zu bringen"*. Die Intention der Agenda ist, die nachhaltige Entwicklung global zu fördern und durch die Vorgabe der 17 Nachhaltigkeitsziele eine Vereinheitlichung in der Umsetzung anzustreben. In der Präambel der Agenda konkretisierten die Regierungen der Länder ihre Intention:

> „Wenn wir unsere Ambitionen in allen Bereichen der Agenda verwirklichen können, wird sich das Leben aller Menschen grundlegend verbessern und eine Transformation der Welt zum Besseren stattfinden." (UN 2015, S. 3).

Weiterhin wird der Bezug zu den Menschenrechten betont:

> „Die neue Agenda orientiert sich an den Zielen und Grundsätzen der Charta der Vereinten Nationen, insbesondere der uneingeschränkten Achtung des Völ-

kerrechts. Sie gründet auf der Allgemeinen Erklärung der Menschenrechte, den internationalen Menschenrechtsverträgen, der Millenniumserklärung und dem Ergebnis des Weltgipfels 2005." (UN 2015, S. 4).

In dem folgenden Abschnitt werden zunächst die Kernbotschaften und Prinzipien der Agenda 2030 vorgestellt. In Abschnitt 6.2 werden dann die Grundlagen der 17 Nachhaltigkeitsziele und die Unterziele erläutert. Danach folgt eine Bewertung der Ziele, wobei es darum geht, die Stärken und Defizite der 17 Nachhaltigkeitsziele aufzuzeigen. Danach wird in 6.4 die Agenda 2030 als Grundlage für nationale Nachhaltigkeitsstrategien vorgestellt. Anschließend wird aufgezeigt, welche Bedeutung die Vernetzung der 17 Nachhaltigkeitsziele und ihrer Unterziele hat. Eine wesentliche Relevanz bei der Evaluierung einer nationalen Nachhaltigkeitsstrategie kommt den Nachhaltigkeitszielen und den damit verbundenen Indikatoren zu.

6.1 Kernbotschaften und Prinzipien der Agenda 2030

Die Umsetzung der Ziele der Agenda 2030 sind überwiegend auf das Jahr 2030 ausgerichtet. Das übergeordnete Ziel ist, dass die Transformation der nationalen Volkswirtschaften hin zu einer nachhaltigen Entwicklung weltweit vorangetrieben werden soll (BMUB 2017). Dabei wird jedoch häufig vernachlässigt, die Bevölkerung in den Prozess der Transformation in ausreichendem Maße mit einzubeziehen. Die Agenda 2030 ist die Grundlage, um wirtschaftlichen Fortschritt mit sozialer Gerechtigkeit im Rahmen der ökologischen Grenzen der Erde in Einklang zu bringen. In diesem Zusammenhang spricht man häufig auch von den *Planetary Boundaries,* denen wesentliche Bereiche wie die Dynamik des Wachstums, die Erzeugung von Energie und Lebensmitteln, aber auch die Dynamic der Bevölkerungsentwicklung untergeordnet bzw. angepasst werden sollten (Sachs 2015, S. 181 ff). Schließlich soll die nachhaltige Gestaltung der globalen Entwicklung auch auf die Sicherung eines erfüllten Lebens für kommende Generationen ausgerichtet werden.

Die 17 Ziele und Unterziele für nachhaltige Entwicklung, die sogenannten Sustainable Development Goals, sind das Kernstück der Agenda 2030. Den 17 SDGs sind in dem UN Dokument insgesamt 169 Unterziele (targets) zugeordnet. Sie sind die Grundlage für die Entwicklung einer nationalen Nachhaltigkeitsstrategie. Während die 17 SDGs hierfür verbindlich sind, müssen sie nicht alle in die nationale Nachhaltigkeitsstrategie eingehen. Deutschland hatte in seiner Nachhaltigkeitsstrategie von 2017 63 targets einbezogen. Wie schon erwähnt, sind die SDGs auf vielfältige Weise miteinander verknüpft. Die Präambel der Agenda 2030 basiert auf 5 ambitionierten Kernbotschaften, die den Sustainable Development Goals handlungsleitend vorangestellt sind (UN 2015, S. 2-3):

- Menschen (***P****eople*)
- Planet (***P****lanet*)
- Wohlstand (***P****rosperity*)
- Frieden (***P****eace*)
- Partnerschaft (***P****artnership*)

Geläufiger sind die englischen Begrifflichkeiten, indem von den 5 Ps der Agenda 2030 gesprochen wird (UN 2015, S. 1-2):

Menschen (People)

Im Mittelpunkt steht stets die Würde des Menschen. Alle Formen und Dimensionen von Armut und Hunger sollen weltweit beseitigt werden. Alle Menschen sollen ihre Fähigkeiten in Würde, Gleichheit und einer gesunden Umwelt verwirklichen.

Planet (Planet)

Der Schutz des Planeten Erde steht im Mittelpunkt. Dabei geht es um die Begrenzung des Klimawandels, die Bewahrung natürlicher Lebensgrundlagen sowie den Schutz vor Degradation. Dies soll durch nachhaltigen Konsum, nachhaltige Produktion, nachhaltige Bewirtschaftung natürlicher Ressourcen sowie durch Maßnahmen zur Bekämpfung des Klimawandels erreicht werden. Dadurch sollen die Bedürfnisse und deren Befriedigung der gegenwärtigen und zukünftigen Generationen ermöglicht werden.

Wohlstand (Prosperity)

„Globalisierung gerecht gestalten" zielt darauf ab, dass Maßnahmen konsequent umgesetzt werden sollen, die es allen Menschen ermöglicht, an einem erfüllten Leben im Wohlergehen teilzuhaben. Es soll der wirtschaftliche, soziale und technologische Fortschritt mit der Natur in Einklang

gebracht werden. Weiterhin soll ein nachhaltiges Wirtschaftswachstum erreicht und die Kluft zwischen Arm und Reich gemindert bzw. geschlossen werden.

Frieden (Peace)

Ohne Frieden ist eine nachhaltige Entwicklung nicht denkbar. Es kann aber auch kein Frieden ohne eine nachhaltige Entwicklung entstehen. Daher ist der Frieden eine der wichtigsten Anforderungen an die Realisierung nachhaltiger Entwicklung. Dies lässt sich durch die Einhaltung und Förderung der Menschenrechte und einer guten Regierungsführung erreichen. Gleichzeitig sollen friedliche, gerechte und integrierte Gesellschaften gefördert werden, in denen die Menschen frei von Angst und Gewalt leben können.

Partnerschaft (Partnership)

Es sollen die notwendigen Mittel durch eine Revitalisierung der globalen Partnerschaft für nachhaltige Entwicklung mobilisiert werden, um die Umsetzung und den Erfolg der Agenda 2030 zu gewährleisten. Somit beruht die Partnerschaft auf dem Geist der globalen Solidarität und richtet sich besonders auf die Bedürfnisse der Ärmsten und Schwächsten. Dabei sollen sich alle Länder, die Stakeholder und Menschen beteiligen. Für eine dauerhafte Umsetzung nachhaltiger Entwicklung ist die Verknüpfung bzw. Zusammenführung der Ziele der Agenda 2030 von entscheidender Bedeutung. Dies wird in der folgenden Abbildung dargestellt.

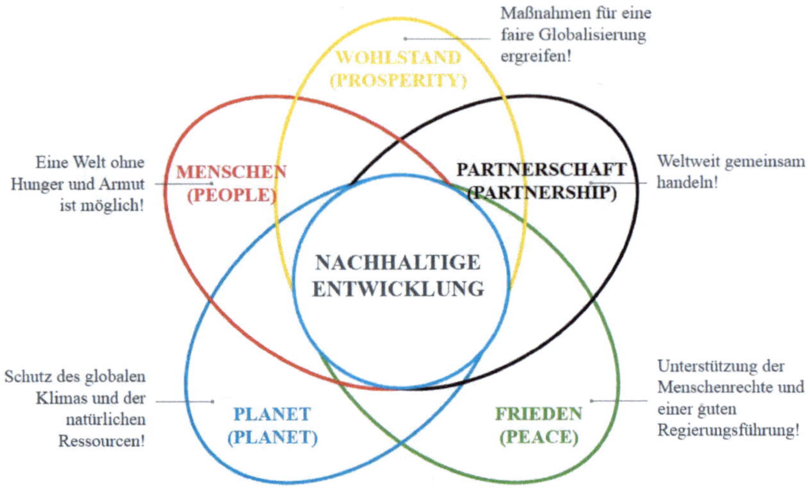

Abbildung 9: Die 5 Ps der nachhaltigen Entwicklung (Eigene Darstellung in Anlehnung an BMZ, 2017)

Die fünf ambitionierten Kernbotschaften und die 17 Sustainable Development Goals sind die Grundlage für eine nationale Nachhaltigkeitsstrategie. In der Präambel der Agenda 2030 werden weiterhin die Prinzipien aufgeführt. Sie geben für die Ausgestaltung und Umsetzung einer nationalen Nachhaltigkeitsstrategie eine Orientierung:

1. **Universalität:** die Strategie gilt für alle Länder, also für Entwicklungs- und für Industrieländer;
2. **Unteilbarkeit:** die Agenda soll in ihrer Gesamtheit, d. h. nicht nur einzelne Ziele, umgesetzt werden;
3. **Niemand zurücklassen:** die Agenda 2030 ist erst dann realisiert, wenn auch die Ärmsten eine Verbesserung ihrer Lebensbedingungen erfahren;
4. **Rechenschaftspflicht:** es soll eine regelmäßige, transparente und internationale Berichterstattung zur Gewährleistung der Rechenschaftspflicht stattfinden;
5. **Partnerschaftlichkeit:** alle tragen für die Umsetzung Verantwortung: Länder, Städte und Gemeinden, Zivilgesellschaft, Wirtschaft und Wissenschaft.

Die einzelnen Ziele und Unterziele sind nicht isoliert zu betrachten und anzustreben. Sie sollen vielmehr als Zielbündel angestrebt werden. Dabei ist natürlich zu berücksichtigen, dass die einzelnen Länder unterschiedliche Ausgangsbedingungen wie die wirtschaftlich Entwicklung, die gesellschaftliche und politische Stabilität, die Intensität von Umweltbelastungen und z.B. die Verfügbarkeit von trinkbarem Wasser aufweisen, die bei der Ausgestaltung der nationalen Nachhaltigkeitsstrategie zu berücksichtigen sind. Eine wichtige Maxime ist, niemand zurückzulassen: *leave no one behind.* Dies gilt nicht nur für die Armutsbevölkerung bzw. für extrem arme Bevölkerungsgruppen, sondern auch für ethnische oder religiöse Minderheiten.

Die nationale Evaluierung hinsichtlich des Fortschritts der Zielumsetzung bzw. -erreichung wird noch durch eine regelmäßige internationale Berichterstattung und Rechenschaftspflicht ergänzt. Für die Umsetzung der SDGs ist eine Vielzahl von Akteuren verantwortlich. Neben den Regierungen, denen eine besondere Aufgabe zukommt, sind es auch die Verbände, die Wirtschaft, die einzelnen Unternehmen, Länder und Kommunen, aber auch die Wissenschaft, die Zivilgesellschaft und die Kirchen. In Entwicklungsländern besteht bei der Wahrnehmung und entsprechend auch bei der Umsetzung der Agenda 2030 und den 17 SDGs bei den potentiellen Akteuren noch ein großer Handlungsbedarf. Dabei sind die Partizipation und Fortbildung der Akteure wie NGOs und zivilgesellschaftliche Gruppen aber auch Gewerkschaften von großer Bedeutung.

Im Folgenden werden daher die Pflichten der Akteure benannt, die sie zu erfüllen haben. Bei der Umsetzung wird zunächst *„eine mit neuem Leben erfüllte Globale Partnerschaft“* gefordert. Der Anspruch lautet:

> „Diese Partnerschaft wird in einem Geist der globalen Solidarität wirken, insbesondere der Solidarität mit den Ärmsten und mit Menschen in prekären Situationen.“ (UN 2015, S. 10)

Die globale Partnerschaft soll im Rahmen von konkreten Politiken und Maßnahmen, die im Ergebnisdokument der vom 13. bis 16. Juli 2015 in Addis Abeba abgehaltenen dritten internationalen Konferenz über Entwicklungsfinanzierung beschrieben sind, angestrebt werden. Zur Relevanz wird festgestellt, dass die volle Umsetzung der Aktionsagenda von Addis Abeba für die Verwirklichung der Ziele und der dazugehörigen Zielvorgaben von ausschlaggebender Bedeutung ist. Jedes Land trägt die Hauptverantwortung für seine eigene wirtschaftliche, ökologische und soziale Entwicklung. Dabei ist die Mobilisierung von Finanzmitteln und der Aufbau von Kapazitäten ebenso notwendig, wie der Transfer umweltfreundlicher Technologien in die Entwicklungsländer zu günstigen Bedingungen. Weiterhin nehmen der breit gefächerte Privatsektor - von Kleinunternehmen über Genossenschaften bis zu multinationalen Unternehmen - aber auch Organisationen der Zivilgesellschaft und philanthropischen Organisationen bei der Umsetzung der Agenda 2030 eine wichtige Rolle ein.

6.2 Die 17 Nachhaltigkeitsziele und exemplarische Interdependenzen zwischen den SDGs

Ein wichtiger Grundsatz ist, dass sich die Ziele einander bedingen und unteilbar miteinander verbunden sind (Prinzip der Unteilbarkeit). Sie sind weiterhin global ausgerichtet, universell anwendbar und jede Regierung soll die unterschiedlichen Realitäten, Kapazitäten und Entwicklungsstufen des eigenen Landes berücksichtigen (v. Hauff, Schulz, Wagner 2018, S. 37). Jede Regierung muss also nationale Planungsprozesse, Politiken und Strategien individuell auf die globalen Zielvorgaben ausrichten. Die SDGs erfordern jedoch nicht nur eine nationale Nachhaltigkeitsstrategie und deren Umsetzung, sondern zielen auf eine globale Entwicklung ab, bei der es für alle Länder und deren Bevölkerung zu einer gewinnbringenden Zusammenarbeit kommt. (UN 2015) Das wird besonders in SDG 17 gefordert.

Danach soll eine Partnerschaft aufgebaut werden, um nachhaltige Entwicklung weltweit zu ermöglichen. Hierzu gibt es sowohl zwischen Entwicklungs- und Industrieländern aber auch zwischen Entwicklungsländern Partnerschaften. Schon auf dem Weltgipfel für nachhaltige Entwicklung in Johannesburg 2002 wurden Multi-Akteurs-Partnerschaften (MAP) zu einem neuen Paradigma (GIZ 2016). Im Rahmen der Agenda 2030 wurden sie in SDG 17 verankert. Dabei wird auch die Politikkohärenz explizit genannt. Die Forderung in dem Unterziel 17.14 lautet: *„Die Politikkohärenz zugunsten nachhaltiger Entwicklung fördern.“* In diesem Zusammenhang kommt dem *„Policy Coherence for Sustainable Development (PCSD)“* Konzept eine wachsende Bedeutung zu. Kohärenz ist in der Entwicklungspolitik im Prinzip eine „alte Forderung“, die trotz häufiger Wiederholungen in vielen offiziellen Papieren und Statements bis heute noch nicht zu der gewünschten Realisierung gefunden hat.

Das Konzept lässt sich damit begründen, dass Machtverhältnisse und Hierarchien im Zusammenhang mit der Entstehung und Verbreitung der Politikkohärenz für eine nachhaltige Entwicklung näher zu untersuchen sind. So stellt Zeigermann schon hinsichtlich der Beziehung zwischen OECD und EU fest:

> "Among the main promoters of the concept between 1990 and 2015 – the OECD and the EU – organizational interests are reflected in, rivalries across different departments and institutional hierarchies and competition with non-state actors and regarding the framing of the concept, integration of different networks, approaches and stakeholders to the policy coherence for sustainable development debate in order to broadly circulate the idea and create consensual knowledge based on own ideas, common paradigms of multilateralism, interconnected global processes and international competition which require PCSD, and a focus on the global North and member states in particular." (Zeigermann 2018, S. 145)

Berücksichtigt man die Vielzahl von nationalen und internationalen Akteuren, so bietet das Konzept der Politikkohärenz noch große Potenziale zur Erhöhung einer effizienteren Entwicklungszusammenarbeit (vgl. hierzu die Ausführungen zu „Aid Effectiveness"). Die Ziele der Agenda 2030 können also nur durch eine globale und kohärente Zusammenarbeit optimal erreicht werden (BMZ 2017). Es werden 5 Bereiche genannt, auf denen die globale Partnerschaft für nachhaltige Entwicklung basiert (UN 2015, S. 26 ff):

1. Finanzierung,
2. Technologie,
3. Kapazitätsaufbau,
4. Handel und
5. Systemische Probleme

Die inhaltliche Konkretisierung soll exemplarisch an dem Bereich Finanzierung und Handel kurz verdeutlicht werden, wodurch auch die Forderung bzw. Relevanz nach Politikkohärenz deutlich wird. Bei der Finanzierung geht es einmal um die Verstärkung der Mobilisierung einheimischer Ressourcen, die Sicherung der Entwicklungszuwendungen, die Mobilisierung finanzieller Mittel für Entwicklungsländer, die Unterstützung der Entwicklungsländer bei der Schuldenfinanzierung, Entschuldung und Umschuldung und die Beschließung von Investitionsförderungen (UN 2015, S. 26). Positiv formuliert kann festgestellt werden: Auch hier gibt es noch große Potenziale zur Stärkung des Bereiches der Finanzierung.

Im Bereich des Handels geht es um die Förderung eines Handelssystems, durch das besonders Entwicklungsländer gestärkt werden. So sollen die Exporte der Entwicklungsländer deutlich gesteigert und eine Umsetzung des zoll- und kontingentfreien Marktzugangs besonders für die am wenigsten entwickelten Länder nachhaltig erreicht werden (UN 2015, S. 27). Hierbei kommt den Multi-Akteurs-Partnerschaften eine besondere Bedeutung zu. Zur Erinnerung: Unter Multi-Akteurs-Partnerschaften versteht man eine Kooperationsform, bei der die Akteure aus Staat, zwischen- oder suprastaatlichen Organisationen, Zivilgesellschaft, Privatwirtschaft und Wissenschaft gemeinsam einen Beitrag leisten, nachhaltige Entwicklungsziele zu erreichen. Das wird in den folgenden beiden Unterzielen konkretisiert:

> „17.16: Die Globale Partnerschaft für nachhaltige Entwicklung ausbauen, ergänzt durch Multi-Akteurs-Partnerschaften zur Mobilisierung und zum Austausch von Wissen, Fachkenntnissen, Technologie und finanziellen Ressourcen, um die Erreichung der Ziele für nachhaltige Entwicklung in allen Ländern und insbesondere in den Entwicklungsländern zu unterstützen.
> 17.17 Die Bildung öffentlicher, öffentlich-privater und zivilgesellschaftlicher Partnerschaften aufbauend auf den Erfahrungen und Mittelbeschaffungsstrategien bestehender Partnerschaften unterstützen und fördern." (UN, 2015, S. 30)

In diesem Zusammenhang sollten die realisierten und geplanten Freihandelszonen zwischen Industrieländern bzw. Regionen von Industrieländern überdacht werden, in welchem Maße sie dazu beitragen den Handel zwischen Industrieländern und Entwicklungsländern zu begrenzen. Die folgende Übersicht gibt einen Überblick über die 17 Sustainable Development Goals für eine nachhaltige Entwicklung (die Unterziele bzw. targets zu den 17 SDGs sind in dem UN-Dokument 2015 zu finden).

Sustainable Development Goals	
Ziel 1:	Armut in allen ihren Formen und überall beenden.
Ziel 2:	Den Hunger beenden, Ernährungssicherheit und eine bessere Ernährung erreichen und eine nachhaltige Landwirtschaft fördern.
Ziel 3:	Ein gesundes Leben für alle Menschen jeden Alters gewährleisten und ihr Wohlergehen fördern.
Ziel 4:	Inklusive, gleichberechtigte und hochwertige Bildung gewährleisten und Möglichkeiten lebenslangen Lernens für alle fördern.
Ziel 5:	Geschlechtergleichstellung erreichen und alle Frauen und Mädchen zur Selbstbestimmung befähigen.
Ziel 6:	Verfügbarkeit und nachhaltige Bewirtschaftung von Wasser und Sanitärversorgung für alle gewährleisten.
Ziel 7:	Zugang zu bezahlbarer, verlässlicher, nachhaltiger und moderner Energie für alle sichern.
Ziel 8:	Dauerhaftes, inklusives und nachhaltiges Wirtschaftswachstum, produktive Vollbeschäftigung und menschenwürdige Arbeit für alle fördern.
Ziel 9:	Eine widerstandsfähige Infrastruktur aufbauen, inklusive und nachhaltige Industrialisierung fördern und Innovationen unterstützen.
Ziel 10:	Ungleichheit in und zwischen Ländern verringern.
Ziel 11:	Städte und Siedlungen inklusiv, sicher, widerstandsfähig und nachhaltig gestalten.
Ziel 12:	Nachhaltige Konsum- und Produktionsmuster sicherstellen.
Ziel 13:	Umgehend Maßnahmen zur Bekämpfung des Klimawandels und seiner Auswirkungen ergreifen.
Ziel 14:	Ozeane, Meere und Meeresressourcen im Sinne nachhaltiger Entwicklung erhalten und nachhaltig nutzen.
Ziel 15:	Landökosysteme schützen, wiederherstellen und ihre nachhaltige Nutzung fördern, Wälder nachhaltig bewirtschaften, Wüstenbildung bekämpfen, Bodendegradation beenden und umkehren und dem Verlust der biologischen Vielfalt ein Ende setzen.
Ziel 16:	Friedliche und inklusive Gesellschaften für eine nachhaltige Entwicklung fördern, allen Menschen Zugang zur Justiz ermöglichen und leistungsfähige, rechenschaftspflichtige und inklusive Institutionen auf allen Ebenen aufbauen.
Ziel 17:	Umsetzungsmittel stärken und die Globale Partnerschaft für nachhaltige Entwicklung mit neuem Leben erfüllen.

Tabelle 3: Die 17 SDGs der Vereinten Nationen (Eigene Darstellung in Anlehnung an UN, 2015b, S. 15)

Bei der Zusammenstellung der SDGs wollte man aus den Erfahrungen bzw. Stellungnahmen zu den MDGs Schlussfolgerungen ziehen. So wurden die Millennium Development Goals u.a. aus dem Grund kritisiert, dass die Ziele der sozialen Dimension ein Übergewicht aufweisen. Daher stellt sich im Zusammenhang mit den SDGs die Frage, ob sie hinsichtlich der Dreidimensionalität gleichgewichtig sind. Hierzu lässt sich das integrierende Nachhaltigkeitsdreieck zugrunde legen, in dem sich die Ziele den drei Dimensionen zuordnen lassen (zu den Grundlagen des integrierenden Nachhaltigkeitsdreiecks vgl. v. Hauff 2021, S. 170 ff). Die Prüfung der Ausgewogenheit ist dem Leser überlassen.

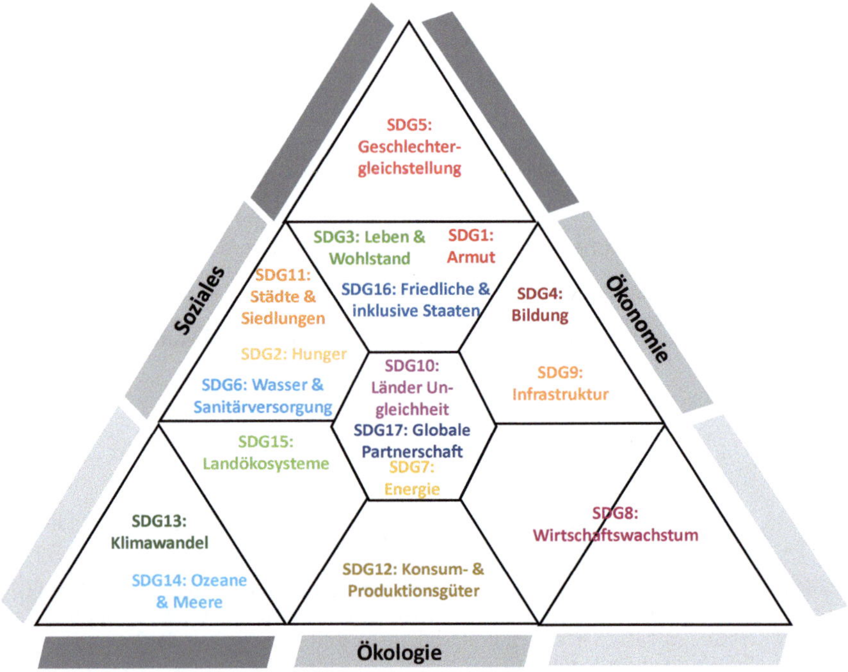

Abbildung 10: Das Nachhaltigkeitsdreieck mit den 17 SDGs (eigene Darstellung)

Konkretisierungen und Bewertungen der SDGs werden nach verschiedenen Kriterien vorgenommen. Eine umfassende und differenzierte Stellungnahme zu den einzelnen SDGs bietet beispielsweise die Studie *„Die Agenda 2030 - Globale Zukunftsziele für nachhaltige Entwicklung.“* (Martens, Obenland 2016) In neueren Beiträgen werden u.a.

- aktuelle Entwicklungen der Ziele unter Berücksichtigung regionaler Unterschiede,
- die Einschätzung der Relevanz der Ziele und der Dringlichkeit ihrer Implementierung,
- Zielbeziehungen der SDGs und der Unterziele,
- Widersprüche zwischen Zielen oder Zielbündeln und
- zu vage Formulierungen einzelner Ziele,

diskutiert.

Diese Themenbereiche haben gerade auch für Entwicklungsländer hinsichtlich der Ausgestaltung und Umsetzung einer nationalen Nachhaltigkeitsstrategie eine große Bedeutung. Sie sind bereits bei ersten Entwürfen aber auch bei der weiteren Ausgestaltung nationaler Nachhaltigkeitsstrategien zu berücksichtigen. So erschwert beispielsweise eine zu große Zahl von Unterzielen die Zielbeziehung der SDGs und ihrer Unterziele zu analysieren.

Wie schon erwähnt haben alle Mitgliedsländer der UN die Agenda 2030 im Jahr 2015 angenommen. Dabei weisen die Mitgliedsländer sehr unterschiedliche ökologische, wirtschaftliche und soziale Rahmenbedingungen und Problemkonstellationen auf. Während in der Agenda 2030 die einzelnen Ziele und Unterziele differenziert aufgeführt werden, geht es bei der Umsetzung darum konsistente Zielbündel zu bilden und diese anzustreben. In Anlehnung an die *„invisable hand"* von dem schottischen Ökonomen und Moralphilosoph Adam Smith könnte man hier von der *„invisible agenda"* sprechen, da zwischen den Zielen und besonders den Unterzielen vielfältige Interdependenzen bestehen. Die Zielbeziehungen lassen sich aber auch im Rahmen von computergestützten Netzwerken aufbauen und darstellen.

Das bedeutet für die Umsetzung, dass die Ziele zu Zielbündeln zusammengeführt und angestrebt werden sollen (Pradhan et al., 2017). In der Praxis steht das Anliegen der *„invisable agenda"* jedoch noch ganz am Anfang, obwohl sie für die Gestaltung einer nationalen Nachhaltigkeitsstrategie von Bedeutung ist. Eine umfassende und differenzierte Analyse der positiven und negativen Beziehungsverhältnisse ist u.a. in der Studie zu finden: *„A Guide to SDG Interactions: From Science to Implementation"*. (International Council For Science, 2017; vgl. auch Roorda 2025)

Die Zielbeziehungen sollen an ausgewählten Beispielen kurz aufgezeigt werden. Dadurch lässt sich auch das Gleichgewichtsverständnis nachhaltiger Entwicklung verdeutlichen. Eine der wichtigsten Beziehungen besteht zwischen Armut (SDG 1), Hunger (SDG 2) und Krankheit (SDG 3). Das grundlegende Problem einer unzureichenden Zielerreichung erklärt sich aus einer mangelhaften Grundbedürfnissicherung, obwohl die Relevanz in der Entwicklungszusammenarbeit seit einigen Dekaden betont wird.

Krankheitsrisiken lassen sich ganz wesentlich auf Hunger (SDG 2), Mangel- und Fehlernährung zurückführen. Ein weiteres Krankheitsrisiko besonders für Kleinkinder ist verunreinigtes Wasser (SDG 6). Weiterhin besteht aber auch ein kausaler Zusammenhang zwischen Armut und Bildung (SDG 4): Kinder die in Armut aufwachsen haben in der Regel keinen oder einen unzureichenden Zugang zu Bildung, wie eine Reihe von Studien belegen. Hier wird das Prinzip der Chancengleichheit, das in der Verfassung vieler Länder verankert ist, nicht oder nur unzureichend erfüllt.

Die vier Ziele SDG 12 (Konsum und Produktion), SDG 13 (Klimawandel), SDG 14 (Ozeane) und SDG 15 (Landökosysteme und Biodiversität) sind auf den Schutz bzw. Stabilität des Erdsystems ausgerichtet (Scholz, 2017, S. 28). Es besteht international ein breiter Konsens, dass dieser Schutz für die Menschheit von existenzieller Bedeutung ist zu dem alle 4 Ziele beitragen müssen. Es gibt heute jedoch in vielen Ländern einen klaren Widerspruch zwischen Produktion und Konsum einerseits und Klimaschutz andererseits.

Dabei gilt zu berücksichtigen, dass die Relevanz der 17 SDGs und ihrer Unterziele in verschiedenen Ländern eine unterschiedliche Dringlichkeit aufweisen. Das führt zu der Frage, ob es in der Völkergemeinschaft wirklich zu einem gemeinsamen Verständnis nachhaltiger Entwicklung kommen kann. Daraus erklären sich auch Zweifel, ob eine konsequente und konsistente Implementierung von Zielbündeln entsprechend dem Prinzip der Universalität in umfassendem Maße möglich ist und ob ein länderübergreifender Dialog hinsichtlich des geforderten Monitorings und der Evaluierung wirklich angestrebt wird (Janus, Keijzer, Weinlich, 2015, S. 11 ff).

Es ist davon auszugehen, dass bisher nur die wenigsten Entwicklungsländer eine qualifizierte nationale Nachhaltigkeitsstrategie haben. Eine wichtige Bedingung für eine belastbare Untersuchung wäre, dass einheitliche Kriterien, die eine Nachhaltigkeitsstrategie zu erfüllen hat, entwickelt werden müssten. Es gibt mehrere Gründe dafür, dass bisher nur wenige Entwicklungsländer eine qualifizierte nationale Nachhaltigkeitsstrategie haben. Vielfach fehlen die statistischen Grundlagen bzw. Daten um die erforderlichen Indikatoren für die Strategie zu entwickeln. Es mangelt aber auch an ausgewiesenen Expertinnen und Experten und der notwendigen Kooperationsbereitschaft bzw. -fähigkeit zwischen Ministerien, die eine

Voraussetzung für die Entwicklung einer konsistenten und ausgewogenen nationalen Nachhaltigkeitsstrategie sind.

Dabei geht es auch – wie oben bereits erläutert – um die Vernetzung der 17 SDGs und ihrer Unterziele, die für eine effiziente Strategie von großer Bedeutung sind. Schließlich ist noch festzustellen, dass es auch in Entwicklungsländern Widerstände gegen eine nationale Nachhaltigkeitsstrategie besonders aus Politik und Wirtschaft gibt. Bestimmte Veränderungen wie mehr Umweltschutz, eine gleichgewichtige und stabile Gesellschaftsstruktur aber auch eine ausgewogenere Verteilung von Einkommen und Vermögen sind von bestimmten Bevölkerungsgruppen nicht erwünscht. So haben Lobbyisten auf Grund labiler Rechtsstrukturen die Möglichkeit, ihre Partikularinteressen erfolgreich zu vertreten. Dennoch gibt es, wie aus der folgenden Abbildung zu entnehmen ist, Informationen über jene Entwicklungsländer, die bereits durch Maßnahmen oder Instrumente zugunsten nachhaltiger Produktion, Konsum, Energie und nachhaltigem Städtebau eine Strategie begonnen bzw. eingeleitet haben. Das kann als Vorstufe zu einer nationalen Nachhaltigkeitsstrategie eingeordnet bzw. bewertet werden.

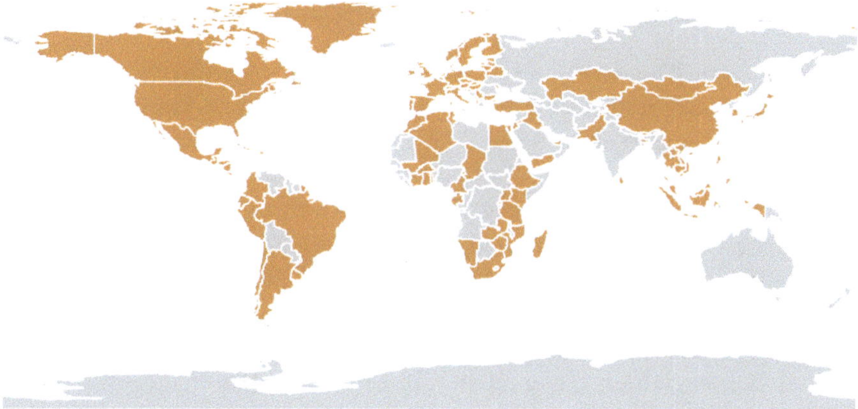

Abbildung 11: Länder weltweit, die Maßnahmen oder Instrumente zugunsten nachhaltiger Produktion oder Konsum haben (Quelle: United Nations, SDG Report 2018, https://unstats.un.org/sdgs/report/2018/goal-12/)

Zur Beurteilung des Fortschritts nachhaltiger Entwicklung verdient die etwas ernüchternde Untersuchung von Brackley und Lee (2017) Beachtung, die 511 ausgewiesene Nachhaltigkeitsexpertinnen und –experten im

November 2016 in 74 Ländern aus ganz verschiedenen Bereichen wie Wirtschaft, Wissenschaft, NGOs und Medien nach ihrer Einschätzung der Relevanz und Dringlichkeit der SDGs befragt haben. Einige ausgewählte Ergebnisse sind:

- 54 % haben die Fortschritte hinsichtlich der Umsetzung gering eingeschätzt,
- 9 % schätzten den Fortschritt positiv ein, wobei es sowohl regionale Unterschiede und Unterschiede bei den verschiedenen Gruppen der Experten gab,
- 57 % haben in Europa und Nordamerika nur geringe Fortschritte konstatiert, wogegen in Afrika und dem mittleren Osten nur 28 % einen geringen Fortschritt erkannten,
- 58 % der Wissenschaftler erkannten einen deutlich geringeren Fortschritt als die Vertreter der Regierungen (44 %),
- 70 % erkannten bei SDG 10 „Verringerung der Ungleichheiten“, 66 % bei SDG 14 „nachhaltige Nutzung und Erhaltung von Meeren“. 60 % bei den Zielen SDG 1 „Armut begrenzen“, 60 % bei SDG 15 „Ökosysteme schützen und fördern“ nur geringe Fortschritte,
- 13 % erkannten bei SDG 9 „widerstandsfähige Infrastruktur aufbauen“ und 11 % bei SDG 7 *„Zugang zu Energie“* relativ gute Fortschritte.

Die *„Planetary Boundaries”* als *„guiding human development on a changing world”* sind nach Steffen et al. (2017) für eine nachhaltige Entwicklung von großer Bedeutung. In einigen der 17 SDGs sind Einflussfaktoren der planetaren Grenzen zumindest indirekt enthalten. Zu nennen sind: Klimawandel, Veränderung der Biosphärenintegrität (genetische Vielfalt), stratosphärischer Ozonabbau, Ozeanversauerung, biogeochemische Flüsse (Abfluss von Süßwassersystemen in den Ozean), Veränderung von Landsystemen (Waldfläche in % der ursprünglichen Waldfläche), Süßwassernutzung (maximale Menge an konsumiertem Trinkwasser) und atmosphärische Aerosolbelastung.

Zwischen einzelnen Zielbündeln gibt es jedoch auch Widersprüche die erkannt und bei der Ausarbeitung einer nationalen Nachhaltigkeitsstrategie vermieden werden sollten. Einige Ziele sollten auch noch weiter präzisiert werden. Dies soll wiederum exemplarisch aufgezeigt werden (eine umfassende Analyse ist zu finden in Loewe; Rippin, 2015). Besonders widersprüchlich ist das SDG 8 „Dauerhaftes, breitenwirksames und nachhaltiges Wirtschaftswachstum, produktive Vollbeschäftigung und menschenwürdige Arbeit für alle fördern“ (UN, 2015, S. 15). Eine Konkretisierung wird in dem Unterziel *„8.1 Ein Pro-Kopf-Wirtschaftswachstum entsprechend* *den nationalen Gegebenheiten und insbesondere ein jährliches Wachstum des Bruttoinlandsproduktes von mindestens 7 % in den am wenigsten entwickelten Ländern aufrechterhalten"* vorgenommen. Diese Wachstumsorientierung bestand – wie in Kapitel zwei ausführlich aufgezeigt wurde - bereits in den ersten Entwicklungsdekaden.

Es besteht heute international jedoch ein breiter Konsens, wonach das Bruttoinlandsprodukt bzw. das Pro-Kopf-Wirtschaftswachstum für die Messung nachhaltigen Wachstums unzulänglich ist da bei dem Indikator Bruttoinlandsprodukt weder Umweltbelastungen noch die Ungleichverteilung von Einkommen und Vermögen als konstitutive Merkmale nachhaltiger Entwicklung berücksichtigt werden. Dagegen gehen in dem zunehmend geforderten *„inclusive green growth"* diese beiden Effekte explizit ein (v. Hauff 2025). Betrachtet man das SDG 8 im Kontext eines Zielbündels, so wird deutlich, dass es mit dem SDG 13 *„Maßnahmen zur Bekämpfung des Klimawandels"* in einem Zielkonflikt steht: In der Regel verschärft Wirtschaftswachstum den Klimawandel, da ein steigendes Wachstum in der Regel auch den CO2 Ausstoß erhöht. Daher sollte das Bruttoinlandsprodukt, wie auch Stiglitz, Sen und Fitoussi (2009) in ihrem viel beachteten Bericht forderten, in Richtung eines Strukturindikators weiterentwickelt werden.

Exkurs Digitalisierung

In der Entwicklungszusammenarbeit besteht heute ein breiter Konsens, dass die Digitalisierung für alle Lebensbereiche vielfältige Chancen bietet. So stellt das BMZ (Bundesministerium für wirtschaftliche Zusammenarbeit und Entwicklung) fest, dass die digitalen Technologien für die Weltgemeinschaft ein entscheidendes Instrument sind um die 17 Ziele für nachhaltige Entwicklung zu verwirklichen. Nach Schätzungen der Vereinten Nationen sind Daten und digitale Technologien bei der Erreichung von mindestens 70 % der SDGs und ihrer Unterziele von zentraler Bedeutung.

Die Finanzierung der Digitalisierung fällt reichen Volkswirtschaften jedoch leichter als weniger entwickelten Volkswirtschaften, wodurch die digitale Transformation durch nicht getätigte Investitionen gehemmt wird. Weiterhin gilt zu berücksichtigen, dass mehr als ein Drittel der Weltbevölkerung, d.h. besonders Frauen, Mädchen und weitere benachteiligte Gruppen noch keinen Zugang zum Internet haben. Daher können sie die Vorteile der weltweiten Digitalisierung nicht nutzen und sind massiv beeinträchtigt (BMZ 2024). Digitale Technologien bieten für Entwicklungsländer einerseits die Möglichkeit Probleme in vielen Bereichen zu verringern und ihre Wettbewerbsfähigkeit zu stärken und andererseits besteht die Gefahr, dass einzelne Länder den Anschluss an die internationale Wettbewerbsfähigkeit noch mehr verlieren.

Teilweise ist die EZ 4.0 – so die Kurzformel für die Digitalisierung in der Entwicklungszusammenarbeit - schon Realität. In der deutschen EZ sind digitale Lösungen in vielen EZ-Projekten und –Programmen bereits ein wichtiger Bestandteil (Sangmeister 2018, S. 22). Digitalisierung bietet sowohl den Menschen in Entwicklungsländern vielfältige Chancen, als auch den Geberländern die Möglichkeit die Effizienz bei der Durchführung der Entwicklungszusammenarbeit zu erhöhen (Steltemeier, Christ 2018, S. 33 ff; Mercator 2019). Dies wurde bereits unter dem Begriff *„Aid Effectiveness"* diskutiert. Teilweise sind die Unterschiede zwischen einzelnen Ländern, zwischen Stadt und Land aber auch zwischen Regionen noch sehr groß. Einerseits hat sich die Zahl der Internetnutzer zwischen den Jahren 2000 und 2015 global verachtfacht und beträgt gegenwärtig etwa 3,2 Milliarden Menschen. Andererseits sind 4 Milliarden Menschen weltweit noch online, wodurch sich die wirtschaftliche und soziale Ungleichheit vergrößert (BMZ 2017, S. 9). Während einige neuere Untersuchungen sich dem Beitrag der Digitalisierung zu den einzelnen SDGs zuwenden (Wu et al. 2018), beschränken sich die folgenden Ausführungen auf die grundlegenden Zusammenhänge.

Die fortschreitende Digitalisierung ist – wie die weit verbreitete Einschätzung verdeutlicht - aus der Perspektive wirtschaftlicher Entwicklung bzw. der Wettbewerbsfähigkeit einer Volkswirtschaft von zentraler Bedeutung. Anders formuliert: wer dem globalen Wettbewerb um die Digitalisierung nicht gewachsen ist, wird wirtschaftlich zum Verlierer. Daher sind zumindest die aufstrebenden Entwicklungsländer darum bemüht, den Digitalisierungsgap, der zwischen Industrie- und Entwicklungsländern besteht, zu verringern bzw. zu überwinden. Die wachsende digitale Kluft zwischen Globalem Norden und Globalem Süden hat besonders negative Auswirkungen für die Zukunftschancen von Kindern und Jugendlichen In diesem Kontext wird argumentiert, dass digitale Teilhabe, bestehend aus Zugang zu Infrastruktur, digitalen Kompetenzen und gesellschaftlicher Inklusion ein fundamentales Kinderrecht darstellt (Idriss et al. 2024). Die Digitalisierung ist für Entwicklungsländer in vielfältigen Bereichen wie dem Gesundheitssektor, der Mobilität, der Bildung, dem Arbeitsmarkt, der Umwelt und natürlich für die Wissenschaft bzw. Forschung zu einem unverzichtbaren Bestandteil geworden.

Das BMZ weist in seiner „Digitalen Agenda“ (2014-2017) fünf strategische Ziele für die Entwicklungspolitik auf (BMZ 2017, S. 10 f):

1. Digitale Innovationen nutzen,
2. Demokratische Verfahren stärken,
3. Menschen auf der Flucht helfen,
4. Zukunftssichere Jobs schaffen,
5. Menschenrechte und Teilhabe schaffen,

In der folgenden Tabelle werden ausgewählte Schwerpunkte und die zugeordneten Anwendungsmöglichkeiten zusammengestellt.

Schwerpunkt	IKT-Anwendungsmöglichkeiten
Zugang zu Bildung und beruflicher Bildung	▪ Elektronisch unterstütztes Lernen (E-Learning) verbessert die Aus- und Weiterbildungsmöglichkeiten. ▪ Erschwingliche digitale Medien und Anwendungen verbessern den Zugang zu Bildungsmaterialien. ▪ Der Zugang zu Bildungsangeboten für benachteiligte Bevölkerungsgruppen, zum Beispiel durch Unterricht übers Radio in abgelegenen ländlichen Regionen, wird erleichtert. ▪ Die Förderung digitaler Kompetenzen (Informationstechnik, Informations- und Medienkompetenz) ermöglicht den Anschluss an die globale Wissensgesellschaft.
Gute Regierungsführung und Modernisierung des Staates	▪ Informationen über politische Beteiligungsmöglichkeiten und neue Kommunikationswege stärken die Partizipation der Menschen. ▪ Elektronisch gestützte Verwaltungsprozesse sind leichter überprüfbar und verbessern so die Transparenz. ▪ Die Rechenschaftspflicht wird durch die Veröffentlichung von Informationen zu politischen Entscheidungen, zum Beispiel zu Haushaltsplänen oder zum Stand einer Antragsbearbeitung, erfüllt. ▪ Die schnelle und kostengünstige Bereitstellung von Informationen, transparente und nachvollziehbare Prozesse und ein sicheres Datenmanagement erhöhen die Effizienz der öffentlichen Verwaltung.
Gesundheit	▪ Die Aus- und Weiterbildung von Personal im Gesundheitswesen wird erleichtert. ▪ Informationen, auch über sensible Themen wie HIV/AIDS oder Familienplanung, werden über Internetseiten, Handy-Applikationen oder Telefon-Hotlines leichter zugänglich. ▪ Die Kommunikation zwischen den verschiedenen Akteuren im Gesundheitswesen (etwa zwischen Kranken-

	stationen auf dem Land und Fachpersonal in entfernten Krankenhäusern) wird erleichtert. ■ Das Wissensmanagement und der Informationsaustausch, zum Beispiel zu Patienteninformationen wie Krankheiten oder Impfausweisen, werden verbessert. ■ Die Versorgung chronisch Kranker wird verbessert (beispielsweise durch SMS, die an die Einnahme wichtiger Medikamente erinnern).
Ernährung, ländliche Entwicklung und Landwirtschaft	■ Der Zugang zu Wettervorhersagen oder zu Informationen über neue Anbaumethoden, Saatgut und Schädlingsbekämpfung (etwa über SMS-Infodienste oder Internetforen) steigert die Produktivität in der Landwirtschaft.
Klima und Energie, Umwelt	■ Durch Einsatz von geografischen Informationssystemen (GIS) und von elektronischen Katasterverwaltungen wird dir nachhaltige Landnutzung unterstützt. ■ Die Beobachtung von Umweltveränderungen und -einflüssen wird durch geografische Informationssysteme erleichtert.
Nachhaltige Wirtschaftsentwicklung und Finanzsystementwicklung	■ Ein besserer Zugang zu wichtigen Marktinformationen (zum Beispiel zu Preisen) per Internet oder Mobilfunk (SMS) schafft ein erhöhtes Einkommen für Bauern und Kleinstunternehmer. ■ Weiterbildungen, etwa zum Thema Geschäftsmodelle für IT-Dienstleistungen, fördern mittlere, kleine und kleinste Unternehmen. ■ Die Einführung IKT-gestützter Managementsysteme steigert die Effektivität von Arbeitsabläufen. ■ Der Zugang zu IKT steigert die Wettbewerbsfähigkeit von Kleinstunternehmen; Online-Handel schafft neue Absatzchancen. ■ Standardisierte IKT-Anwendungen stärken die Integration in globale Wertschöpfungsketten. ■ IKT-basierte Dienstleistungen (etwa Informationskioske oder Vermietung von Gemeinschaftshandys) schaffen neue Einkommensmöglichkeiten.Finanzdienstleistungen werden, insbesondere durch Nutzung von Mobilfunktechnologie (Mobile Banking), besser zugänglich.

Abbildung 12: Einsatz von IKT in verschiedenen Themenbereichen (Quelle: BMZ (Bundesministerium für wirtschaftliche Zusammenarbeit und Entwicklung): Digitalisierung für Entwicklung, BMZ/Papier 1, Berlin 2019)

Um IKT effektiv für die Agenda 2030 zu nutzen, müssen die Regierungen dafür sorgen, dass der gesamte öffentliche Sektor, einschließlich der Erbringung von Dienstleistungen im Gesundheitswesen, Bildung, Energie und Infrastruktur durch eine hochwertige IKT-Infrastruktur unterstützt wird. Dabei sollte folgendes berücksichtigt werden (The Earth Institute Columbia University 2018, S. 17):

- Broadband connectivity of all public facilities by 2020.
- ICT training of all relevant public officials and service providers.
- ICT-based delivery systems for healthcare, education and infrastructure.
- Deployment of the Internet of Things (remote sensing and control of connected devices) for public infrastructure and environmental management.
- Encouragement of universities to scale up education and incubation of ICT solutions, including through partnerships with the business sector.
- Public-Private Partnerships (PPP) for ICT-enabled systems.
- Adoption of state-of-the-art indicators and real-time data collection to track progress against the SDGs.

Neben den bisher genannten Bereichen wird hervorgehoben, dass die Digitalisierung auch für eine positive wirtschaftliche Entwicklung einer Volkswirtschaft von hoher Relevanz ist. Dabei geht es primär um die Steigerung von Produktivität und Wirtschaftswachstum. Die bisherigen Forschungserkenntnisse zeigen jedoch positive Effekte nur für digitalisierungsintensive Branchen wie den IKT Sektor (Corrado, Jäger 2014, S. 13 ff). Dabei gelten die vorliegenden Forschungsergebnisse bisher jedoch primär für Industrieländer. Daher gibt es für Entwicklungsländer in diesem Bereich noch einen großen Forschungsbedarf. Das gilt auch für die Auswirkungen der zunehmenden Digitalisierung auf den Arbeitsmarkt. Tendenziell kann man davon ausgehen, dass die zunehmende Digitalisierung in Entwicklungsländern sich negativ auf die Beschäftigung auswirkt. Hier sind besonders die gering qualifizierten Arbeitskräfte gefährdet. So sind durch die Digitalisierung bis zu zwei Drittel aller aktuellen Arbeitsplätze in Gefahr (BMZ 2019, 1.2).

Weiterhin ist für die Umsetzung der Digitalisierung die starke Zunahme des Verbrauchs knapper Ressourcen wie seltene Erden zu erwähnen. Bei dem Abbau seltener Erden und Metalle kommt es, wie schon erwähnt, in der Regel auch zu einem hohen Wasserverbrauch und es bleiben hoch belastete Abwässer ungereinigt zurück. Nach der Schließung der Bergwerke findet in der Regel keine Renaturierung statt. Das hat für die lokale bzw. regionale Bevölkerung oft sehr negative Auswirkungen indem das Krankheitsrisiko stark ansteigt und landwirtschaftliche Nutzfläche verloren geht. So kommt es zu einer Privatisierung der Gewinne und zu einer Vergesellschaftung der Verluste, die Armut in den betroffenen Regionen oft verschärft.

Weiterhin verursacht die Digitalisierung sowohl bei der Produktion digitaler Geräte als auch bei der Nutzung bzw. Anwendung im Verhältnis zu vielen anderen Sektoren einen überproportional hohen und steigenden Energieverbrauch. Neben der Produktion von digitalen Geräten gilt das besonders für Rechenzentren und die Nutzung von Endgeräten. Daraus erklärt sich zunehmend die Forderung nach *„grünen Rechenzentren"*. Da in vielen Entwicklungsländern Energie noch ganz wesentlich mit Kohle erzeugt wird, führt die Digitalisierung zu einem steigenden CO_2 Ausstoß. So geht man davon aus, dass die Emissionen, die durch den Energieverbrauch der Digitalisierung verursacht werden, jenen des weltweiten Flugverkehrs entsprechen. Daraus lässt sich begründen, dass sich Digitalisierung und Klimaschutz - unter Berücksichtigung aller Vorteile der Digitalisierung - auf einem Kollisionskurs befinden.

In diesem Kontext fehlt bisher bei dem SDG 7 *„Zugang zu bezahlbarer, verlässlicher, nachhaltiger und moderner Energie"* und zu dem SDG 13 *„Bekämpfung des Klimawandels"* in dem Sinne ein klarer Bezug, dass sich diese beiden Ziele ergänzen sollten (Scholz 2017, S. 28). Abschließend ist festzustellen, dass die von der UN vorgelegte Agenda mit den 169 Unterzielen einen Rahmen vorgibt, der von den einzelnen Ländern auf die nationalen Gegebenheiten angepasst werden soll. Dabei sollte es darum gehen, Widersprüche und mangelnde Konkretisierungen zu vermeiden. Hier ist auch der Anspruch an die schon geforderte Politikkohärenz noch einmal zu erwähnen.

Die Agenda 2030 bedeutete für die Staaten weltweit eine Neuausrichtung ihrer nationalen Nachhaltigkeitsstrategie, wobei sich die Länder an dem UN-Dokument „Resolution der Generalversammlung, verabschiedet am 1. September 2015 – Entwurf des Ergebnisdokuments des Gipfeltreffens der Vereinten Nationen zur Verabschiedung der Post-2015-Entwicklungsagenda" orientieren sollten. Neu dabei ist, dass die nationalen Nachhaltigkeitsstrategien aller Länder auf der Agenda 2030 und den 17 SDGs einschließlich der Unterziele basieren und somit eine ähnliche Struktur haben sollten. Dabei weisen die nationalen Nachhaltigkeitsstrategien sowohl der Industrie- als auch der Entwicklungsländer einen unterschiedlichen Grad des Fortschritts auf.

Die folgenden Ausführungen wenden sich nun einigen Anforderungen an Nachhaltigkeitsstrategien zu. Nachhaltigkeitsstrategien zielen darauf ab, Prozesse und Maßnahmen wirtschaftlicher Entwicklung um positive soziale und ökologische Effekte zu erweitern bzw. negative Auswirkungen zu vermeiden oder zu begrenzen. Das erfordert aus der Sicht strategischer Planung, dass soziale und ökologische Ziele und Indikatoren festgelegt und von Beginn an in alle Politikbereiche integriert werden. Vergleicht man das mit dem Mainstream ökonomischen Denkens und politischer Entscheidungsfindung, so ist dieses strategische Vorgehen anspruchsvoll und innovativ, da es soziale und ökologische Belange z.B. in die wirtschaftspolitische Entscheidungsfindung in allen Sektoren (u.a. in die Landwirtschafts-, Energie-, Wachstums-, Regional- und Strukturpolitik) integriert (Scholz 2017, S. 25). Industrieländer können Entwicklungsländern bei methodischen Fragen wie der Erhebung von Daten für die Entwicklung von Indikatoren, aber auch bei der Entwicklung von Monitoring- bzw. Evaluierungskonzepten unterstützen (Stockmann, Meyer 2017, S.75 ff).

Die Definitionen und Leitlinien für Nachhaltigkeitsstrategien, die von der OECD und von der UN-Abteilung für wirtschaftliche und soziale Angelegenheiten (UNDESA) 2001/2002, d.h. schon vor mehr als 20 Jahren eingebracht wurden, werden auch heute noch als wichtige konzeptionelle Quellen betrachtet. Die OECD definiert eine Nachhaltigkeitsstrategie als

> "co-ordinated set of participatory and continuously improving processes of analysis, debate, capacity-strengthening, planning and investment, which seeks to integrate the short and long term economic, social and environmental objectives of society – through mutually supportive approaches wherever possible – and manages trade-offs where this is not possible." (OECD 2001, S. 25)

Die wirtschaftlichen, technologischen, gesellschaftlichen, politischen, ökologischen und kulturellen Unterschiede begründen, dass die Vielzahl von Entwicklungsländern hinsichtlich einer nationalen Nachhaltigkeitsstrategie eine unterschiedliche Ausgangssituation aufweisen. Weiterhin ist festzustellen, dass die Zielvorgaben, d.h. der Grad der Ambitioniertheit für das Ergebnis einer nationalen Nachhaltigkeitsstrategie von großer Bedeutung ist. Daher ist es notwendig sich in diesem Kontext nicht dem globalen Süden allgemein zuzuwenden. Das soll exemplarisch an Vietnam aufgezeigt werden

Exkurs: Die Entwicklung der nationalen Nachhaltigkeitsstrategie Vietnams

Die Regierung Vietnams legte im September 2012 ihr erstes Strategiepapier mit dem Titel „*Green Growth Strategy Vietnam*" vor und verpflichtete alle Akteure wie Ministerien, Unternehmen und Gewerkschaften dazu diese Strategie umzusetzen. Im Prinzip war das der Vorläufer der nationalen Nachhaltigkeitsstrategie. Die „*Green growth Strategy Vietnam*" basiert auf folgendem Grundsatz und sollte in dem Zeitraum 2011-2020 umgesetzt werden:

> "The Vietnam Green Growth Strategy (VGGS) aims to accelerate the process of economic restructuring in order to use natural resources efficiently, reduce greenhouse gas emissions through research and application of modern technologies, develop infrastructure to improve the entire efficiency of the economy, cope with climate change, contribute to poverty reduction, and drive economic growth in a sustainable manner."

Der erste Nationale Bericht Vietnams, in dem die Umsetzung der nachhaltigen Entwicklungsziele (SDG) aufgezeigt wird, wurde 2018 verfasst und präsentiert. Die Überprüfung der Strategie zeigt, dass Vietnam bei den meisten Zielen die erwarteten Ergebnisse erzielt hat. Dabei gilt jedoch zu berücksichtigen, dass es zwischen Regionen, sozioökonomischen Gruppen und bei der Gleichstellung der Geschlechter zu einer ungleichen Entwicklung gekommen ist. Das erklärt sich u.a. aus den Unterschieden zwischen städtischen und ländlichen, flachen und bergigen Regionen, aber auch durch die Besonderheiten ethnischer Minderheiten, die Unterschiede in der Nahrungsmittelproduktion und dem Zugang zur Trinkwasserversorgung.

Hinzu kommen die wachsenden Umweltprobleme wie Umweltverschmutzung (Luft, Wasser und Boden), Versalzung aufgrund des steigenden Meeresspiegels, Klimawandel und Erschöpfung der natürlichen Ressourcen, die sich auf die langfristige Entwicklung negativ auswirken (Phan et al. 2024). So stehen sich auch in Vietnam das Streben nach mehr Wirtschaftswachstum und der Erhaltung ökologischer Systeme konfliktär gegenüber. Daher hat Vietnam aufgrund der raschen wirtschaftlichen Entwicklung und des mangelnden Bewusstseins gegenüber den SDGs besonders bei den jüngeren Menschen noch keine großen Fortschritte in Richtung einer nachhaltigen Entwicklung vollzogen.

Die konkrete Situation lässt sich exemplarisch an dem Problem Mekong Delta verdeutlichen. Global ist festzustellen, dass Deltas im Rahmen des Klimawandels schrumpfen und der Wasserspiegel sinkt, wodurch die nationale und globale Ernährungssicherheit gefährdet wird. Zur Förderung des vietnamesischen Mekong-Deltas hat die Regierung Vietnams einen strategischen Raumordnungsplan auf der Basis unterschiedlicher Untersuchungen erstellt. Dabei wurde festgestellt, dass der Staat auch in diesem Kontext von zentraler Bedeutung ist um den Übergang zu einer nachhaltigen Entwicklung zu erleichtern. Er ist für rechtliche und institutionelle Innovationen zuständig, um dadurch die Beziehungen zwischen Zentralregierung und Behörden neu zu justieren.

Damit wird die Wirksamkeit der Politik erhöht. So kommen Hensengertha et al. zu der Schlussfolgerung:

> „Durch die Analyse der laufenden Umstrukturierung der landesweiten Governance-Regime und Ressourcenbeziehungen auf einer mehrstufigen Ebene betrachten wir den Staat als ein dynamisches, mehrstufiges System, in dem die Machtverteilung ständig in Bewegung ist. Diese Sichtweise ermöglicht es uns zu beobachten, wie Staaten mit Nachhaltigkeitskrisen umgehen." (Hensengertha et al. 2024, S. 91)

Diese Neukalibrierung der Beziehungen zwischen Zentralregierung und Lokalbehörden erfordert in Vietnam Investitionen in die Qualifizierung von Personal aber auch die Mobilisierung weiterer finanzieller Ressourcen und detaillierte Leitlinien für die Umsetzung.

Abschließend ist festzustellen, dass Vietnam bestrebt ist die Agenda 2030 mit den 17 SDGs umzusetzen. Erfolge wurden in den Bereichen Gleichstellung der Geschlechter, eine Verbesserung des Trinkwassers und der sanitären Einrichtungen in dem Zeitraum zwischen 2010 und 2021 erzielt. Weniger erfolgreich waren dagegen die Aktivitäten zu Gunsten ethnischer Minderheiten der nördlichen Bergregion und dem zentralen Hochland. In der Wirtschaft mangelt es weiterhin an Secure Copy Protocol (SCP)[1] Daten. Weiterhin hat Vietnam ein großes Potenzial an Solarenergie das bisher nur in geringem Maße genutzt wird. So beträgt die aktuelle Solar Energiekapazität nur knapp 10 % der Energiegewinnung. Weitere

---

1 SCP ist eine sichere und effiziente Methode zum Kopieren von Dateien und Verzeichnissen zwischen lokalen und entfernten Hosts oder zwischen zwei entfernten Hosts. Es wird häufig für die sichere Übertragung von Daten über ein Netzwerk verwendet.

Probleme, die bisher unzureichend gelöst werden konnten, sind die Auswirkungen des Klimawandels, die Umweltverschmutzung und eine qualifizierte Abfallentsorgung. Positiv zu registrieren sind dagegen Kohlenstoffsenken und der ökologische Landbau, die zur Verringerung von Umweltbelastungen beitragen. Weiterhin ist positiv zu vermerken, dass wissenschaftliche Untersuchungen wichtige Hindernisse zur nachhaltigen Entwicklung aufzeigen. So bestehen beispielsweise zwischen der nationalen Politik und der Provinzebene noch Abstimmungsprobleme.

Die Wirtschaft Vietnams ist auch aktuell noch in hohem Maße von importierten Ressourcen abhängig, was die Produktion beeinträchtigen kann. Dagegen zeigen verschiedene Studien gute Perspektiven für eine nachhaltige Tourismusentwicklung auf, wofür Quang Nam ein positives Beispiel ist. Die Regierung ist weiterhin um grüne ausländische Direktinvestitionen (FDI) bemüht (Hansengertha et al. 2024). Insgesamt gibt es jedoch noch einen großen Bedarf an jungen qualifizierten Nachwuchskräften zur weiteren Ausgestaltung und Umsetzung des Sustainable Development Programms.

Allgemein ist positiv zu werten, dass die UN-Mitgliedstaaten die relativ ambitionierte Agenda 2030 mit den darin vereinbarten Zielen nachhaltiger Entwicklung im September 2015 im Konsens verabschiedet haben. Hierfür werden verschiedene Gründe genannt. So wird besonders positiv bewertet, dass die UN-Arbeitsgruppe eine Arbeits- und Stimmverteilung quer zu den sonst üblichen Verhandlungsgruppen der UN aufwies. Dadurch konnten die eingefahrenen Nord-Süd-Konfliktmuster vermieden werden. Hinzu kommt die sehr gute Zusammenarbeit mit nichtstaatlichen Akteuren (Vertreter aus der Civil-Society). Es ist jedoch festzustellen: die Entwicklung und Verabschiedung der Agenda 2030 wäre heute auf globaler Ebene unter Berücksichtigung der vielen regionalen aber auch globalen Konflikte nicht noch einmal konsensfähig. Daraus begründet sich die Forderung die Chance, die die Agenda 2030 bietet, noch intensiver zu nutzen.

Bei einzelnen konkreten Themen bzw. Fragestellungen gibt es Dissens. Während im Jahr 2015 einerseits der Geist einer „neuen globalen Partnerschaft" beschworen wurde, gibt es bei den *„Common But Differentiated Responsibilities"*, z.B. bei der Aufteilung der Kosten, deutliche Meinungsunterschiede. Weiterhin gibt es Differenzen bei der Interpretation der Menschenrechte und bei Gender-Themen hinsichtlich der Rolle und den Rechten von Frauen. Eine gegensätzliche Position bzw. Widerspruch kam – wie nicht anders zu erwarten – von Saudi-Arabien, Russland und dem Heiligen Stuhl. Während die Interessenkonflikte in den Verhandlungen noch durch allgemeine Formulierungen überspielt werden konnten, werden sie heute bei der Umsetzung in zunehmendem Maße deutlich. Das gilt besonders für moslemische Entwicklungsländer.

Teilweise wird bei der Bewertung der Agenda 2030, d.h. wie die UN-Mitgliedstaaten die Zukunft gestalten wollen, auch nur von einem internationalen Minimalkonsens gesprochen. In jedem Fall setzt sich die Agenda 2030 von der konventionellen Entwicklungspolitik klar ab, indem sie in allen Politikbereichen einen Transformationsprozess fordert. Es kommt auch den Verbindungen zwischen den Zielen und den Zielbündeln eine deutlich größere Bedeutung zu (Kanie et al. 2017, S. 12). Bei der Umsetzung besteht jedoch noch ein großer Handlungsbedarf.

Insgesamt werden strukturelle Probleme wie militärische Konflikte, Korruption und menschenunwürdige Arbeit in den Mittelpunkt gestellt und haben damit einen prominenteren Stellenwert als in der bisherigen Entwicklungspolitik (Beisheim 2018, S. 8). Ähnliches gilt auch für negative Spill-Over-Effekte für den Finanz- und Handelsbereich, die in der Entwicklungspolitik bisher eher vernachlässigt bzw. verdrängt wurden. Noch zeichnet sich jedoch nicht ab, dass die Konflikte bzw. Konfliktpotenziale in den kommenden Jahren deutlich verringert werden.

Als *„Herzstück der UN-Nachhaltigkeitsarchitektur"* gilt das hochrangige politische Forum zu nachhaltiger Entwicklung (High-level Political Forum on Sustainable Development, HLPF). Das HLPF wurde 2013, d.h. zwei Jahre vor der Verabschiedung der Agenda 2030, verabschiedet. Daraus begründet sich, dass die Arbeitsmethoden und die praktische Umsetzung, mit denen das Forum arbeitet, noch nicht dem Niveau der Ambitionen der Agenda 2030 entsprechen. Daher haben sich die UN-Mitgliedsstaaten bereits 2016 dazu entschieden, das Format und auch die organisatorischen Rahmenbedingungen zu überprüfen. Es geht um die grundsätzliche Entscheidung, ob ausführlichere Sitzungen angestrebt werden sollten, um die überfrachteten Programme bewältigen zu können, oder ob sie das Mandat inhaltlich verschlanken sollen (Beisheim 2018, S. 31).

Das Forum wird jährlich unter der Schirmherrschaft des Wirtschafts- und Sozialrats (ECOSOC) für acht Tage einberufen, darunter ein dreitägiges Ministertreffen. Das Forum führt regelmäßig eingehende Überprüfungen der Fortschritte bei den Zielen für nachhaltige Entwicklung durch und umfasst freiwillige nationale Überprüfungen, bei denen die Länder die Ergebnisse ihrer nationalen Fortschrittsüberprüfungen vorstellen, um die Umsetzung der Agenda 2030 zu beschleunigen. Das HLPF bringt Minister und hochrangige Vertreter von Regierungen sowie ein breites Spektrum an Fachleuten und Interessengruppen zusammen, darunter Leiter von UN-Einrichtungen, Wissenschaftler und andere Experten sowie Vertreter wichtiger Gruppen und anderer Interessengruppen. Das Forum unter der Schirmherrschaft des ECOSOC und des ECOSOC-Hochrangigen Segments verabschiedet eine ausgehandelte Ministererklärung.

Die folgenden Ausführungen beschränken sich auf wesentliche Aspekte des High Level Political Forum 2025:

> "The 2025 HLPF with full appreciation for the integrated, indivisible and interlinked nature of the Sustainable Development Goals, will conducted in-depth reviews of: SDG 3. Ensure healthy lives and promote well-being for all at all ages; SDG 5. Achieve gender equality and empower all women and girls; SDG 8. Promote sustained, inclusive and sustainable economic growth, full and productive employment and decent work for all; SDG 14. Conserve and sustainably use the oceans, seas and marine resources for sustainable development; and SDG 17. Strengthen the means of implementation and revitalize the Global Partnership for Sustainable Development.
> The 2025 HLPF brought together over 100 ministerial and high-level representatives of governments, as well as a wide range of expertise and stakeholders, including heads of UN entities, academics and other experts, and over 800 representatives of major groups and other stakeholders and non-government organizations with ECOSOC status, including 300 youth. The countries presenting voluntary national reviews (VNRs) of their 2030 Agenda implementation at the national level can be found *here*."

Defizite hinsichtlich der Ausgestaltung und Umsetzung der Agenda 2030 im Rahmen einer nationalen Nachhaltigkeitsstrategie beginnen in Entwicklungsländern häufig auf nationaler Ebene. Sie werden exemplarisch aufgezeigt. Der Ausgangspunkt ist: der Staat ist primär für die Erstellung und Implementierung einer nationalen Nachhaltigkeitsstrategie zuständig. Daher muss er zunächst die institutionelle Verortung und die Koordination zwischen den staatlichen Trägern klären. Da der Transformationsprozess, der durch die nationale Nachhaltigkeitsstrategie realisiert werden soll, alle Politikbereiche einschließt, muss eine effiziente Koordination zwischen allen verantwortlichen Ministerien angestrebt werden. Für die Messung des Fortschritts einer Nachhaltigkeitsstrategie sind klar formulierte Ziele, die einen konkreten Auftrag und eine klare zeitliche Vorgabe der Realisierung festlegen, unabdingbar. In vielen Entwicklungsländern gibt es bei der institutionellen Verortung aber auch hinsichtlich einer qualifizierten Wahrnehmung der Koordination, Ausgestaltung und Umsetzung der nationalen Nachhaltigkeitsstrategie noch ein großes Verbesserungspotenzial. Das gilt besonders bei der Qualifizierung der Verantwortlichen und der Steigerung der Effizienz und Kohärenz.

Zwischen den 17 SDGs und den 169 targets soll eine Vernetzung angestrebt werden bzw. Zielbündel gebildet werden, um Synergieeffekte zwischen den Zielen zu nutzen und Zielkonflikte zu vermieden. Es wird empfohlen bei der Mehrzahl nationaler Nachhaltigkeitsstrategien eine deutlich geringere Zahl von Unterzielen und Indikatoren festzulegen. Die Nachhaltigkeitsstrategie Deutschlands, die im Januar 2017 veröffentlicht wurde, basierte ursprünglich auf 63 Unterzielen. Bei einer Fortschreibung der Nachhaltigkeitsstrategie können die Ziele und Indikatoren erweitert werden. Bei der Umsetzung des Transformationsprozesses gilt jedoch zu berücksichtigen, dass nicht alle Ziele zeitgleich umgesetzt werden können. Entsprechend der Dringlichkeit der nationalen Probleme ist es daher sinnvoll Prioritäten zu setzen.

Die Messung des Fortschritts der Nachhaltigkeitsstrategie kann z.B. durch das von Deutschland präferierte System erfolgen. Damit wird erkennbar, welche Ziele in welchem Maße erreicht wurden bzw. wo die *„Entwicklung in die falsche Richtung“* geht. Bei der nationalen Nachhaltigkeitsstrategie Deutschlands von 2017 wurden 21 Ziele (nahezu) erreicht, 6 Ziele deren Entwicklung in die richtige Richtung gingen, aber Zielverfehlungen zwischen 5 und 20 % aufwiesen, 20 Ziele, bei denen die Entwicklung in die richtige Richtung ging, aber Lücken von mehr als 20 % verblieben und 9 Ziele, bei denen die Entwicklung in die falsche Richtung ging (v. Hauff, Schulz, Wagner 2018, S. 130 ff).

 Ziel wird (nahezu) erreicht

 Entwicklung geht in die richtige Richtung, aber Zielverfehlung zwischen 5 und 20 Prozent bleiben

 Entwicklung in die richtige Richtung, aber Lücke von mehr als 20 % verbleibt

 Entwicklung in die falsche Richtung

Abbildung 13: Klassifizierung des Zielerreichungsgrades (Quelle: Die Bundesregierung 2017, S.35)

Für die Vorgabe bzw. Auswahl von Zielen bzw. für die inhaltlichen Anforderungen an Ziele gibt es eine Reihe von Qualitätskriterien die zu erfüllen sind. Ziele müssen einen klaren Auftrag aufweisen was erreicht werden soll und sie müssen durch Indikatoren quantifizierbar sein. Sonst ist der Fortschritt nicht messbar. Da Ziele oft einen Kompromiss zwischen gegensätzlichen Interessen einer Gesellschaft widerspiegeln, entziehen sie sich oft einem konkreten Auftrag. Für die Festlegung der relevanten Indikatoren fehlen in vielen Entwicklungsländern qualifizierte bzw. belastbare statistische Grundlagen.

Es reicht jedoch nicht aus, wenn internationale Organisationen die notwendigen Statistiken erstellen ohne nationale Fachkräfte in diesen Prozess mit einzubeziehen. Weiterhin ist wichtig, dass bei der inhaltlichen Vorgabe der Ziele die Anforderungen einerseits realistisch und andererseits in ausreichendem Maße ambitioniert sind. Ist die Zielvorgabe schon weitgehend realisiert, lässt sich nur ein geringer Fortschritt erreichen. Hier besteht die Gefahr, dass eine Nachhaltigkeitsstrategie den *„Weg des geringsten Widerstands geht."* Ist die Zielvorgabe zu ambitioniert, lässt sie sich kaum erreichen und löst Frustrationen aus, die den Prozess zu einer nachhaltigen Transformation belasten. Die Effizienz einer Nachhaltigkeitsstrategie hängt aber auch ganz wesentlich von der Wahl der Instrumente bzw. Maßnahmen, die zu einer Umsetzung eingesetzt werden, ab.

Die Effizienz einer nationalen Nachhaltigkeitsstrategie wird auch dadurch bestimmt, dass die inhaltliche Ausgestaltung bzw. die Zielwerte der 17

SDGs in ausreichendem Maße kritisch reflektiert und gegebenenfalls weiter konkretisiert werden. Das lässt sich an dem SDG 1 wie folgt verdeutlichen: es muss zunächst analysiert werden, wie hoch die Armutsquote bisher war und welche Armutsquote in Zukunft angestrebt wird. Hier geht es also wieder um die Frage, wie ambitioniert die Zielsetzung bzw. der vorgegebene Zielwert ist. Als Indikator zur Messung der Armut werden in der Regel nur die materielle und erheblich materielle Deprivation herangezogen. Es bleibt bei dem Ziel *„Armut in jeder Form überall beenden"* oft unberücksichtigt, dass es keine armutsfeste Alterssicherung gibt. Weiterhin gilt zu berücksichtigen, dass der Human Development Indicator grundsätzlich ein breiteres Armutsverständnis wiederspiegelt, als der Armutsindikator der Weltbank, der sich am verfügbaren Einkommen orientiert. Daher ist es wichtig, alle 17 SDGs hinsichtlich ihrer inhaltlichen Ausgestaltung kritisch zu analysieren und dort zu konkretisieren, wo dies erforderlich ist.

Schließlich ist noch zu berücksichtigen, dass die Förderung nationaler Entwicklungsstrategien in Entwicklungsländern durch internationale Organisationen auch neue Anforderungen an die Evaluierungspraxis stellt. Hierzu gibt es neue Untersuchungen bzw. Forschungsergebnisse, die Erfolge aber auch Defizite aufzeigen. So zeichnet sich z.B. die deutsche Entwicklungszusammenarbeit durch einen hohen Deckungsgrad bei der Evaluierung aus. Es wurde aber auch deutlich, dass die Evaluierungsqualität auf Modulebene noch verbessert werden kann. Diese Erkenntnisse sollten verstärkt in der Entwicklungszusammenarbeit auch auf internationaler Ebene berücksichtigen werden (DEval 2018).

7 Leistungsfähige Good-Governance-Strukturen als Bedingung für die Implementierung der Agenda 2030 – Am Beispiel Indiens

Parallel zu der wachsenden Bedeutung nachhaltiger Entwicklung und ihrer Konkretisierung durch die Agenda 2030 mit den 17 SDGs kam es in vielen Entwicklungsländern zu einer intensiven Diskussion zu dem Thema „Good Governance". Nuscheler und Wittmann sprechen sogar von einem Boom des Konzepts Governance.

> „Prior to the rise of the normative concept of good governance to become the key concept of international development discourse was a rise of the concept of governance in various scientivic disciplines." (Nuscheler, Wittmann 2017, S. 91)

Dabei lässt sich feststellen, dass es im Prinzip vielfältige Beziehungen zwischen dem Konzept Good Governance und der Agenda 2030 gibt. So wird festgestellt, dass sich Good Governance zu einer grundlegenden Voraussetzung für nachhaltige Entwicklung, demokratischer Konsolidierung und effektiver Erbringung öffentlicher Dienstleistungen im heutigen Indien entwickelt hat. Das Konzept hat seine Wurzeln in der alten indischen politischen Philosophie verankert und hat im Kontext der modernen demokratischen Regierungsführung eine neue Bedeutung erlangt (Sahoo et al. 2025). Dieses Kapitel geht somit von der These aus, dass Good Governance Strukturen in einem Land die Voraussetzung für eine erfolgreiche Konzipierung und Umsetzung einer nationalen Nachhaltigkeitsstrategie sind. Die Zusammenführung von Good Governance und der Agenda 2030 wird besonders in SDG 16 deutlich bzw. gefordert:

> „Friedliche und inklusive Gesellschaften für eine nachhaltige Entwicklung fördern, allen Menschen Zugang zur Justiz ermöglichen und leistungsfähige, rechenschaftspflichtige und inklusive Institutionen auf allen Ebenen aufbauen."

Hierzu stellt Sachs fest:

> "This goal calls for the reduction of violence, the defense of the rule of law, the end of human trafficking[1], the promotion of inclusive and transparent institutions of governance, and the protection of fundamental freedoms." (Sachs 2016, S. 489)

Betrachtet man die Beziehung zwischen Good Governance und nachhaltiger Entwicklung näher, so lassen sich verschiedene Beziehungsebenen aufzeigen. Das *Development Assistance Committee (DAC)* der OECD führt in ihrer Resolution *„Development Cooperation in the 1990s"* im Zusammenhang mit *„participatory development"* die folgenden Kriterien auf, die einen starken Bezug zu nachhaltiger Entwicklung und damit auch zur Agenda 2030 haben. Dieser Bezug ist primär auf Entwicklungsländer ausgerichtet:

- promoting sustainable economic growth,
- enabling broader participation of all the people in the productive process and a more equitable sharing of their benefits,
- ensuring environmental sustainability and slowing population growth in those many countries where it is too high to permit sustainable development.

In diesem Kontext basiert Good Governance stark auf dem Prinzip der Partizipation, das auch für nachhaltige Entwicklung von zentraler Bedeutung ist. Sachs dagegen ordnet Good Governance neben den drei Dimensionen der ökologischen, wirtschaftlichen und sozialen Inklusion als vierte Dimension nachhaltiger Entwicklung zu. Das begründet er wie folgt:

> „Good governance will play a central role in the eventual success or failure of the SDGs, so it behooves us to think clearly what we really mean by the term." (Sachs 2015, S. 502)

Diese Erweiterung nachhaltiger Entwicklung durch eine vierte Dimension erscheint jedoch nicht erforderlich. Good Governance ist als Querschnittsanforderung nachhaltiger Entwicklung zu verstehen. Good Governance lässt sich aber auch der sozialen Dimension nachhaltiger Entwicklung zuordnen. So gibt es Normen bzw. Regeln im Kontext der sozialen Dimension, die auch für Good Governance von zentraler Bedeutung sind. Dabei gilt zu berücksichtigen, dass die Regeln einer Regierung zur Umsetzung der SDGs sich in den verschiedenen Ländern aus den genannten Gründen

---

1 Trafficking bezieht sich auf Menschenhandel, bei dem die persönliche Zwangslage eines Menschen ausgenutzt wird, um ihn auszubeuten, sei es als Prostituierte, als Arbeitskraft oder in anderen Formen.

unterscheiden können. Anders formuliert: für die Umsetzung der SDGs gibt es kein einheitliches Set von *„Governance Rules"*.

Good Governance ist heute allgemein ein wichtiger Bereich der entwicklungspolitischen Diskussion bzw. der Entwicklungszusammenarbeit. Das Fehlen bzw. Versagen oder die unzureichende Funktionsweise von Regierungen und öffentlicher Institutionen in vielen Entwicklungsländern ist seit Jahrzehnten ein hinreichend bekanntes Problem. Es besteht international ein breiter Konsens, dass dies ganz wesentlich die mangelnde Entwicklung vieler Entwicklungsländer mit begründet. Es war vor allem die Weltbank, die dieses Thema aufgriff und konkretisierte. Daraufhin hat Good Governance auch außerhalb der Weltbank eine wachsende Beachtung erfahren.

Die Weltbank hat Anfang der neunziger Jahre unter dem Begriff von Good Governance ein Anforderungsprofil für Staaten und öffentliche Verwaltungen entworfen. Das Thema fand besonders in der politikwissenschaftlichen entwicklungsländerbezogenen Diskussion eine breite Zuwendung. Im Folgenden wird das Thema Good Governance jedoch mehr aus ökonomischer Perspektive erläutert. Aus der Sicht der Ökonomie kann besonders die Neue Politische Ökonomie eine wichtige Begründung geben. Auffällig ist jedoch, dass der Zusammenhang von Good Governance und Sustainable Development bisher in der nachhaltigkeitsökonomischen Literatur kaum diskutiert wurde. Am Beispiel von Indien lässt sich das Thema gut verdeutlichen. Viele Erkenntnisse in diesem Kapitel lassen sich aber auch auf andere Entwicklungsländer zumindest in ähnlicher Form übertragen.

In Abschnitt 7.1 wird die theoretische Begründung von Good Governance aus der Perspektive der Neuen Politischen Ökonomie aufgezeigt. Dies führt zu ersten Erkenntnissen der Relevanz für Indien und zu Schlussfolgerungen hinsichtlich der Stärkung von Good-Governance-Strukturen. In Abschnitt 7.2 folgt eine kurze Darstellung ausgewählter Strukturmerkmale Indiens im Kontext von Good Governance. Dieses Kapitel beschränkt sich also nicht auf allgemeine Begründungszusammenhänge von Good Governance und dem Leitbild nachhaltiger Entwicklung, sondern wird am Beispiel Indiens konkretisiert. In Abschnitt 7.3 werden die beiden Bereiche Bürokratie und Korruption, die im Kontext von Good Governance eine besondere Bedeutung haben, exemplarisch für Indien erläutert. Daraus lässt sich ableiten, in welchem Maße die Rahmenbedingungen von Good Governance für das Leitbild nachhaltiger Entwicklung in Indien schon gegeben sind bzw. noch gestärkt werden sollten.

7.1 Politische Ökonomie von Good Governance

Gute Regierungsführung hat sich für Entwicklungsländer und somit auch für Indien als ein zentrales Anliegen und eine Notwendigkeit herausgestellt, um Gerechtigkeit mit Effizienz und gesellschaftlichem Wohlergehen, auf das nach der Agenda 2030 die Bürger Anspruch haben, zu erreichen. Seit den Anfängen der sozialen und politischen Historie haben Governance-Stile, die auf den damals vorherrschenden Wertesystemen und Organisationsstrukturen basierten, die bestehenden gesellschaftlichen Institutionen geprägt. So kommen Singh und Barpujari zu der Erkenntnis: *„Governance in this sense is as old as human history."* (2017, S. 1) Das Thema wurde dann von der Weltbank „neu entdeckt, jedoch nicht erfunden".

Es ist festzustellen, dass die Aufgaben und Funktionen von Staat und Verwaltung in Entwicklungsländern erst in den Jahren 1983 und 1988 in Berichten der Weltbank kritisch reflektiert wurden. Der konkrete Anlass für die Weltbank, sich diesem Thema gezielt zuzuwenden, war schließlich in der zweiten Hälfte der 1980er Jahre die ökonomische und soziale Fehlentwicklung im südlichen Teil Afrikas. Wesentliche Ursachen für die wirtschaftliche und soziale Fehlentwicklung identifizierte die Weltbank besonders bei den Defiziten im institutionellen Umfeld von Staat und Verwaltung. Diese Fehlentwicklungen wurden mit der Begrifflichkeit *„bad"*bzw. *„poor"*Governance charakterisiert. Es kam dann von einer ursprünglich negativ besetzten Begrifflichkeit zu einer Umkehrung, d. h. *zu „Good Governance"*. Die von der Weltbank festgestellten Mängel wurden in eine positive Strategie von Good Governance eingebracht.

> „Ins Blickfeld rückten damit die staatlichen Institutionen und Strukturen, die Entscheidungsfindungsprozesse bzw. das Leistungsvermögen bei diesbezüglicher Implementierung sowie das Verhältnis zwischen Regierung und Verwaltung einerseits und der Gesellschaft andererseits." (Theobald 2000, S. 95)

Insofern ist die Problemstellung der Weltbank auf *„gute Regierungsführung"* sicher zu eng, worauf später noch einmal Bezug genommen wird. In diesem Zusammenhang wird der inhaltliche Bezug zur Neuen Politischen Ökonomie (NPÖ) deutlich (Neck, Schneider 2013). Die Neue Politische Ökonomie ist im englischen Sprachraum unter Public-Choice-Theorie bekannt (Fischer 2015, S. 99). Gegenstand der Analyse ist das Verhalten von Politikern, Bürokraten und Interessenvertretern (Lobbyisten).

Die Analyse basiert auf dem ökonomischen Instrumentarium. Danach werden Politiker, Bürokraten und Interessenvertreter nicht als *„wohlwollende Diktatoren"*, die ihre Politik primär zur Förderung der Wohlfahrt bzw. des Wohlergehens aller Bürger konzipieren, betrachtet, wie das noch in der traditionellen Wohlfahrtstheorie unterstellt wird. In der Neuen Politischen Ökonomie werden also die Formen und Mechanismen der Koordination zwischen Staat, Wirtschaft und Gesellschaft analysiert und thematisiert. Dabei geht es vor allem auch um Prozesse der kooperativen Entscheidungsfindung. Ausgangspunkt ist das Verhaltensmuster von *„Homines oeconomici"*, die typischerweise versuchen, unter den für sie gegebenen Rahmenbedingungen ihren eigenen Nutzen zu maximieren, was dem Leitbild nachhaltiger Entwicklung entgegensteht (v. Hauff 2021, S. 20 ff). Als Beispiel werden oft Wahlgeschenke an gut organisierte bzw. mächtige Interessengruppen genannt. Die Handlungen der Regierung als Agent bzw. Anbieter politischer Maßnahmen (politische Güter) müssen daher nicht mit den Interessen der Bürger als Prinzipale bzw. Nachfrager oder zumindest einem großen Teil der Bürger übereinstimmen. Die daraus entstehenden Konflikte werden allgemein als Principal-Agent-Probleme bezeichnet.

Es wurde in diesem Zusammenhang zunehmend erkannt, dass die Wohlfahrt bzw. das Wohlergehen der Bevölkerung besonders in Entwicklungsländern durch eine eigennützig handelnde Elite aufgrund von Korruption und *rent seeking* reduziert wird. Dabei versteht man unter rent seeking Eingriffe von Politikern und Bürokraten, die zu neuen Eigentumspositionen zu ihren Gunsten führen. Auslandskonten von Regierungsmitgliedern sind hierfür ein typisches Beispiel. In diesem Sinne werden privilegierte und staatlich geschützte *„Rentenpositionen"* geschaffen. Da es jedoch *bei rent seeking* aus gesamtgesellschaftlicher Perspektive nicht um eine Zunahme von produktiven Leistungen, sondern um eine Umverteilung des bisher Produzierten geht, lassen sich rent seeking-Aktivitäten gerade auch im Kontext nachhaltiger Entwicklung als gesellschaftlich unproduktiv und unerwünscht einordnen. Weiterhin kommt es zu einer Umverteilung, die von einer privilegierten Gruppe zu ihrem eigenen Vorteil vorgenommen wird und die zu einer Erhöhung der Ungleichverteilung beiträgt, was zu sozialen Unruhen führen kann (Stiglitz 2022, S. 169 ff, Piketty 2022). Das widerspricht ebenfalls dem Leitbild nachhaltiger Entwicklung, wie in Kapitel vier aufgezeigt wurde.

In dem Anforderungsprofil der Weltbank sind Demokratisierungsforderungen nicht enthalten, was immer wieder kritisiert wurde. So stellt beispielsweise Nuscheler fest, dass es widersprüchlich sei, einerseits die Verantwortlichkeit der Regierenden, Rechtsstaatlichkeit und die Wahrung der Menschenrechte zu fordern, ohne gleichzeitig die politische Systemfrage zu stellen (Nuscheler 2016, S. 398). Dem Thema Good Governance kommt in den vergangenen Jahren in vielen Weltentwicklungsberichten eine große Bedeutung zu und wird somit auch zu einem wichtigen Strategieelement der Weltbank.

Die Fokussierung von Good Governance auf die Staatsführung, die zu einer optimalen Funktionsfähigkeit von Märkten beitragen soll, wie sie beispielsweise bei der Weltbank, aber auch bei anderen internationalen Organisationen zu finden ist, wird jedoch schon früh kritisiert. So gibt schon Lakshman (2003) zu bedenken, dass Good Governance eine sehr viel größere Reichweite haben muss. In diesem Zusammenhang weist er auf die Poverty Reduction Strategy (PRS) der Asian Development Bank als eine *„Crosscutting Priority"* hin. Aber wie auch im Kontext der Agenda 2030 (vgl. Abschnitt 3.4) vorgestellt wurde, ist diese inhaltliche Abgrenzung zu eng.

Exemplarisch kann in diesem Zusammenhang festgestellt werden, dass es nicht nur um die Existenz von Strategien z.B. der Armutsverringerung, sondern um die politische Gestaltung und Durchsetzung einer Armutsbekämpfungspolitik geht, die an den Ursachen ansetzt. Es geht also darum,

> „to understand the political economy factors that determine the effectiveness of poverty alleviation policies (Lakshman 2003, S. 2)."

Neben der Armutsbekämpfung könnte in diesem Zusammenhang auch die Ursachenbekämpfung für die anderen SDGs aufgezeigt werden.

Exkurs: Armutsvermeidung

Zu dem Thema der Armutsvermeidung gab es bereits in den 1990er Jahren eine sehr grundsätzliche Diskussion. So stellte Stiglitz (1996) in diesem Zusammenhang die interessante Frage, warum es in ostasiatischen Ländern zu der beeindruckenden ökonomischen Entwicklung mit einer relativ geringen Armut gekommen ist. Diese Länder werden vielfach als *„Miracle Economies"* bezeichnet und eingeordnet. Stiglitz kommt zu der Schlussfolgerung, dass das wirkliche Mirakel des ostasiatischen Raums eher politisch als ökonomisch zu begründen ist. Für ihn geht es um die Frage, warum Regierungen eine Politik anstrebten und umsetzten, die zu diesem wirtschaftlichen Aufstieg führte. Die Alternative wäre, dass die politischen Akteure ihre eigenen Interessen stärker durchgesetzt und sich damit auch entsprechend bereichert hätten (Stiglitz 1996, S. 174). In diesem Zusammenhang weist Quibria (2002) darauf hin, dass die Miracle Economies sich durch autoritäre Regime auszeichneten. Stellt man diese Erkenntnis der Situation von Indien gegenüber, so wird deutlich, dass das demokratische System Indiens bei der Armutsbekämpfung deutlich langsamer war als die autoritären Regime der Miracle Economies (Quibria 2002, S. 62 ff).

Es ist jedoch vor einer Vereinfachung dieser Erkenntnis zu warnen. Man sollte nicht davon ausgehen, dass Demokratien oder autoritäre Regime alleine schon eine Armutsverringerung erschweren oder garantieren können. Auch Overland et al. (2000) geben zu bedenken, dass diese Position keineswegs generell gilt. So gibt es in der Region auch autoritäre Regime bzw. Diktaturen, die einen rapiden wirtschaftlichen Niedergang mit steigender Armut aufweisen. Ein *„negatives Beispiel"* hierfür ist Myanmar. Während Myanmar/Burma noch in den 1950er Jahren zu den aufstrebenden Ländern der Region gehörte, kam es ab Ende der 1950er Jahre durch autoritäre Regime zu einem dramatischen wirtschaftlichen Verfall und Abstieg. Nachdem es 2011 seit den 1950er Jahren zu ersten freien Wahlen kam, zeichnet sich eine leichte wirtschaftliche Verbesserung ab. Dies lässt sich in einem politikökonomischen Modell anhand der Überlebensstrategie des autoritären Regimes bzw. Diktators erklären, wie noch aufgezeigt wird (Overland et al. 2000, S. 1 ff).

Zunächst ist jedoch die empirische Evidenz, wonach autoritäre Regime in dieser Region wirtschaftlich erfolgreicher sind, offensichtlich: Eine starke und autokratische Führerschaft in einigen Entwicklungsländern war ein essenziell wichtiger Faktor für ein rasches Wirtschaftswachstum und gleichzeitig auch für eine starke Armutsverringerung. Als Beispiele können Südkorea, Singapur, Hongkong, Taiwan aber auch China in den 1960er und 1970er Jahren, Thailand in den 1970er und 1980er Jahren und schließlich Indonesien in den 1980er und frühen 1990er Jahren genannt werden.

Dieser Zusammenhang, der auf den ersten Blick sehr überzeugend ist, sollte jedoch im Kontext von Good Governance kritisch hinterfragt werden. Zunächst ist zu berücksichtigen, dass autoritäre Regime neben ihrem wirtschaftlichen Erfolg auch viele gesellschaftspolitische Probleme verursacht haben bzw. auch heute noch verursachen. Beispielhaft ist die Verletzung von Menschenrechten, aber auch die Unterdrückung freiheitlicher gesellschaftlicher Strukturen wie z. B. das Verbot von Interessenverbänden zu nennen, wie das in Südkorea lange zu beobachten war. Auch China ist hierfür ein offensichtliches Beispiel. Daher stellt sich die Frage, ob demokratische oder autoritäre Regierungen bei der Einführung und Umsetzung einer Nachhaltigkeitsstrategie erfolgreicher sind. Hierzu gibt es noch einen großen Forschungsbedarf.

Aus ökonomischer Sicht kann man in diesem Zusammenhang von Opportunitätskosten sprechen, die besonders den Gegnern des autoritären Regimes entstehen, wenn sie für ihre – nach demokratischen Regeln – legitimen Forderungen bestraft werden. Opportunitätskosten entstehen also Wirtschaftssubjekten bzw. Bürgern, wenn sie sich für eine Entscheidungsalternative entschließen die der Position des Regimes widerspricht. Damit gehen ihnen die Vorteile, die ihnen die anderen Alternativen gebracht hätten, verloren. Es besteht kein Zweifel, dass autoritäre Regime mit der indirekten Methode der Armutsbekämpfung, die grundsätzlich wachstumsorientiert ist, im Sinne rascher ökonomischer Erfolge erfolgreicher als demokratische Regime mit der direkten Methode z. B. von Einkommenstransfers sind. Es ist jedoch unbestritten, dass sich autoritäre Regime negativ auf die Anforderungen von Good Governance, z.B. auf Partizipation und Freiheitsrechte einer Gesellschaft, auswirken.

Aus der Perspektive der Neuen Politischen Ökonomie besteht der Unterschied hauptsächlich darin, dass die direkte Methode in demokratischen Ländern klar und transparent ist und von den unterschiedlichen politischen Parteien bzw. Interessengruppen gefordert wird. Gleichzeitig gibt es in der Regel jedoch zwischen den regierenden Parteien bzw. der Regierung und den Oppositionsparteien, aber auch zwischen den gesellschaftlichen Interessengruppen intensive Kontroversen über die „richtigen bzw. notwendigen Maßnahmen zur nachhaltigen Entwicklung“. Das kann effiziente oder notwendige Entscheidungen hinsichtlich einer nachhaltigen Armutsreduktion be- bzw. verhindern. Dieser Effekt kann bei schwachen Regierungen, d. h. bei einem hohen Grad an Korruption bzw. bei Unvermögen, Entscheidungen durchzusetzen, noch verstärkt werden. Hier könnte der Digitalisierung eine positive Bedeutung zukommen (vgl. Exkurs Digitalisierung in Abschnitt 6.2).

Es wurde aufgezeigt, dass die Rahmenbedingungen Indiens im Zusammenhang von Good Governance zunächst positiv zu beurteilen sind. Nun kommt das Dilemma: Es konnte aus der Perspektive der Neuen Politischen Ökonomie begründet werden, warum Indien wirtschaftlich, d. h. auch bei der Armutsbekämpfung lange Zeit weniger erfolgreich war als eine Reihe südost- und besonders ostasiatischer Länder, obwohl diese eine schlechtere Performance, gemessen an den Anforderungen des Paradigmas von Good

Governance, hatten. Die Differenzierung bzw. Klassifizierung in bestimmte Ländertypen wie demokratische Staaten mit schwachem oder starkem Staat oder schwach oder stark autoritäre Regime reicht nicht aus, um daraus eindeutige Erkenntnisse für die Begründung der wirtschaftlichen Entwicklung ableiten zu können. Aus diesem Grund stellt sich die Frage, in welchem Maße Indien dem Anspruch von Good Governance gerecht wird bzw. wo die Stärken und Schwächen hinsichtlich der Gestaltung und Umsetzung von Good Governance Strukturen liegen.

7.2 Ausgewählte Strukturmerkmale Indiens im Kontext von Good Governance

Mit mehr als 1,4 Milliarden Einwohnern, 28 Bundesstaaten, 8 Unionsterritorien und über 250.000 lokalen Behörden ist Indiens Verwaltungs- und Politiksystem das größte und komplexeste der Welt. Es gibt eine Vielzahl von politischen Parteien, die – wie in anderen etablierten Demokratien auch – sich in einem politischen Wettbewerb zueinander befinden, der nach demokratischen Regeln, d.h. im Rahmen von Wahlen, ausgetragen wird. In Indien ist die Existenz und Pluralität von Interessenorganisationen weitgehend gewährleistet. Es besteht ferner eine unabhängige und eigenständige Justiz. Positiv hervorzuheben ist weiterhin die relativ friedliche Koexistenz verschiedener Religionen und der kulturellen bzw. ethnischen Vielfalt, wobei seit mehreren Jahren zunehmend Konflikte sichtbar werden.

Laut den Worldwide Governance Indicators 2024 der Weltbank erreicht Indien bei der Effektivität der Regierungsführung einen Wert von 54,8 (Perzentilrang) – deutlich über dem globalen Median, aber hinter China (67,3) und Brasilien (57,9) und weit hinter entwickelten Demokratien wie den USA (91,8). Der Human Development Report der Vereinten Nationen (2024) stuft Indien auf Platz 134 von 193 Ländern ein, mit anhaltenden Defiziten in den Bereichen Gesundheit, Bildung und Geschlechtergleichstellung. Indiens Regierungsführung ist ein Paradoxon, fähig zu Innovationen von beachtlicher Dimension, aber dennoch von endemischen Misserfolgen geprägt (Singh 2025).

Daher müssen die positiven Strukturmerkmale kritisch hinterfragt werden. Das soll an zwei ausgewählten Beispielen kurz aufgezeigt werden. Obwohl die Demokratisierung Indiens auch von Drèze und Sen anerkannt wird, weisen sie gleichzeitig auf die vielen Unzulänglichkeiten und Pannen bei dem Prozess zur Demokratie hin. Sie zeigen das am Beispiel des Versagens der Medien auf, die nicht ernsthaft bemüht sind, die faktischen Ungerechtigkeiten und Unzulänglichkeiten des wirtschaftlichen und gesellschaftlichen Lebens zu verdeutlichen (Drèze, Sen 2014, S. 21).

Ein weiteres Problem im Kontext nachhaltiger Entwicklung ist, dass die hohen Wachstumsraten nur einen relativ kleinen Teil der Bevölkerung erreichen, weshalb Indien von einem *„inclusive growth"* (SDG 8) bzw. nachhaltigen Wachstum noch weit entfernt ist. Es gibt auch heute noch vielfältige Formen der Diskriminierung bestimmter Bevölkerungsgruppen wie z.B. der Adivasis und Harijans. Indien ist auch von einer Geschlechtergleichstellung noch relativ weit entfernt.

> „Angesichts der Entwicklungs- und Gleichheitsziele, für die Indien während des Ringens um seine Unabhängigkeit eintrat, muss diese Bilanz zweifellos als enormer Misserfolg gelten." (Drèze, Sen 2014, S. 23)

Diskriminierung und Ungleichheit sollen im Kontext der SDGs 5 und 10 verringert bzw. vermieden werden.

Das Staatsgebilde Indiens zeichnet sich, wie eingangs erwähnt, durch ein föderalistisches System aus (Rothermund 2008, S. 54 ff). Während der indische Föderalismus noch bis zu Beginn der 1990er Jahre durch die jeweilige Zentralregierung erfolgreich zurückgedrängt wurde, lässt sich seit Beginn der Liberalisierungspolitik im Jahr 1991 bei den meisten Bundesstaaten ein stärkeres Interesse nach Eigenverantwortung bzw. politischer und wirtschaftlicher Eigenständigkeit beobachten (v. Hauff, Veling 2017, S. 9). Die Bundesstaaten entdecken in zunehmendem Maße ihre eigene Verantwortung und die Möglichkeiten, ihre eigene wirtschaftliche Entwicklung auszubauen und zu stärken. Dies führt zu einem wachsenden Wettbewerb zwischen den Bundesstaaten in Indien u.a. um ausländische Direktinvestitionen (FDI).

Innerhalb der Ländergruppe der Entwicklungsländer weist Indien in den letzten Dekaden eine positive wirtschaftliche Entwicklung auf. Seit Beginn der Liberalisierung Anfang der 1990er Jahre hat die wirtschaftliche Dynamik deutlich zugenommen und Indien kann seit einigen Jahren ein relativ konstantes Niveau des Wirtschaftswachstums aufweisen. Daher stellt sich der Wirtschaftsstandort Indien im Vergleich zu anderen Ländern in der Region positiv dar.

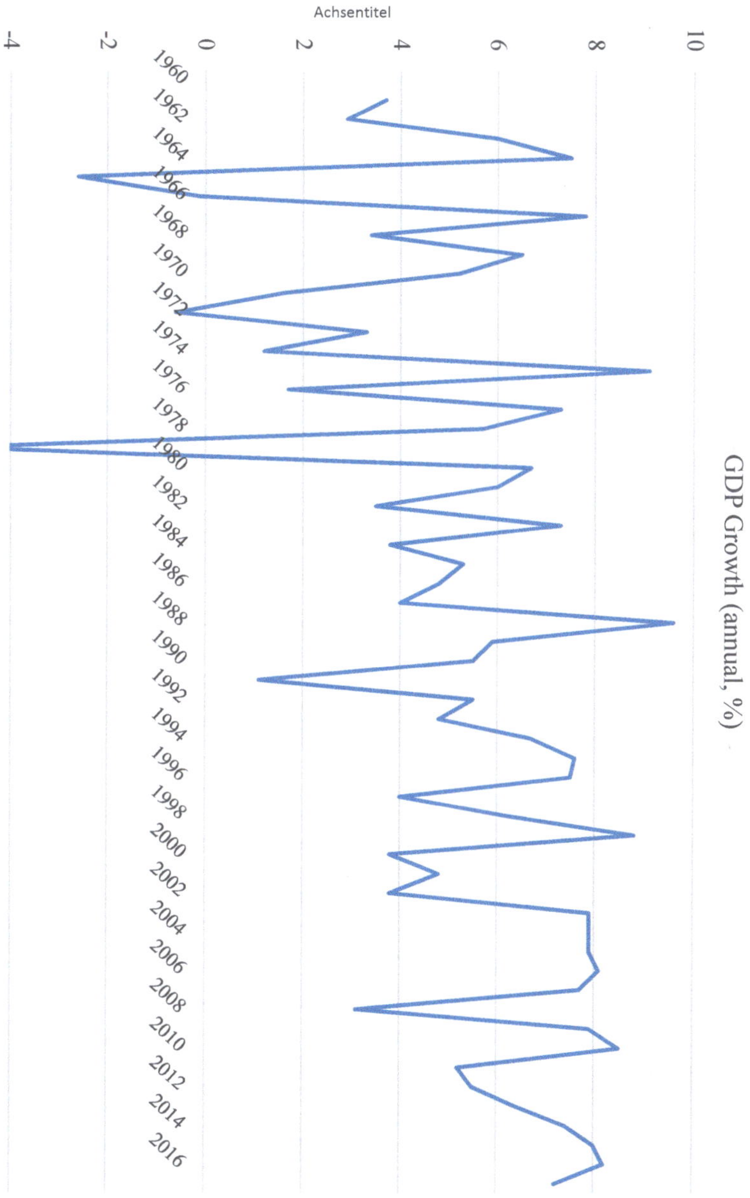

Abbildung 14: Indiens Wachstumsrate (Eigene Darstellung in Anlehnung an World Economic Forum, https://www.weforum.org/agenda/2018/04/india-s-remarkably-robust-and-resilient-growth-story)

Indien zeichnet sich bei einer ersten allgemeinen Beurteilung durch positive politische, soziokulturelle und ökonomische Entwicklungstendenzen aus, was zu einer relativ ausgeprägten Stabilität beiträgt. Diese Entwicklung zeigt auf den ersten Blick wichtige Merkmale von Good Governance aber auch von nachhaltiger Entwicklung. Sahoo et al. gehen noch weiter indem sie feststellen, dass sich Good Governance in Indien zu einer grundlegenden Voraussetzung für nachhaltige Entwicklung, demokratische Konsolidierung und eine effektive Erbringung öffentlicher Dienstleistungen entwickelt hat (Sahoo 2025, S. 36). Dabei sollte jedoch nicht übersehen werden, dass sich die positiven Entwicklungstendenzen in Indien faktisch durch eine Reihe von politischen und institutionellen Unzulänglichkeiten auszeichnen, die den Anspruch von Good Governance einschränken. Weiterhin gibt es eine Reihe von ökonomischen, ökologischen und sozialen Ungleichgewichten, die dem Anspruch einer nachhaltigen Entwicklung noch nicht entsprechen (ausführlich hierzu v. Hauff, Veling 2017, S. 6 ff).

Indien ist somit von einem nachhaltigen bzw. *inclusive green growth* noch weit entfernt. Das wird von Gupta et al. bestätigt, indem sie feststellen:

> „Key achievement areas that include expanding renewable energy capacity, increasing access to clean cooking fuel and rolling out green urban infrastructure projects are placed against persistent challenges, including regional disparities, environmental degradation and weak institutional capacity for inclusive policy implementation." (Gupta et al. 2025, S. 99)

Weiterhin ist festzustellen, dass es in Indien starke Ungleichheiten gibt, die sich negativ auf den Pfad von Good Governance auswirken wie

- sektorale und regionale ökonomische Ungleichgewichte,
- teilweise menschenunwürdige Arbeitsverhältnisse (Widerspruch zu der Forderung von decent work in SDG 8),
- ein wachsendes Einkommensgefälle (Widerspruch zu SDG 10),
- große ökologische Belastungen, die sich in manchen Regionen zu einer Umweltkrise ausgeweitet haben (Widerspruch zu SDG 15) und schließlich,
- ein starkes soziales Gefälle (Kastensystem), das sich u.a. durch ein starkes Ungleichgewicht im Bildungssystem widerspiegelt (Widerspruch zu SDG 4).

Indien ist für viele Bürger auch von anderen Sustainable Development Goals wie SDG 2 *„den Hunger beenden, Ernährungssicherheit und eine bessere Ernährung erreichen und eine nachhaltige Landwirtschaft fördern"* aber auch von SDG 3 „ein gesundes Leben für alle Menschen jeden Alters gewährleisten und ihr Wohlergehen fördern“ noch relativ weit entfernt (Drèze, Sen 2014, 166 ff). Aber auch die Energieversorgung stellt sich im Kontext des SDG 7 noch unzulänglich dar.

Sahoo et al. (225, S. 37 ff) nennen folgende wichtigen Grundsätze, Initiativen, und Herausforderungen einer Good Governance für Indien:

- Transparenz und Rechenschaftspflicht
- Bürgerbeteiligung und demokratisches Engagement
- Rechtsstaatlichkeit und Unabhängigkeit der Justiz
- Digitale Regierungsführung und E-Verwaltung
- Verwaltungsreformen und Kapazitätsaufbau
- Finanzmanagement und fiskalische Governance
- Korruption und institutionelle Integrität
- Kapazitätsengpässe und Infrastrukturdefizite

7.3 Anspruch und Wirklichkeit von Good Governance und nachhaltiger Entwicklung in Indien

Eine erste Orientierung für Good Governance in Indien formulierte Jawaharlal Nehru. In seiner berühmten Rede *„Tryst with Destiny“* am 14. August 1947 stellte er fest:

> „Long years ago we made a tryst with destiny, and now the time comes when we shall redeem our pledge, not wholly or in full measure, but very substantially. At the stroke of the midnight hour, when the world sleeps, India will awake to life and freedom.“

Für ihn war die zentrale Herausforderung das *„Ende von Armut, Unwissenheit, Krankheit und Ungleichheit der Chancen“*. Daher ist das Prinzip der verantwortungsvollen Staatsführung für die indische Gesellschaft nicht neu. Im Rahmen der fünfzigjährigen Unabhängigkeit Indiens im Jahr 1997 kam es zu einer Umfrage der Bevölkerung über die wichtigsten Probleme des Landes. Dabei wurde deutlich, dass überwiegend Probleme genannt wurden, die einen unmittelbaren Bezug zu Good Governance haben (Ray 1999, S. 48):

- Indien wird als Nation in den nächsten fünfzig Jahren auseinander fallen (47 %),
- die Situation von Recht und Ordnung ist heute schlechter als unter der britischen Kolonialzeit (43 %),
- Politiker sind unehrlich bzw. unredlich (55 %); nur 6 % glauben, dass Politiker ehrlich sind,
- Polizisten sind unehrlich (60%); nur 7 % glauben, dass sie ehrlich sind,
- 51% der Bevölkerung glauben daran, dass 51 % der Parlamentarier nicht im Geringsten an der Lösung der Probleme der Wähler interessiert sind.

Auf die Frage, welches der Probleme ihrer Meinung nach in diesem Zusammenhang die größte Belastung für das Land hat, antworteten 34% der Befragten die Korruption, 20% nannten die Arbeitslosigkeit und 18% die Preissteigerungen. Die wachsende Umweltbelastung nimmt ebenfalls einen relativ hohen Stellenwert ein. Die Antworten und Einschätzungen der Befragten zeigten schon damals, dass die Befragten nur ein eingeschränktes Vertrauen in die politischen Entscheidungsprozesse des Landes, die Politiker und ihre Politik, aber auch in die Administration und sonstige öffentliche Personen mit einer machtvollen Position haben. Diese Einschätzung wird auch von Drèze und Sen bestätigt (2014). So ist davon auszugehen, dass bei einer Befragung der Bevölkerung die Agenda 2030 mit den 17 SDGs eine hohe Akzeptanz finden würde.

Eine neuere Analyse ist in diesem Kontext in dem Human Development Report von 2013 zu finden. Die Werte zeigen, dass die indische Gesellschaft in wichtigen Lebensbereichen eher unzufrieden ist (Gesundheitsversorgung, Lebensstandard, lokaler Arbeitsmarkt, Umweltschutz, Vertrauen in andere Menschen), was sich ganz zentral auf Politiker bezieht. Die Probleme bzw. Herausforderungen haben sich in den vergangenen Jahren nicht wesentlich geändert.

Criteria	**Unit**	**2011**	**2012**	**2013**
Satisfaction with education quality	% satisfied		69	
Satisfaction with health care quality	% satisfied		48	
Satisfaction with standard of living	% satisfied			47
Satisfaction with job	% satisfied		67	
Perception of safety	% answering yes		61	

Satisfaction with freedom of choice	% satisfied		57	
Satisfaction with local labour market	% answering yes		30	
Trust in other people	% answering can be trusted	20		
Satisfaction with community	% answering yes		75	
Satisfaction with efforts to deal with the poor	% satisfied			39
Satisfaction with actions to preserve the environment	% satisfied			40
Trust in national government	% answering yes		54	
Overall Life Satisfaction Index	0 = at least satisfied 10 = most satisfied	4,6		

Tabelle 4: Bewertung der verschiedenen Lebensbereiche in Indien durch die Bevölkerung (Quelle: in Anlehnung an UNDP 2013)

Sahoo et al. (2025) nennen im Kontext von Good Governance folgende Unzulänglichkeiten: das Regierungssystem Indiens ist mit erheblichen Kapazitätsengpässen konfrontiert, die seine Fähigkeit zur Erbringung effektiver öffentlicher Dienstleistungen einschränken. Zu diesen Engpässen zählen unzureichende personelle Ressourcen, veraltete Infrastruktur, unzureichende Ausbildungs- und Entwicklungsprogramme sowie begrenzte technologische Kapazitäten in vielen Regierungsbehörden. Der Mangel an qualifiziertem Personal auf verschiedenen Regierungsebenen beeinträchtigt die Qualität und Pünktlichkeit der Dienstleistungserbringung. Infrastrukturdefizite in Bereichen wie Justizbehörden, Verwaltungsgebäuden und technologischen Systemen behindern eine effiziente Regierungsführung.

Betrachtet man Good Governance als Prozess, so kommt es neben den langfristig verfestigten Problemen auch zu neuen Problemfeldern, die sich auch negativ auf die nachhaltige Entwicklung in Indien auswirken. Zargar und Sheikh nennen in diesem Kontext folgende Herausforderungen (2018, S. 62 ff):

- Verbesserung bzw. Stärkung der Förderung von Frauen;
- Bekämpfung der wachsenden Häufigkeit von Gewalt;
- Wirksame Bekämpfung von Korruption;
- Verringerung von Wartezeiten bei der Justiz;
- Erhöhung der Effizienz des Verwaltungssystems durch Zentralisierung;

- Verringerung der Kriminalität in der Politik;
- Empowerment sozial und wirtschaftlich unterprivilegierter Menschen;
- Verbesserung des Umweltschutzes und nachhaltiger Entwicklung;
- Herausforderungen der Globalisierung, Liberalisierung und Marktwirtschaft lösen.

Eine der größten und bisher unbewältigten Herausforderungen ist die Korruption, die die Effizienz der Verwaltung und die Armutsbekämpfung beeinträchtigt. Daher müssen Hemmnisse bei der Erbringung von Dienstleistungen besonders für die unterprivilegieren Menschen beseitigt werden. Es ist auch notwendig, einen nicht diskretionären Ansatz bei der Entscheidungsfindung zu verfolgen und eine wechselseitige Kommunikation mit den betroffenen Menschen zu initiieren. Governance ist ein ganzheitlicher Ansatz, der alle Bereiche des Staates einbezieht, einschließlich der Realisierung von Gerechtigkeit. Die Notwendigkeit von Justizreformen und die Einleitung von Maßnahmen wie der verstärkte Einsatz von Informationstechnologien zur Klärung anhängiger Gerichtsverfahren ist dabei von großer Bedeutung (Zargar, Sheikh 2018, S. 63).

Ein Vergleich von Good Governance Strukturen lässt sich zwischen Ländern durch den Good Governance Index vornehmen. Hierfür werden die folgenden fünf Determinanten zu Grunde gelegt:

- Frieden / Sicherheit
- Demokratie / Rechtsstaatlichkeit
- Menschenrechte / Partizipation
- Nachhaltige Entwicklung
- Menschliche Entwicklung

Auf der Grundlage aufwendiger Berechnungsmethoden berechnet die Weltbank für jede einzelne Dimension den jeweiligen Wert. Daraus ergeben sich Einzelindikatoren, die zu einem Gesamtindex zusammen geführt werden. Aus der folgenden Weltkarte ist zu erkennen, wo die einzelnen Länder einzuordnen sind. Entsprechend ist Indien der unteren Hälfte der Länder einzuordnen.

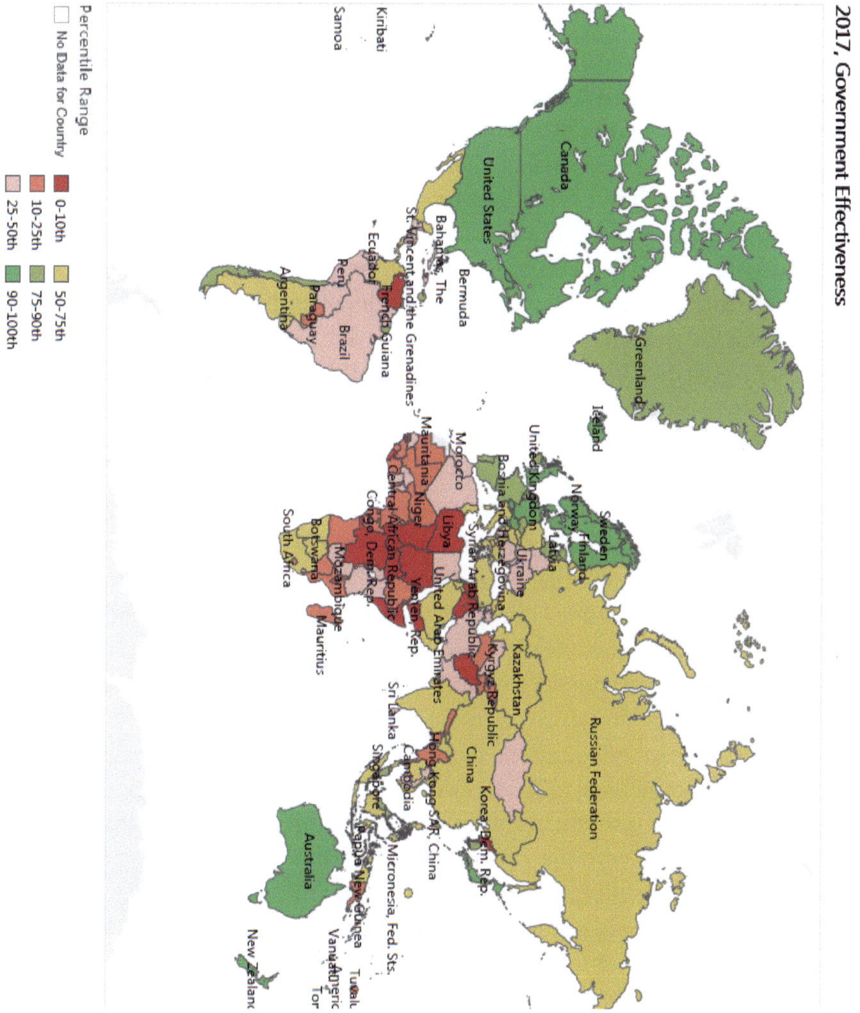

Abbildung 15: Weltweite Übersicht der Government Effectiveness 2017; Quelle: Worldwide Governance Indicators, Worldbank, http://info.worldbank.org/governance/wgi/index.aspx#reports

Bürokratie als Hemmnis von Good Governance

Die Theorie der Bürokratie ist – wie schon erwähnt – neben der Theorie der Demokratie, der Diktatur und der Interessengruppen ein zentraler Forschungsgegenstand der Neuen Politischen Ökonomie (Neck, Schneider 2013). Die Aufgabe von Bürokratien ist im Prinzip die Ausführung politischer Entscheidung durch die Bereitstellung öffentlicher Güter bzw. Leistungen. Dabei ist jedoch zu berücksichtigen, dass die ausführenden Personen, also die Bürokraten, durchaus eigene Interessen haben können, was in Indien von hoher Relevanz ist. Diskretionäres Handeln, d.h. den individuellen Nutzen bzw. den Nutzen der eigenen Gruppe zu maximieren, kann in der Neuen Politischen Ökonomie mit Hilfe des Principal-Agent-Ansatzes erklärt werden. Entscheidend ist, dass die einzelnen Bürokraten (Agent bzw. Auftragnehmer) in ihrer Leistungserstellung nicht vollständig vom Bürger und dessen Vertretern, den Politikern (Principal bzw. Auftraggeber), kontrollierbar sind.

Der Agent hat gegenüber dem Prinzipal oft einen Inforationsvorsprung, indem er nützliches Wissen hat, das der Prinzipal nicht hat aber eigentlich benötigt. Hier stellt sich die Frage, warum der Agent sein Wissen uneigennützig teilen sollte. Daher kann es dazu kommen, dass Agent und Prinzipal unterschiedliche Ziele verfolgen. So erlässt z.B. die Regierung (Prinzipal) eines Entwicklungslandes Programme zur Verringerung von Hunger und Armut. Sie sollen von Bürokraten (Agent) umgesetzt werden. Dabei ist es mehrfach dazu gekommen, dass die Bürokraten (Agent) sich an den Programmen bereichern, d.h. nur ein Teil der Programme bei der Zielgruppe ankommt. Das ist natürlich im Sinne des Prinzipals nicht erwünscht. Hier sollte eine Lösung gefunden werden wie verhindert wird, dass der Agent seinen Vorteil gegenüber dem Prinzipal ausspielt.

Nach der Unabhängigkeit im Jahr 1947 wurde Indien nach knapp 200 Jahren britischer Kolonialherrschaft dem Modell der *„Westminster Demokratie“ zugerechnet.* Die größte Demokratie der Welt entspricht nach dieser Vorstellung dem britischen Regierungssystem einer parlamentarischen Demokratie. Dabei gilt jedoch zu berücksichtigen, dass sich das Westminster-Modell am besten für homogene Gesellschaften eignet. Dagegen entspricht Indien eher einer heterogenen Gesellschaft für das sich das konsensdemokratische Modell eignet. Jürgenmeyer kommt jedoch zu der Erkenntnis, dass Indien beiden Modellen nicht entspricht. Indien geht vielmehr in Richtung Mehrheitsdemokratie (Jürgenmeyer 2007, S. 134). Dennoch nimmt die Bürokratie in Indien eine wichtige Rolle ein

> „in translating government policies into actions. It also gives practical shapes to the constitutional provisions contributes in institutional building, relevant to the progress of individuals and the community." (Ray 1999, S. 98)

Sing (2025) kommt aus ökonomischer Perspektive zu folgender Beurteilung: Indiens Bürokratie ist sowohl das Rückgrat als auch der Engpass der Regierungsführung. Der Wirtschaftsbericht 2024-25 räumt ein, dass „Projektverzögerungen und die unzureichende Nutzung von Mitteln" zu einem vierjährigen Tiefstand des BIP-Wachstums von 6,4 % beigetragen haben. Der Bericht des Rechnungshofpräsidenten (CAG) für 2024 ergab, dass 18 % der für Vorzeigeprojekte wie MGNREGA und PMAY bereitgestellten Mittel nicht ausgegeben wurden. Der Bericht „Doing Business 2020" der Weltbank stuft Indien mit einem miserablen 163. Platz bei der „Durchsetzung von Verträgen" ein. Diese Einschätzung betrifft in starkem Maße die weniger privilegierten Bevölkerungsgruppen.

Fragt man nun nach den Besonderheiten der Bürokratie in Indien, so wird zunächst deutlich, dass das System wegen der praktizierten Rekrutierung von Mitarbeitern problematisiert wurde. Dabei handelt es sich um ein System der personellen Rekrutierung der Bürokratie nach ganz speziellen Anforderungskriterien. Danach werden die Mitarbeiter in Indien eher nach einem spezifischen Karrieremuster als den entsprechenden Anforderungen des Arbeitsplatzes eingestellt. Hierzu gibt es ein strenges Auswahlverfahren. Zusätzlich ist zu berücksichtigen, dass in Indien nur für eine relativ kleine privilegierte Minderheit die Möglichkeit einer guten Schulbildung und berufsqualifizierenden Ausbildung offensteht (v. Hauff, Veling 2017, S. 68 ff).

Daher ist nicht davon auszugehen, dass in den entscheidungsrelevanten bürokratischen Institutionen die Vielfalt von Interessenlagen der Bevölkerung repräsentiert und bei der Umsetzung von politischen Entscheidungen auch vertreten werden (Zur Funktionsweise der demokratischen Institutionen in Indien vgl. die treffende Analyse von Dréze und Sen 2014, S. 273 ff). Es kommt in den entscheidungsrelevanten bürokratischen Institutionen vielmehr zu einem *„Filterprozess"*, bei dem die Interessenlagen der privilegierten Gruppen, d.h. der oberen Kasten, besondere Beachtung finden. Dies steht dem Partizipationsprinzip, wie es den Anforderungen von Good Governance und nachhaltiger Entwicklung entspricht, entgegen.

Eine vergleichbare Situation der Rekrutierung von politischen Akteuren in Indien ist auch in der Politik vorzufinden. Das führt zu einem Multiplikatoreffekt bei der Interessenwahrnehmung und -vertretung. In diesem Zusammenhang wird auch von einer

„coalition of well-off farmers, industrialists, and business, who use resources to feather their own nests rather than building the productive capacity of the Indian economy" gesprochen. (Ray 1999, S. 61)

Es besteht in der Neuen Politischen Ökonomie ein breiter Konsens, dass ein Mangel an politischem Wettbewerb und die bewusste Vernachlässigung bestimmter gesellschaftlicher Interessenlagen die Entstehung von Innovationen in starkem Maße behindert. Das gilt besonders für die Entwicklung und Umsetzung sozialer Innovationen. In diesem System gibt es wenig Anreize bzw. eine geringe Motivation, gesellschaftliche Innovationen zu generieren, solange sie nicht der Lebenslage der schon Privilegierten dienlich sind. Daraus begründet sich eines der wesentlichen Hemmnisse für die Entwicklung und Implementierung einer innovativen und effektiven Nachhaltigkeitsstrategie. Es ist jedoch zu erwarten, dass dieses System durch die zunehmende Verbreitung der Informations- und Kommunikationstechnologien, die zu einem Abbau der Informationsasymmetrie führen können, *„aufgeweicht"* und damit verändert wird.

Aus der Analyse der Bürokratie als Hemmnis von Good Governance in Indien wurde nicht nur die sich daraus begründete Beziehungsstruktur deutlich. Es wurden auch erste Hinweise auf Korruption als Hemmnis von Good Governance gegeben, die im Folgenden vertieft werden.

Korruption als Hemmnis von Good Governance

Das Ausmaß von Korruption ist, wie schon aufgezeigt wurde, ein wichtiger Indikator für die Defizite von Good Governance. Anders formuliert: Korruption beeinträchtigt die Existenz bzw. die Entwicklung von Good Governance Strukturen und die Umsetzung der Agenda 2030 mit den 17 SDGs. Korruption zeichnet sich durch den Missbrauch öffentlicher und/oder privater Mittel zur eigenen Bereicherung aus. Das Korruptionsniveau in einem Land spiegelt die zugrundeliegenden ökonomischen, rechtlichen, politischen und sozialen Institutionen wider und kann als Antwort auf ein bestehendes schlechtes Regelwerk verstanden werden (Stöver 2014, S. 30). In der volkswirtschaftlichen Theorie wird Korruption vielfach als zusätzliche Steuer oder Abgabe eingeordnet. Davon sind viele Bevölkerungsgruppen betroffen, wobei die Armutsbevölkerung in Entwicklungsländern unter Korruption besonders zu leiden hat, da viele Entwicklungsprogramme nicht oder nur in eingeschränktem Maße bei *„ihnen ankommen"*.

Auf die negativen Auswirkungen von Korruption sowohl aus ökonomischer als auch gesellschaftlicher und ökologischer Perspektive, d.h. aus der Perspektive nachhaltiger Entwicklung, soll hier noch einmal nachdrücklich hingewiesen werden. Hierzu gibt es in Entwicklungs- aber auch Industrieländern einen breiten Konsens (Dréze, Sen 2014, S. 213). In den folgenden Ausführungen geht es primär um die Politische Ökonomie der Korruption, die in der wissenschaftlichen Diskussion eine besondere Beachtung gefunden hat.

In den letzten Jahren ging es in Entwicklungsländern sowohl um die Analyse und Quantifizierung als auch um die Ursachen und die Politik der Bekämpfung von Korruption. Die Vereinten Nationen, die Weltbank und andere internationale Organisationen und Geberländer fordern von Entwicklungsländern zunehmend ein, dass die verschiedenen Formen und Mechanismen der Korruption verstärkt bekämpft werden. Insofern wurde und ist die aktive und erfolgreiche Bekämpfung von Korruption für die Entwicklungszusammenarbeit eine wichtige Bedingung.

Zunächst werden einige für Indien grundlegende Aspekte der Korruption und anschließend aktuelle Tendenzen sowie das Problem der Quantifizierung von Korruption aufgezeigt. Paul nennt für Indien vier wesentliche Gründe für Korruption, die ebenfalls auf der Grundlage der Principal-Agent Theorie begründet werden können (Paul 2017, S. 31 ff):

1. Unwissenheit und mangelndes Bewusstsein der Bürger über ihre Rechte und traditionelle Praktiken bei der Zahlung von Bestechungsgeldern an Beamte,
2. die Besonderheit der Regierung und ihre Funktionsweise schaffen Spielräume für Korruption,
3. der Missbrauch öffentlicher Macht für private Zwecke hätte minimiert werden können, wenn die Regierung die Fähigkeit und das Engagement gehabt hätte, ihre Aktivitäten, Strategien und Programme regelmäßig zu überwachen (Monitoringsystem),
4. da den Bürgern ihre Rechte nicht bekannt sind und ihnen Informationen über die Bedingungen und ihre Transaktionen mit Regierungsbehörden verweigert werden, kann die Erbringung wichtiger öffentlicher Dienstleistungen zu einem wesentlichen Grund für Korruption werden.

Aus den Ursachen von Korruption lassen sich im Prinzip schon Maßnahmen der Gegenwehr ableiten. Um sich der Korruption zu erwehren, sind Kenntnisse über relevante Informationen und die entstehenden Kosten erforderlich (Kosten der Informationsbeschaffung). Hier leisten NGOs oft wichtige Hilfestellung. Auch die Durchsetzung der Rechte ist in der Regel mit Kosten verbunden (Opportunitätskosten), wobei ein Erfolg, die Rechte durchzusetzen, nicht garantiert ist. Die Bedeutung von Korruption in Indien wird von Sahoo et al. treffend charakterisiert, indem sie feststellen, dass Korruption eine große Herausforderung für „Good Governance“ in Indien ist, das Vertrauen der Öffentlichkeit untergräbt und die Wirksamkeit staatlicher Programme mindert. Indiens Platzierung beim Korruptionswahrnehmungsindex auf Rang 96 von 180 Ländern 2024 von Transparency International mit einer Punktzahl von 38 von 100 zeigt, dass es bei der Bekämpfung der Korruption noch erheblichen Verbesserungsbedarf gibt.

Auf der Ebene der subjektiven Wahrnehmung durch die Bevölkerung kann festgestellt werden, dass ein großer Teil der Bevölkerung in Indien unter Korruption leidet.

> „The vast majority of Indians say transparency is their number one concern, according to polls before the recent election, with figures peaking at over 90% among young voters. People are right to be concerned. Transparency issues are not just a daily irritation, they are a drag on the whole economy, hampering competitiveness, growth and development. For example, corruption in connection with border administration – and the associated inefficiencies, delays and lack of predictability – is part of the explanation for India ranking 96th out of 138 countries in the Forum's latest Global Enabling Trade Report. India is home to 23% of the world's population, but sees only 2% of global trade.“ (Metha 2014, S.2)

Das gilt besonders für die ländliche Bevölkerung, die Korruption neben Armut, Umweltverschmutzung und Arbeitslosigkeit als besonders belastend empfindet (Paul 1997; Drèze, Sen 2014, S. 110). Die mangelnde Bildung und die mangelnden Kenntnisse der rechtlichen Ansprüche vieler Menschen besonders auf dem Land sind – wie oben schon erwähnt – eine Ursache der weitverbreiteten Korruption. Für eine Stärkung der Property Rights der Bevölkerung ist daher eine faire und speditive Justiz notwendig. Dabei versteht man unter Property Rights das Recht über Eigentum zu verfügen.

Ein wesentliches Problem für die ländliche Bevölkerung und hier besonders für die unteren Kasten und Adivasis (Ureinwohner Indiens) ist, dass sie oft kein schriftlich besiegeltes Recht auf Landeigentum haben. Daher werden sie im Zusammenhang mit großen Infrastrukturprojekten des Staates bzw. bei Projekten privater Konzerne wie dem Abbau von Ressourcen, oft ohne entsprechende Kompensationen verdrängt. Das Fehlen von Eigentumsrechten bzw. deren Missachtung führt zu Marktversagen, was staatliches Eingreifen notwendig macht, das jedoch oft ausbleibt.

Die Mechanismen und Folgen der Korruption sind in vielen Fallstudien hinreichend dokumentiert. Die Verbreitung von Korruption bzw. Fehlverhalten wird noch durch weitere Indikatoren bestätigt. Schätzungen gehen davon aus, dass in Indien seit der Unabhängigkeit 2 Billionen US-$ Finanzkapital nicht versteuert und 500 Milliarden US-$ illegal aus dem Land transferiert wurden. Der Transfer von Finanzmitteln findet auch heute noch statt. Dadurch entgingen bzw. entgehen dem Staat hohe Steuereinnahmen, die für Armutsbekämpfung, Bildung, Gesundheit aber auch Infrastrukturausbau dringend benötigt werden. Das war ein wesentlicher Grund, weshalb Ministerpräsident Modi am ersten Tag nach seiner gewonnenen Wahl im Jahr 2014 ein Ermittlerteam gegen Steuersünder einsetzte, was jedoch die Ministerpräsidenten vor Modi bereits in ähnlicher Weise initiierten. Auch Modi hatte mit seinem Vorhaben nicht den erwünschten Erfolg.

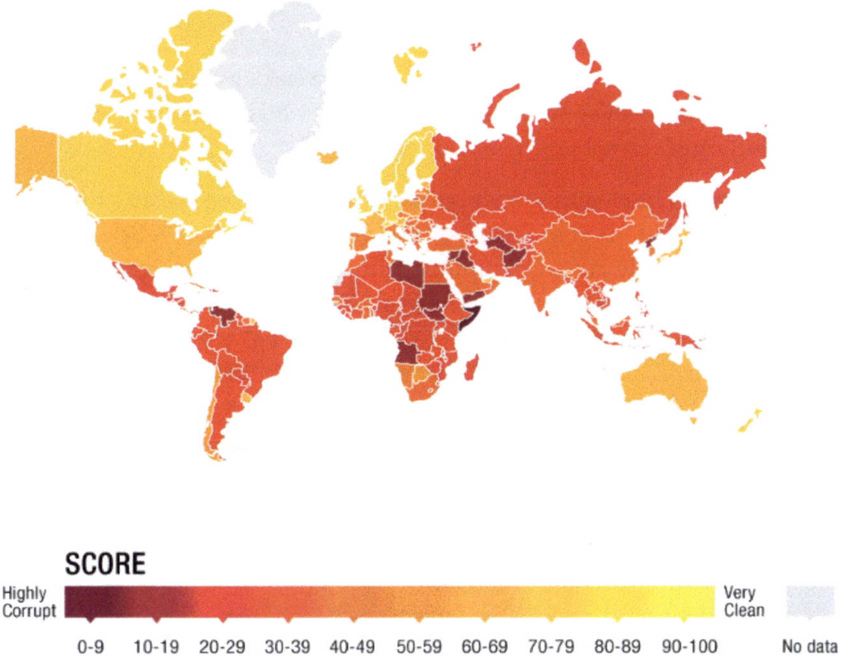

Abbildung 16: Indien im internationalen Maßstab der Korruption (Quelle: http://thailandtip.info/2018/02/26/thailand-kann-seine-position-beim-korruptionswahrnehmungsindex-2017-verbessern/)

Es gibt eine Reihe von Faktoren, die Korruption fördern, wie z. B. Überregulierung, mangelnde Transparenz bei Entscheidungsprozessen und der Mangel an Einrichtungen, denen Korruptionsvorfälle gemeldet werden können, die diese auch gewissenhaft registrieren und konsequent verfolgen und sanktionieren. Das wäre eine wichtige Voraussetzung für eine Verringerung von Korruption. Dadurch könnte besonders die bisher von Korruption betroffene Bevölkerung auch wieder Vertrauen gewinnen. Ein weiteres Problem besteht darin, dass Korruption von vielen Bürokraten und Politikern nicht mehr als etwas Unmoralisches bzw. Beschämendes empfunden bzw. betrachtet wird. Beispiele für Korruption in Indien zeigen Drèze und Sen auf (2014, S. 100 ff). Als problematisch gilt, dass Korruption oft auf höchster politischer Ebene stattfindet, obwohl es in den letzten Dekaden auch immer wieder aufsehenerregende Korruptionsprozesse mit entsprechender Bestrafung von hohen politischen Vertretern gab. Das Phänomen, wonach hohe politische Amtsträger in Korruptionsvorfälle involviert sind, ist in Indien nicht neu und erklärt, weshalb es kein ernsthaftes Interesse gibt, Korruption zu bekämpfen.

> „However, what is new is that other countries are making every effort to address this issue constructively, whereas India only plays lip service to the eradication or reduction of corrupt practices." (Ray 1999, S. 76)

Im Folgenden geht es nun um einige aktuelle Tendenzen. Positiv hervorzuheben ist zunächst, dass in Südasien alle größeren Länder außer Sri Lanka und Afghanistan die Anti-Corruption Initiative, die für den asiatisch-pazifischen Raum von der *Asian Development Bank-Organisation for Economic Cooperation and Development (ADB-OECD)* vorgelegt wurde, im November 2001 unterzeichnet haben. Somit hat sich auch Indien dazu verpflichtet, einen *„Anti-Corruption Action Plan"* innerhalb von 18 Monaten zu entwickeln (Transparency International 2003, S. 154). Das hat sich jedoch nach Erkenntnissen von Transparency International bisher weder im öffentlichen noch im privatwirtschaftlichen Sektor nachhaltig ausgewirkt. So gab es in dem Zeitraum von 2001-2003 und in den folgenden Jahren in Indien wieder eine Vielzahl von Korruptionsfällen.

Heute besteht ein breiter Konsens, dass es in Indien eines umfassenden institutionellen Wandels bedarf, um Korruption stärker zurückzudrängen. Noch sind viele Beamte geneigt, das zu hohen Preisen zu verkaufen, was sie im Rahmen ihrer Tätigkeit eigentlich kostenlos zu leisten hätten. Oder Beamte fordern von den Empfängern der Entwicklungsprogramme, für deren korrekte Abwicklung sie verantwortlich sind, eine materielle Beteiligung. Das ist die Voraussetzung dafür, dass die legitimierten Empfänger nur bedingt in den Genuss der geplanten Maßnahmen bzw. Programme kommen. Dadurch wird vielen Menschen Unterstützung und Hilfe im Rahmen von staatlichen Programmen entzogen bzw. verringert, die diese Leistungen aufgrund ihrer Lebenslage dringend benötigen und lässt sie jenen zukommen, die die Verantwortung für eine zweckgebundene Zuweisung an spezifische Zielgruppen haben.

Drèze und Sen sehen dennoch verschiedene Ansatzpunkte für eine Verringerung von Korruption in Indien (2014, S. 115 ff). Sie erwarten einen institutionellen Wandel, der dadurch gefördert werden kann, dass Korruption in zunehmendem Maße sichtbar und nicht länger verschleiert wird. Eine wichtige Voraussetzung hierfür ist die Förderung von Transparenz und der umfassende Zugang zu Informationen, was durch die Kommunikationsmedien verbessert werden kann. Eine wichtige Bedingung hierfür ist jedoch, dass alle Gruppen der Bevölkerung durch eine verbesserte Bildung mehr Selbstbewusstsein entwickeln und sich zunehmend an staatliche Einrichtungen zur Bekämpfung von Korruption wenden.

Das Gesetz *„Right to Information Act"*, das 2005 verabschiedet wurde, hat bereits einen Beitrag zu mehr Transparenz geleistet. Hinzu kommt eine starke Ausbreitung der Informationstechnologien, die zu einem stärkeren Austausch von Informationen innerhalb der Bevölkerung geführt haben. Eine kreative Medienarbeit (auch in den sozialen Medien) kann den Prozess der Korruptionsbekämpfung zusätzlich fördern. Obwohl die Zahl der Verfahren noch relativ gering ist, haben strafrechtliche Ermittlungen gegen prominente Personen und deren Verurteilung wegen Korruption in Indien viel Aufmerksamkeit erfahren. Diese wenigen Hinweise verdeutlichen, dass Wandel möglich ist. So hatte der schon erwähnte *„Right to Information Act"* eine Reihe von Änderungen zur Folge, wobei dieser Act nur ein Beispiel für verschiedene gesetzgeberische und institutionelle Änderungen ist.

Dennoch kommt Singh abschließend zu einer eher negativen Einschätzung der aktuellen Situation, wenn er feststellt, dass Korruption eine anhaltende, strukturelle Bedrohung in Indien ist. Im Korruptionsindex 2024 von Transparency International liegt Indien – wie schon erwähnt – mit einer Punktzahl von 38/100 auf Platz 96 von 180 Nationen und damit auf dem schlechtesten Wert seit zehn Jahren. Die Forensic Survey 2024 von KPMG schätzt die jährlichen Kosten der Korruption auf 921 Milliarden Rupien (1,26 % des BIP). Korruption ist in Indien ein so „hartnäckiges Problem", da sie in beiden Systemen – dem staatlichen und dem privatwirtschaftlichen – tief verwurzelt ist (Singh 2025).

7.4 Bewertung aktueller Entwicklungstendenzen

Indien weist hinsichtlich des Konzeptes Good Governance grundsätzlich positive Rahmenbedingungen und Entwicklungstendenzen auf: Indien ist weltweit die größte Demokratie mit einer föderalistischen Struktur. Weiterhin zeichnet sich Indien im Verhältnis zu vielen anderen Staaten in der Region durch eine beachtliche politische und wirtschaftliche Stabilität aus. Die soziale, kulturelle und religiöse Vielfalt der Bevölkerung weist – abgesehen von einigen regionalen Problemen, die jedoch an Bedeutung gewinnen – relativ geringe Konfliktpotenziale auf. Der wachsende Hindu-Fundamentalismus hat zu einer gewissen Spaltung der Gesellschaft geführt, was dem SDG 16 widerspricht. Positiv wird dagegen noch auf die lange Tradition von *„grassroots participation"* hingewiesen, die durch eine Vielzahl von *„Non Governmental Organizations (NGOs)"* gestärkt wird. Insofern sind – zumindest auf den ersten Blick – leistungsfähige Good-Governance-Strukturen als Voraussetzung für eine erfolgreiche Entwicklung und Implementierung einer nationalen Strategie nachhaltiger Entwicklung gegeben.

In den vergangenen Jahren wurde jedoch die Diskussion über Good Governance in Indien intensiver. Dabei ist zu berücksichtigen, dass Good Governance nicht nur in Indien, sondern auch auf internationaler Ebene eine beachtliche Aufmerksamkeit erfahren hat. *„Gute Regierungsführung"* wurde auch für die bilaterale und multilaterale Entwicklungszusammenarbeit zu einem wichtigen Vergabekriterium für die Förderung entwicklungspolitischer Projekte bzw. Programme. Das gilt auch für die deutsche Entwicklungszusammenarbeit, da ein Mangel an tragfähigen Governance-Strukturen keine effiziente bzw. effektive Förderung nachhaltiger Entwicklung, d.h. eine Umsetzung der Agenda 2030 und den 17 SDGs, möglich macht.

Schließlich ging es um Anspruch und Wirklichkeit von Good Governance in Indien. Dabei wurde deutlich, dass es hier eine starke Diskrepanz gibt. Aus der Perspektive der Neuen Politischen Ökonomie bieten sich für eine Analyse besonders die Bereiche der Bürokratie und der Korruption an. Zunächst ist auffällig, wie kritisch die öffentliche Wahrnehmung der Bevölkerung in Indien aber auch in vielen anderen Entwicklungsländern hierzu ist. Im

Kontext von Bürokratie und Korruption konnte gezeigt werden, dass es in Indien strukturelle Probleme wie ein relativ starkes (Aus-) Bildungsgefälle gibt. Das trägt dazu bei, dass sich Politik und Bürokraten aus einer Bevölkerungsminderheit rekrutieren. Dadurch gehen bestimmte Interessenlagen von großen Bevölkerungsgruppen wie z.B. den Adivasis aber auch der unteren Kasten nur unzureichend in politische Entscheidungsprozesse ein oder werden sogar gezielt unterdrückt. Es kommt systematisch zu Informationsasymmetrien, die große Bevölkerungsgruppen benachteiligen.

Daher gibt es in Indien eine intensive, aber auch sehr kontroverse Diskussion über Möglichkeiten, Good-Governance-Strukturen zu stärken. Einige alternative Ansätze, die wiederum aus der Perspektive der Neuen Politischen Ökonomie relevant sind, werden von Jayal aufgeführt (Jayal 2001, S. 132 ff):

- die Einschränkung von Liberalisierung und Globalisierung,
- einen höheren Grad an partizipatorisch demokratischer Politik,
- eine Stärkung der Civil Society,
- eine stärkere Einbeziehung von NGOs in die
- Implementierung politischer Programme und schließlich
- eine partnerschaftliche Kooperation zwischen Staat und Kommunen.

Eine zentrale Bedeutung würde hierbei der Entwicklung und Umsetzung einer nationalen Nachhaltigkeitsstrategie auf der Grundlage der Agenda 2030 und den 17 SDGs zukommen. Die Ausführungen dieses Kapitels haben deutlich gemacht, dass die Voraussetzungen für eine nachhaltige Entwicklung und besonders für die Implementierung einer nationalen Nachhaltigkeitsstrategie aus der Perspektive von Good Governance in Indien noch nicht in ausreichendem Maße gegeben sind (v. Hauff, Veling 2017). Die folgende Abbildung zeigt, in welchem Maße die 17 SDGs in asiatischen Ländern bisher positiv zu bewerten sind. Die grün markierten Felder sind sehr positiv und die roten Felder als unbefriedigend zu bewerten. Bei der Abbildung 20 wird durch die Pfeile gezeigt, ob Fortschritte, Stagnation oder Rückschritte zu verzeichnen sind.

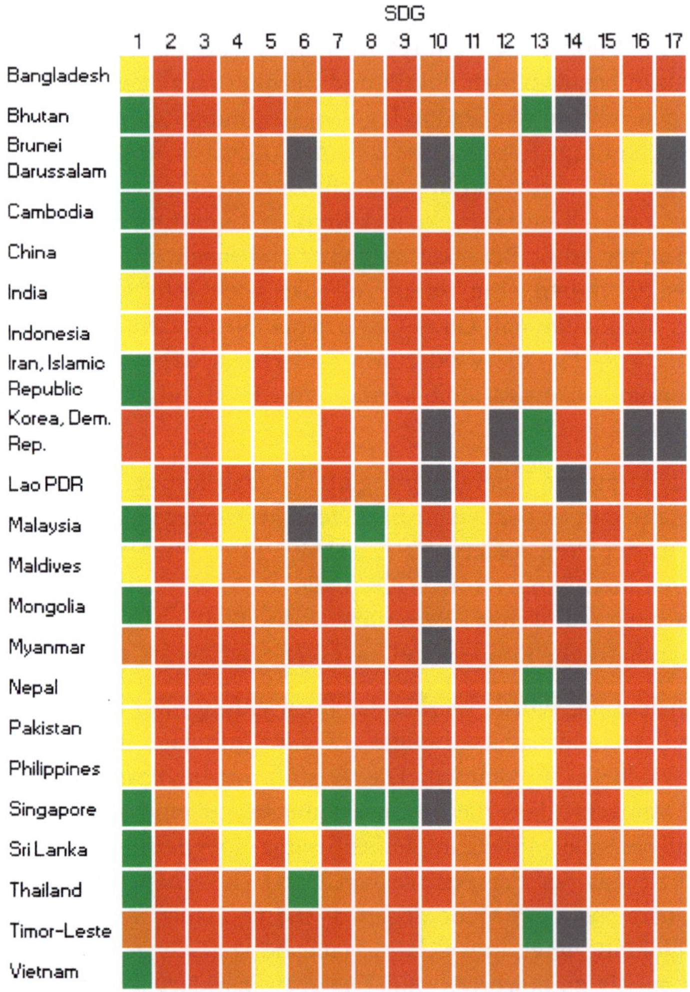

Abbildung 17: Global SDG Index Score und Dashboard für Ost- und Südasien (Quelle: Eigene Darstellung in Anlehnung an Bertelsmann Stiftung, Sustainable Development Solutions Network: SDG Index and Dashboards Report 2018, Global Responsibilities – Implementing the Goals, S. 20).

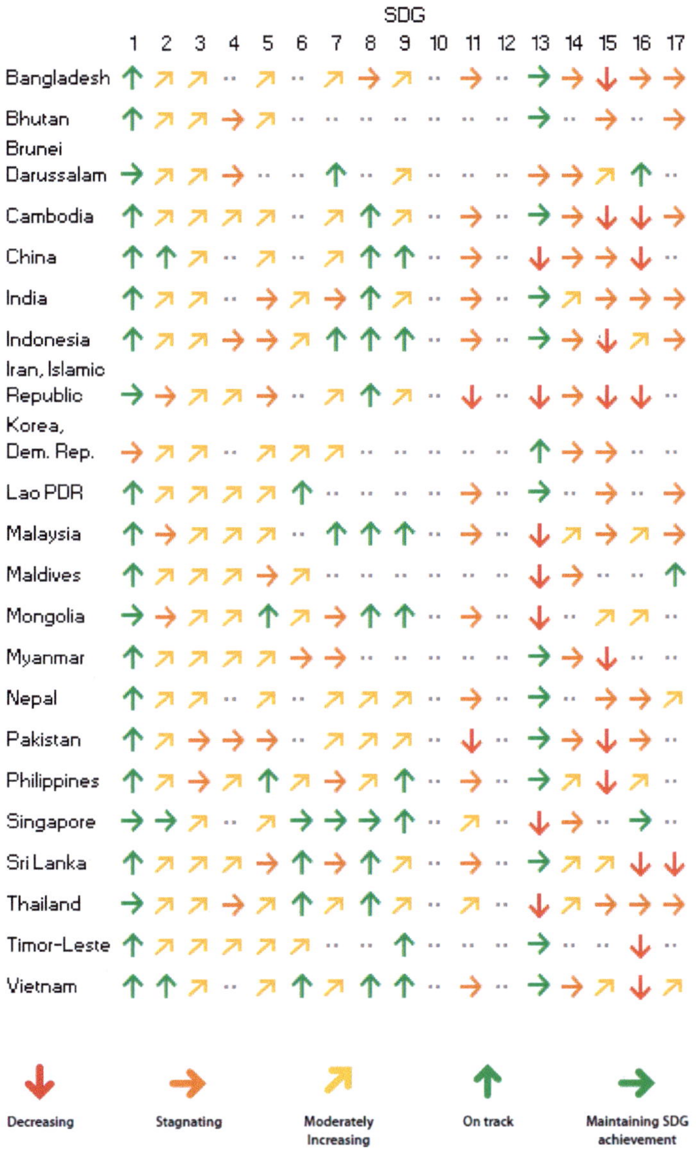

Abbildung 18: SDG Trend Dashboard für Ost- und Südasien (Quelle: Eigene Darstellung in Anlehnung an Bertelsmann Stiftung, Sustainable Development Solutions Network: SDG Index and Dashboards Report 2018, Global Responsibilities – Implementing the Goals, S. 21, 44).

Zusammenfassend lässt sich feststellen, dass Indien erhebliche Fortschritte beim Ausbau der Infrastruktur für erneuerbare Energien, besonders der Solarenergie erzielt hat. Damit ist es den Anforderungen seiner globalen Verpflichtungen im Rahmen des Pariser Abkommens und der Erfüllung der Ziele für nachhaltige Entwicklung teilweise nachgekommen. Die Nutzung sauberer Energie hat in städtischen und ländlichen Haushalten deutlich zugenommen wobei dies noch nicht flächendeckend erfolgt ist. Daher sind weitere gezielte politische Maßnahmen erforderlich. Positiv zu werten ist auch der anhaltende Rückgang der Armutsquote in der letzten Dekade. Das wird als weiterer Beleg für die positiven sozialen und wirtschaftlichen Auswirkungen einer Ökologisierung der Wachstumspfade gewertet.

Wendet man sich jedoch den Hindernissen zu, so sind besonders regionale Entwicklungsunterschiede, langsame Fortschritte in einigen Bereichen der erneuerbaren Energien wie der Windenergie und die Tatsache, dass Haushalte in verschiedenen Gebieten immer noch keinen Zugang zu sauberer Energie haben, zu nennen. Die Beschäftigungsmöglichkeiten nehmen in Indien zu, wobei sie sich jedoch auf einige wenige Bundesstaaten konzentrieren. Daher ist es notwendig, dass grüne Investitionen sowie Ausbildungs- und Arbeitnehmerprogramme im Sinne von inclusive green growth regional besser gefördert werden. So kommen Gupta et al. zu der Schlussfolgerung:

> „To sum up, while India has made significant progress in moving toward a sustainable economy, achieving development that is inclusive, participatory, fair, and environmentally sustainable requires continuous policy development, more focused outreach to rural India, and integrated planning. Future policies should focus on closing the urban–rural gap, promoting green skill training, and the development of (and support for) decentralized renewable energy systems, that future gains from green growth are both shared and inclusive." (Gupta 2025, S. 104)

8 Schlussfolgerungen

In den ersten Dekaden der Entwicklungsländerforschung entstanden bis zu Beginn der 1990er Jahre unterschiedliche Entwicklungstheorien, die sich teilweise ganz wesentlich unterschieden. In neuerer Zeit haben Postkoloniale Theorien wieder an Bedeutung gewonnen. Die Entwicklungsstrategien, die in den ersten drei Dekaden dominierten, zeigten für die Entwicklungspolitik hauptsächlich wachstumsorientierte Handlungsoptionen auf. Das änderte sich erst zu Beginn der 1990er Jahre als das Paradigma der nachhaltigen Entwicklung aufkam und global Zuspruch fand. Das Leitbild *„Nachhaltige Entwicklung"* ist eine normative Vereinbarung der Völkergemeinschaft. Der konkrete Handlungsrahmen wurde zu Beginn durch die Agenda 21 vorgegeben, die auf der Konferenz von Rio de Janeiro im Jahr 1992 von Vertretern von 178 Staaten verabschiedet wurde. Dabei sollten der Handlungsrahmen der Agenda 21 und der *„Plan of Implementation"*, wie er auf der Konferenz in Johannisburg im Jahr 2002 verabschiedet wurde, auch für die Entwicklungszusammenarbeit eine hohe Verbindlichkeit erlangen.

Die Konferenz Rio+20, die erneut in Rio de Janeiro stattfand, richtete sich auf das Leitbild einer *„Green Economy"* bei der es um die konkrete Umsetzung nachhaltiger Entwicklung geht. Eine weitere Konkretisierung des Leitbildes nachhaltiger Entwicklung fand 2015 durch die Annahme der Agenda 2030 mit den 17 SDGs statt, die für Entwicklungs- und Industrieländer gültig ist. Dadurch hat sich – zumindest vom Grundsatz her – ein einheitliches Verständnis nachhaltiger Entwicklung entwickelt. Der normative Anspruch nachhaltiger Entwicklung zielt auf die ausgewogene Umsetzung der drei Dimensionen Ökologie, Ökonomie, Soziales ab. Für die Konkretisierung einer nachhaltigen Entwicklungspolitik ist es zunächst erforderlich die drei Dimensionen inhaltlich abzugrenzen und zu konkretisieren. Entsprechend dem Anspruch des Leitbildes sollte es jedoch nicht nur um die inhaltliche Abgrenzung der drei Dimensionen gehen, sondern besonders auch um die Analyse der Komplementarität der drei Dimensionen.

Im Rahmen der Ökonomie der Nachhaltigkeit kam es zu der Kontroverse schwache versus starke Nachhaltigkeit. Der gemeinsame Ausgangspunkt ist die intergenerationelle Gerechtigkeit wonach der zukünftigen Generation ein gleiches Nutzenniveau zusteht wie der heutigen Generation. Das erfordert einen nicht sinkenden Kapitalstock. Verringert sich also das Naturkapital muss es durch mehr Sachkapital kompensiert werden (Substitutionsregel). Geht man davon aus, dass Naturkapital durch Sachkapital beliebig substituiert werden kann, kommt man zu der schwachen Nachhaltigkeit (weak sustainability). Dabei wird jedoch der Zustand von Ökosystemen vernachlässigt und es kann dazu kommen, dass kritische Grenzen von Ökosystemen überschritten werden (z.B. Klimawandel). Daher wird die schwache Nachhaltigkeit von Vertretern der Ökologischen Ökonomie abgelehnt. Sie fordern den Erhalt bzw. die Stärkung der Ökosysteme und kommen so zu der Position der starken Nachhaltigkeit (strong sustainability). Bei dieser Kontroverse geht es auch um die Frage, ob Wirtschaftswachstum und Umweltschutz vereinbar sind, wie im Rahmen des green growth bzw. inclusive green growth schon diskutiert wurde. Daher ist diese Kontroverse nicht nur von akademischem Interesse, sondern auch für Entwicklungsländer relevant. Die Erkenntnisse der theoretischen Begründungsansätze nachhaltiger Entwicklung bieten schließlich die Grundlage bzw. eine erste Orientierung für nationale Nachhaltigkeitsstrategien. Dabei geht es z.B. um die Frage, ob der schwachen oder starken Nachhaltigkeit eine Priorität zukommt.

1997 verpflichtete sich die Weltgemeinschaft darauf, dass alle Länder im Jahr 2002 eine nationale Nachhaltigkeitsstrategie vorlegen. Dieser Forderung kamen jedoch nur einige wenige Länder nach und die große Mehrzahl der Entwicklungsländer hatten hierzu nur rudimentäre Vorstellungen. Dabei entstanden sehr unterschiedliche Ansätze von Nachhaltigkeitsstrategien. 2015 einigte sich die Völkergemeinschaft schließlich auf die Agenda 2030 und die 17 SDGs als gemeinsame Grundlage für eine nationale Nachhaltigkeitsstrategie. Dabei hat sich die Völkergemeinschaft verpflichtet bis 2030 die Ziele und Unterziele, wie sie in den nationalen Nachhaltigkeitsstrategien aufgeführt werden, zu realisieren. Hierbei bietet sich die Möglichkeit der Kooperation zwischen verschiedenen Ländern an. Dazu ist festzustellen, dass sich die Industrieländer verpflichtet haben, Entwicklungsländer bei der Erstellung und Umsetzung einer nationalen Nachhaltigkeitsstrategie zu beraten und finanziell zu fördern.

Die Implementierung einer Strategie nachhaltiger Entwicklung auf der Grundlage der Agenda 2030 und den 17 SDGs setzt jedoch nicht nur ein konsistentes methodisch fundiertes Vorgehen voraus. Dazu müssen leistungsfähige Good-Governance-Strukturen als Bedingung bzw. Voraussetzung für die Entwicklung und Implementierung einer nationalen Nachhaltigkeitsstrategie geschaffen werden. Am Beispiel Indies wurde aufgezeigt, welche positiven aber auch negativen Faktoren hierzu existieren. Dabei wurde auch gezeigt, wie Good Governance Strukturen entwickelt bzw. weiterentwickelt werden können. Daraus lässt sich schließlich ableiten, welche Strukturen für die Implementierung einer nationalen Strategie nachhaltiger Entwicklung förderlich oder hemmend sind. Dies wurde an dem Beispiel von Bürokratie und Korruption konkretisiert.

Es ist zu erwarten, dass die Völkergemeinschaft die Agenda 2030 mit den 17 SDGs weiter entwickeln wird. Dies hat für die einzelnen Nationen die Konsequenz, dass sie die Weiterentwicklung wahrnehmen und in ihrer nationalen Nachhaltigkeitsstrategie berücksichtigen und umsetzen. Unabhängig hiervon sollten auch die einzelnen Entwicklungsländer ihre nationale Nachhaltigkeitsstrategie immer wieder überprüfen und weiterentwickeln. Weiterhin müssen die Indikatoren zu den einzelnen Zielen regelmäßig aktualisiert und überprüft werden, welche Fortschritte bei der Umsetzung der Ziele und ihrer Indikatoren festzustellen sind (Monitoringsystem). Wenn die vorgegebenen Ziele nicht erreicht werden, muss es zu Anpassungsmaßnahmen bzw. -prozessen kommen. Gegebenenfalls muss es bei den 17 SDGs und den Unterzielen zu neuen bzw. veränderten Prioritäten kommen. Damit wird deutlich, dass nationale Nachhaltigkeitsstrategien einem fortdauernden Prozess der Anpassung bzw. Weiterentwicklung gerecht werden müssen.

Abschließend stellt sich die Frage, warum bei der Dringlichkeit vieler Probleme wie Klimawandel, Verlust an Biodiversität, Armut und Hunger in vielen Regionen, bedrohliche Formen der Umweltbelastung, soziale Konflikte in einzelnen Ländern aber auch zwischen Ländern bzw. Regionen die Bemühungen um nachhaltige Entwicklung nicht eine deutlich höhere Dynamik aufweisen. Daran anschließend stellt sich die Frage, wie man die Dynamik lokal regional und global intensivieren kann. Obwohl einige Ursachen bekannt sind, gibt es hier noch Forschungsbedarf.

Literaturverzeichnis

Abdalla, I. S.: Heterogeneity and Differentiation. The End of 3rd World, in: Development Dialogue, Bd. 2 1978.

Abramovitz, M.: Catching up, forging ahead, and falling behind, in: The Journal of Economic History, Vol. 46, No. 2, 1986, S.. 385-406.

Ahrens, J.: Governance and Economic Development. A Comparative Institutional Approach, Cheltenham 2002.

Akude, J.E.: Theorien der Entwicklungspolitik, Ein Überblick, in: König, J., Thema, J. (Hrsg.): Nachhaltige Entwicklungszusammenarbeit, Wiesbaden 2011.

Alkin, =., Geuer, L.: Postkolonialismus und Postmigration, Münster 2022.

Allen, C., Clouth, S.: Guidebook to the Green Economy. Issue 1: Green Economy, Green Growth, and Low-Carbon Development-history, definitions and a guide to recent publication, Division for Sustainable Development, UNDESA 2012.

Aslam, A., Ghouse, G.: Targeting the new sustainable inclusive green growth: A review, in: ScienceDirect Vol. 11, 2023.

Bains, M., Herfkens, E.: Entwicklungshilfe, die bei den Ärmsten ankommt - Die Millenniumsentwicklungsziele und die Wirksamkeit der Entwicklungszusammenarbeit, OECD, Paris 2006.

Bannier, C.: Nachhaltigkeitsberichterstattung - Aktuelle Herausforderungen und Chancen für Großunternehmen und Mittelständler, in: Zwick, Y., Jeromin, K. (Hrsg.): Mit Sustainable Finance die Transformation dynamisieren, Springer 2023, S. 159-170.

Baran, P.A., Sweezy, P.A.: Monopoly Capital, New York, 1966.

Bertelsmann Stiftung; Sustainable Development Solutions Network: SDG Index and Dashboards Report 2018, Global Responsibilities-Implementing the Goals, July 2018.

Bhagwati, J.: Immiserizing growth: A geometrical note, in: Review of Economic Studies, Band 25, 1958.

Le Blanc, D.: Towards Integration at Last? The Sustainable Development Goals as a Network of Targets, DESA Working Paper No. 141, 2015.

Bleischwitz, R.: Ressourcenproduktivität – Innovationen für Umwelt und Beschäftigung, Berlin/Heidelberg 1998.

BMZ ((Bundesministerium für wirtschaftliche Zusammenarbeit und Entwicklung) Agenda 2030 - 17 Ziele für nachhaltige Entwicklung, htt:// www.bmz.de/ministe rieum/ziele/2030_agenda/index.html, 2017.

BMZ (Bundesministerium für wirtschaftliche Zusammenarbeit und Entwicklung): 2030 AGENDA for Sustainable Development - one year on, URL: http://www.bmz.de/en/zentrales_downloadachiv/ziele/2030_AGENDA_for_Sustainable_Development_one_year_on.pdf, Abrufdatum: 05.04.2017.

BMZ (Bundesministerium für wirtschaftliche Zusammenarbeit und Entwicklung): Die digitale Revolution für nachhaltige Entwicklung nutzen. Die digitale Agenda des BMZ, Bonn 2017.

BMZ (Bundesministerium für wirtschaftliche Zusammenarbeit und Entwicklung): Technologien für nachhaltige Entwicklung - Durch Digitalisierung die Wirksamkeit steigern, Bonn 2018.

BMZ (Bundesministerium für wirtschaftliche Zusammenarbeit und Entwicklung): Digitalisierung für Entwicklung, BMZ/Papier 1, Berlin 2019.

BMZ (Bundesministerium für wirtschaftliche Zusammenarbeit und Entwicklung): BMZ Toolkit 2.0 - Digitalisierung in der Entwicklungszusammenarbeit, Bonn 2019.

BMZ (Bundesministerium für wirtschaftliche Zusammenarbeit und Entwicklung): Digitaler Wandel und Entwicklungszusammenarbeit, Berlin 2024.

Boeke, J. H.: Economics and Economic Policy of Dual Societies, New York 1953.

Böll, W.: Staat und Nicht-Regierungsorganisationen in der Entwicklungspolitik - Komplementarität oder Konkurrenz, in: v. Hauff, M., Werner H. (Hrsg.): Komplementarität oder Konkurrenz? Berlin 1991, S. 3-34.

Boulding, K. E.: Die Ökonomie als Moralwissenschaft, in: Boulding, K.E.: Ökonomie als Wissenschaft, München 1976, S. 123-143.

Bourdieu, P.: Ökonomisches Kapital, kulturelles Kapital, soziales Kapital, in: Kreckel, R. (Hrsg.): Soziale Ungleichheiten, Göttingen 1983, S. 183-198.

Bregha, F. U. A.: National Strategies for Sustainable Development – Challenges, Approaches and Innovations in Strategic and Co-ordinated Action – Basel on a 19-Country Analysis, Winnipeg, Bonn 2004.

Brown, P.G., Timmermann, P. (eds.): Ecological Economics for the Anthroprocene – An emerging Paradigm, New York 2015.

Brown-Weiss, E.: In Fairness to Future Generations: International Law, Common Patrimony, and Intergenerational Equity, New York 1989.

Bundesregierung: 17 globale Ziele für nachhaltige Entwicklung, o.J., URL: http://www.bmub.bund.de/fileadmin/Daten_BMU/Bilder_Logos/ sdgs_logo_de.png.

Carlowitz, H. C. von: Sylvicultura oeconomica oder haußwirtschaftliche Nachricht und naturmäßige Anweisung zur wilden Baum-Zucht; Leipzig 1713 (Reprint Freiberg 2000).

Castro, V. et al.: Postkoloniale Theorie, 3. Aufl., Bielefeld 2015.

Chancel, l.: Bericht zur weltweiten Ungleichheit 2022. Kurzzusammenfassung ; Online: https://wir 2022.wid.world/
Chenery, H., Ahluwalia, M. S., Bell, C. L. G., Duloy, J.: Redistribution with Growth, London 1974.
Cho, C.H., Michelon, G., Patten, D.M. and Roberts, R.W.: CSR disclosure: the more things change [...]?, Accounting, Auditing & Accountability Journal, (2015) Vol. 28 No. 1, pp. 14-35.
Clarkson, P.M., Li, Y., Richardson, G.D. and Vasvari, F.P.: Revisiting the relation between environmental performance and environmental disclosure: an empirical analysis, Accounting, Organizations and Society, Vol. 33 Nos 4/5, (2008), pp. 303-327.
Colucci, A., Sanchez, S.: Strategische Rohstoffe, Geschäftsmöglichkeiten für Unternehmen, Sao Paulo 2020.
Corrado, C., Jäger, K.: Communication Networks, ICT and Productivity Growth in Europe, Ed. The Conference Board. Online: www.conference-board.orf/economi cs, zuletzt geprüft 04.06.2017.
Costanza, R., Patten, B. C.: Defining and Predicting Sustainability, in: Ecological Economics 15 (2), 1995, S. 193-196.
Dalal-Clayton, B., Bass, S.: Sustainable Development Strategies – A Resource Book, London 2002.
Daly, H. E.: Toward Some Operational Principles of Sustainable Development, in: Ecological Principles, 2, 1990, S. 1-6.
Daly, H. E.: On Sustainable Development and National Accounts, in: Collard, D., Pearce, D., Ulph, D. (eds): Economics, Growth and Sustainable Environment: Essays in Memory of Richard Lecomber, New York 1988, S. 41-56.
Daly, H. E.: Wirtschaft jenseits von Wachstum. Die Volkswirtschaftslehre Nachhaltiger Entwicklung, Salzburg 1999.
Daly, H.E., Farley, J.: Ecological Economics, 2. Ed., Washington 2013.
Decker, K.: Poverty Reduction Strategy Papers: Ein taugliches Instrument der politischen Konditionalität?, in: Nord-Süd aktuell, Bd. 17, H. 3, 2003, S. 487-92.
DEval (Deutsches Evaluierungsinstitut der Entwicklungszusammenarbeit): Nachhaltigkeit in der Deutschen Entwicklungszusammenarbeit. Meta-Evaluierung 2018, Bonn 2018.
Dfid u.a.: Poverty and Climate Change. Reducing the Vulnerability of the Poor through Adaption, London 2003.
Diefenbacher, H.: Gerechtigkeit und Nachhaltigkeit – Zum Verhältnis von Ethik und Ökonomie, Darmstadt 2001.

Diefenbacher, H.: Indikatoren nachhaltiger Entwicklung in Deutschland –Ein alternatives Indikatorensystem zur nationalen Nachhaltigkeitsstrategie, Heidelberg 2004.

Diefenbacher, H., Zieschank, R.: Woran sich Wohlstand wirklich messen lässt: Alternativen zum Bruttoinlandsprodukt, München 2011.

Diefenbacher, H., Held, B., Rodenhäuser, D.: Aktualisierung und methodische Überarbeitung des Nationalen Wohlfahrtsindex 2.0 für Deutschland 1991-2012, im Auftrag des Umweltbundesamtes, Dessau-Roßlau 2016.

Dittmar, M.: Development towards sustainability: How to judge past and proposed policies? In: Science of the Total Environment,472/2014, S. 282-288.

Dréze, J., Sen, A.: Indien – Ein Land und seine Widersprüche, München 2014.

Durth, R., Körner, H., Michaelowa, K.: Neue Entwicklungsökonomie, Stuttgart 2002.

Eckert, A.: Klonialismus, Frankfurt 2006.

Elbasha, E. H., Roe, T. L.: On Endogenous Road: The Implications of the Environmental Externalities, in: Journal of Environmental Economics and Management, No. 31, 1995, S. 240-268.

Engelkamp, P., Sell, F.L.: Einführung in die Volkswirtschaftslehre, Heidelberg 2011.

Europäische Kommission: National Sustainable Development Strategies in the European Union – A First Analysis by the European Commission, Commission Staff Working Document, Europäische Kommission, o. O. 2004.

Endres, A., Radke, V.: Indikatoren einer nachhaltigen Entwicklung; Berlin 1998.

Fischer, D., von Hauff, M.: Nachhaltiger Konsum, Wiesbaden 2017.

Fischer, K.: Corporate Sustainable Governance: Ein Konstrukt zur Analyse und Erklärung nachhaltigkeitsintendierter Steuerungsformen in einer globalen Wirtschaft, Kaiserslautern 2015.

Fischer, K.: Reichtum, Macht und Vermögensungleichheit, in: Fischer, K., Grandner, M (Hrsg.): Globale Ungleichheit. Über Zusammenhänge von Kolonialismus, Arbeitsverhältnisse und Naturverbrauch, Wien Berlin 2019, S. 301-320.

Fischer, K., Hauck, G., Boatca, M.: Handbuch Entwicklungsforschung, 2. Aufl., Springer 2023.

Frank, A.G.: Capitalism and Underdevelopment in Latin America, New York 1967.

GENANET (Leitstelle Geschlechtergerechtigkeit und Nachhaltigkeit): Stellungnahme zum Fortschrittsbericht 2004 der Bundesregierung zur nationalen Nachhaltigkeitsstrategie, Frankfurt 2004.

Georgescu-Roegen, N.: The Entropy Law and Economic Process; Cambridge 1971.

GIZ (Gesellschaft für Internationale Zusammenarbeit): Multi-Akteurs-Partnerschaften im Rahmen der Agenda 2030 - Eine Praxisorientierte Analyse von Potenzialen, Herausforderungen und Erfolgsfaktoren, Eschborn 2016.

Gleser, S.H., Schneider, S.H.: Meinungsmonitor Entwicklungspolitik 2018: Einstellungen zu Entwicklungszusammenarbeit und nachhaltiger Entwicklung, Bonn 2018.

Glokal e.V.: Das Märchen von der Augenhöhe: Macht und Solidarität in Nord-Süd-Partnerschaften, Berlin 2016.

Global Footprint Network: Total Ecological Footprint, http://data.footprintnetwork.org/#/, zuletzt geprüft am 28.05.2019.

Global Partnership for Effective Development Co-operation: First High-Level Meeting of the Global Partnership for Effective Development Co-operation: Building Towards an Inclusive Post-2015 Development Agenda, 2014. URL: http://effectivecooperation.org/wp-content/uploads/2015/01/MEMORIA-FINAL.pdf.

Göbel, E.: Neue Institutionenökonomik, München 2021.

Goerlich, H.: Good Governance und Gute Verwaltung – Zum europäischen Recht auf gute Verwaltung, in: Die öffentliche Verwaltung, Heft 8, April 2006, S. 313-323.

Grobbauer, H., Langthaler, M.: Soziale Ungleichheit - global, beständig, herausfordernd, in: Zeitschrift für internationale Bildungsforschung und Entwicklungspädagogik 45. Jahrgang, Heft 4, 2022, S. 4–9.

Grossmann, G. M., Helpman, E.: Endogenous Innovation in the Theory of Growth, in: The Journal of Economic Perspectives, 8, 1994, S. 23-44.

Grunwald, A., Kopfmüller, J.: Nachhaltigkeit, 3. Aufl., Frankfurt/New York 2022.

Gulati, S.: Indien – Ein potentieller Take-off-Kandidat? Anwendung eines institutionen-ökonomischen Erklärungsmodells, Freiburg 1999.

Gupta, A. et al.: Green growth and inclusive development: Evaluating India's progress towards a sustainable economy, in: International Journal of Research in Management 7(2) 2025, S. 99-105.

Hagemann, H.: Wachstums- und Entwicklungstheorien: Vom Beginn der 1960er Jahre bis Ende der 1980er Jahre, in: Achem, K., Nörr, K. W., Schefold, B. (Hrsg.): Der Gestaltungsanspruch der Wissenschaft, Stuttgart 2006, S. 187-212.

Hagemann, H.: Entwicklungstheorien des ausgewogenen versus unausgewogenen Wachstums, in: Kurz, H.D. (Hrsg.): Studien zur Entwicklung der ökonomischen Theorie XXXI, Berlin 2016, S. 153-180.

Hansengertha, O. et al: How to promote sustainability? The challenge of strategy spatial planning in the Vietnamese Mekong Delta, in: Zeitschrift für Umweltpolitik, Band 26, Nr. 1, 2024, S. 91-103.

Hartwick, J. M.: Intergenerational Equity and the Investing of Rents from Exhaustible Resources, in: American Economic Review, Vol. 67, Issue 5, 1977, S. 972-974.

Hauff, V. (Hrsg.): Unsere gemeinsame Zukunft – Der Brundtland-Bericht der Weltkommission für Umwelt und Entwicklung, Greven 1989.

Hauff, M., von: Nachhaltige Entwicklung – Grundlagen und Umsetzung, 3. Aufl., München 2021.

Hauff, M. von, Mistri, A.: Economic Development and Water Sustainability. Study from an emerging Nation, India, Delhi 2016.

Hauff, M. von, Jörg, A.: Nachhaltiges Wachstum, 2. Aufl., München 2017.

Hauff, M. von, Kuhnke, C., Hobelsberger, C.: Sustainable Development Policy, in: v. Hauff, M., Kuhnke, C. (eds): Sustainable Development Policy, London New York 2017, S. 3-23.

Hauff, M. von, Veling, A.: India's Need for a Sustqinability Strategy - Creating a Stable and Balanced Development, Delhi 2017.

Hauff, M. von, Schulz, R., Wagner, R.: Deutschlands Nachhaltigkeitsstrategie, Konstanz 2018.

Hauff, M. von: Nachhaltigkeit - Paradigma und Pflicht der Völkergemeinschaft, Tübingen 2024.

Hauff, M. von: Wald und Klima - Aus der Perspektive nachhaltiger Entwicklung, Tübingen 2023.

Hauff, M. von: Grundwissen Circular Economy, 2. Aufl., Tübingen 2024.

Hauff, M. von: Wachstum - Bruttoinlandsprodukt versus Inclusive Green Growth, München 2025.

Haug, S.: Soziales Kapital. Ein kritischer Überblick über den aktuellen Forschungsstand. Arbeitspapiere des Arbeitsbereiches II 15. Mannheimer Zentrum für Europäische Sozialforschung, Mannheim 1997.

Hemmer, H.R.: Wirtschaftsprobleme der Entwicklungsländer. Eine Einführung, 2.Aufl., München 2002.

Hicks, J. R.: Value and Capital. An Enquiry into some Fundamental Principals of Economic Theory, 2nd ed., Oxford 1946.

High Level Forum on Aid Effectiveness: Aktionsplan von Accra. 2008 URL: http://www.oecd.org/dac/aideffectiveness/42564567.pdf.

High Level Forum on Aid Effectiveness: Busan Partnership for effective development co-operation, 2011, URL: http://www.oecd.org/dac/aideffectiveness/49650173.pdf.

Hillebrandt, B., u. a.: Nachhaltige Entwicklung in Deutschland – ausgewählte Problemfelder und Lösungsansätze, Essen 2000.

Hirschman, A. O.: The Strategy of Economic Development, New Haven 1958 (Deutsche Übersetzung: Die Strategie der wirtschaftlichen Entwicklung, Stuttgart 1967).

Hobelsberger, C., Kuhnke, C.: Nachhaltige Entwicklungspolitik, in: v. Hauff, M., Nguyen, T. (Hrsg.): Nachhaltige Wirtschaftspolitik, Baden-Baden 2013, S. 345-382.

Hopf, W., Edelstein, B.: Chancengleichheit zwischen Anspruch und Wirklichkeit, Bundeszentrale für politische Bildung 2018.

Houdret, A. et al.: Nachhaltiges Wassermanagement durch Green Economy, Analysen und Stellungnehmen Deutsches Institut für Entwicklungspolitik, 4/2012.

Huggan, G. (Hrsg.):The Oxford Handbook of Postcolonial Studies, Oxford 2013.

Husain, M. M.: Aid Effectiveness: On the Radar and Off the Radar, in: Development Policy Review 35 (3), 2017, S. 337-348.

Idriss, L. et al.Digital Divide oder die Armut von morgen, in: Gondlach, K. et al. (Hrsg.)Regenerative Zukünfte und künstliche Intelligenz, SDG-Forschung, Wiesbaden 2024, S. 39-49.

IEA (International Energy Agency): India energy outlook, World Energy Outlook Special Report, Vienna: 2015.

Ilie, S., Rose, P.: Is equal access to higher education in South Asia and sub-Saharan Africa achievable by 2030? in: Higher Education , 72(4), 2016, S.435-455.

IEA (International Energy Agency): Energy and air pollution, World Energy Outlook Special Report, Vienna 2016.

International Institute for Environment and Development (IIED): Informality and Inclusive Green Growth: Evidence from "The biggest private sector" event, London 2016.

International Bank for Reconstruction and Development, World Bank:Poverty and Shared Prosperity 2018,Washington, 2018.

Jackson, T.: Wohlstand ohne Wachstum, 3. Aufl., München 2017.

Jayal, N. G.: Reinventing the State: The Emergence of Alternative Models of Governance in India in the 1990s, in: Jayal, N. G., Pai, S. (eds.): Democratic Governance in India – Challenges of Poverty, Development, and Identity, New Delhi 2001, S.132-151.

Jolley, H., R.: Redistribution with Growth, London 1974.

Jürgenmeyer, C.: Zwischen Mehrheits- und Konsensdemokratie: Staat und Politik in Indien, in: Dosch, J., Mols, M., Ölschläger, J.(eds.): Staat und Demokratie in Asien. Zur politischen Transformation einer Weltregion.(Politikwissenschaftliche Perspektiven 13). Berlin 2007, S.129-141.

Kapp, W. K.: Soziale Kosten der Marktwirtschaft, Frankfurt 1979.

Kaufmann, D., Kraay, A., Mastruzzi, M.: Governance Matters III: Governance Indicators for 1996-2002, The World Bank, June 30, 2003.

Kaza, S. et al.: What a Waste 2.0: A Global Snapshot of solid WasteManagement to 2050, World Bank, Washington 2018.

Kirchgässner, G.: Gibt es die ökologische und soziale Marktwirtschaft?, in: Außenwirtschaft, 57. Jahrgang, Heft IV 2002, S. 391-406.

Khor, M.: Der Brand-Bericht aus der Sicht des Südens, in: Nuscheler, F. (Hrsg.): Entwicklung und Frieden im 21. Jahrhundert, Bonn 2000, S. 98-119.
Kößler, R.: Entwicklung, Münster 1998.
KOM: Mitteilung der Kommission an das Europäische Parlament, den Rat, den Europäischen Wirtschafts- und Sozialausschuss und den Ausschuss der Regionen: Rio+20: hin zu einer umweltverträglichen Wirtschaft und besserer Governance, Brüssel 2011.
Kornprobst, T. et al.: Pst-Development für die Praxis - Wie kann Entwicklungspolitik machtkritischer werden? Deutsches Institut für Entwicklungspolitik, Bonn 2020.
Kruse, B.: Beschäftigungsprogramme als Instrument der städtischen Armutsbekämpfung in Indien, Regensburg 1997.
Lachmann, W.: Entwicklungspolitik, Band 1: Grundlagen, 2. Auflage, München/Wien 2004.
Lakshman, N.: The Political Economy of Good Governance for Poverty Alleviation Policies, Asian Development Bank, May 2003.
Lampenscherf, E. A.: Energy potential of the mountains, in: ResearchGate 2023.
Le Blanc, D.: Towards Integration at Last? The Sustainable Development Goals as a Network of Targets, 2015.
Lewis, W.A.: Unlimited Labour: Further Notes, in: The Manchester School, Band 26, 1958.
Li, M., Zhang, Y., Fan, Z., Chen, H.: Evaluation and Research on the level of Inclusive Green Growth in Asia-Pacific Region, in: Sustainability, (13), 7482, 2021, S. 1-30.
Lindelow, M., Wagstaff, A.: China's Health Sector - Why Reform Is Needed. Briefing Notes Series No. 3, Rural Health in China, The World Bank, Washington, DC 2005.
Liu, J., Yang, W.: Water Sustainability for China and Beyond. Science, Vol. 337, 2012, S. 649-650.
Loewe, M.: Relevanz der Millennium Development Goals (MDGs) für die Länder des Nahen Ostens und Nordafrikas sowie für die deutsche Entwicklungszusammenarbeit mit dieser Region, Bonn 2005.
Luks, F.: Innovationen, Wachstum und Nachhaltigkeit. Eine ökologisch-ökonomische Betrachtung in: Jahrbuch ökologische Ökonomik – Innovationen und Nachhaltigkeit, Band 4, Marburg 2005, S. 41-62.
Marscheider-Weidemann, F. et al.: Rohstoffe für Zukunftstechnologien, Berlin 2016.
Mawdsley, E., Savage, L., Kim, a. S. : A post-aid world? Paradigm shift in foreign aid and development cooperation at the 2011 Busan High Level Forum, in: The Geographical Journal, Vol. 180, No. 1, 2014, S. 27-38.
McNamara, R.: Ansprache an die Gouverneure, Nairobi 24.9. 1973.
Meadows, D., u.a.: Die Grenzen des Wachstums, Stuttgart 1972.

Menzel, U.: Entwicklungstheorie, in: Stockmann, R., Menzel, U., Nuscheler, F. (Hrsg.): Entwicklungspolitik. Theorien - Probleme - Strategien, 2. Auflage, München 2015, S. 11-159.

Merkel, W., Krück, M.: Social Justice and Democracy: Investing the Link, in: Internationale Politik und Gesellschaft, (1), 2004, S. 134-158.

Metha, V.: India's top 7 challenges, from skills to water scarcity, Online unter: https://agenda.weforum.org/2014/11/seven-key-priorities-indias-future/.

Meyer, T.: Eine Theorie der sozialen Demokratie, in: perspektiven ds 21 (1) 2004, S. 5-16.

MERCATOR: Die Digitalisierung der Kommunikation: Gesellschaftliche Trends und der Wandel von Organisationen, Science Policy Papaer 2019

Messner, D., Scholz, I.: Entwicklungspolitik als Beitrag zur globalen Zukunftssicherung, in: Faust, J., Neubert, S. (Hrsg.): Wirksamere Entwicklungspolitik: Befunde, Reformen, Instrumente, Baden Baden 2010, S. 71-100.

Michaelis, N. V.: Nachhaltige Entwicklung und programmgebundene Kreditvergabe der Weltbank, Regensburg 2003.

Myrdal, G.: Ökonomische Theorie und unterentwickelte Regionen, Stuttgart 1959.

Myrdal, G.: Das politische Element der nationalökonomischen Doktrinbildung, 2. Auflage, Bonn-Bad Godesberg 1976.

Neck, R., Schneider, F.: Wirtschaftspolitik, München 2013.

Neymayer, E.: Week versus Strong Sustainability, 4. ed., Cheltenham 2013.

North, D. C., Wallis, J. J.: Integrating Institutional Change and Technical Change in Economic History. A Transaction Cost Approach, in: Journal of Institutional and Theoretical Economics, Jg. 150, Heft 4 1994, S. 609-624.

Nurkse, R.: Problems of Capital Formation in Underdeveloped Countries, Oxford 1953.

Nuscheler, F.: Was heißt Unterentwicklung - Was heißt Entwicklung? In: Nohlen, D., Nuscheler, F. (Hrsg.): Handbuch der Dritten Welt. Grundprobleme, Theorien, Strategien, Bonn, 1992, S. 31-75.

Nuscheler, F. / Roth, M.: Die Millennium-Entwicklungsziele: ihr Potenzial und ihre Schwachstellen. Eine kritische Zusammenfassung, in: Nuscheler, F. / Roth, M. (Hrsg.): Die Millennium-Entwicklungsziele. Entwicklungspolitischer Königsweg oder ein Irrweg? EINE WELT-Texte der Stiftung Entwicklung und Frieden, Bd. 20. Bonn 2006, S. 15-42.

Nuscheler, Weltprobleme, in: Stockmann, R., Menzel, U., Nuscheler, F.: Entwicklungspolitik. Theorien - Probleme - Strategien, München 2010, S. 161-349.

Nuscheler, F.: Weltprobleme. In: Stockmann; Menzel; Nuscheler: Entwicklungspolitik. Theorien – Probleme – Strategien. 2. Auflage. Berlin/Boston 2016, S. 205-421.

Nuscheler, F., Wittmann, V.: From governance to good governance, in: v. Hauff, M., Kuhnke, C. (eds): Sustainable Development Policy, Routledge, London and New York 2017, S. 91-113.

Okombi, I.F., Ndoum Babouama, V.B.: Environmental taxation and inclusive green growth in developing countries: does the quality of institutions matter? in: Environ Sci Pollut Res 31, 2024, S. 30633-30662, https://doi.org/10.1007/s11356-024-33245-6

OECD: Towards sustainable development – Indicators to measure progress, Paris 2000.

OECD: Technologies for cleaner Production and Products – Towards technological Transformation of Sustainable Development, Paris 1995.

OECD (Organization for Economic Co-operation and Development): Strategies for Sustainable Development. Practical guidance for development co-operation. Paris 2001.

OECD (Organisation for Economic Co-operation and Development): Auf dem Weg zu umweltverträglichen Wachstum, Zusammenfassung für politische Entscheidungsträger, Paris 2012.

OECD (Organisation for Economic Cooperation and Development): Making Inclusive Growth Happen, Paris 2014.

OECD: Development Assistance Committee (DAC). URL: http://www.oecd.org/dac/dac-glossary.htm#DAC 2015a.

OECD: Aspekte der Fragilität 2015: Lassen sich die Ambitionen der Post-2015-Agenda erfüllen?, OECD Publishing, Paris, 2015b DOI:10.1787/9789264234345-de.

Ong, T., Trirekansi, T., Djajadikerta, H.G.: Hard and soft sustainability disclosures: Australia's resources industries, in: Accounting Research Journal, Vol. 29 Issue, 2, 2016, pp. 198-217.

Overland, J., Simons, K., Spagat, M.: Political Instability and Growth in Dictatorships, William Davidson Institute Working Paper Nr. 354, University of Michigan, Michigan 2000.

Pattanaik, S., Nadhanael, G.: Why persistent high inflation impedes growth? An empirical assessment of threshold level of inflation for India, in: Market Economy, 6 (2), 2013, S. 204-220.

Paul, S.: Corruption: Who will bell the cat?, Economic and Political Weekly, 7. Juni 1997, S.1350-1355.

Paul, S.: Control of Corruption And Good Governance, in: Journal of Governance and Political Analyses, Volume 1, October 2017, S. 28-38.

Pearce, G. W., Atkinson, G. D.: Capital Theory and the Measurement of Sustainable Development: An Indicator of Weak Sustainability, in: Eco-logical Economics 8 (1) 1993, S. 103-108.

Pearce, G. W., Atkinson, G. D.: The Concept of Sustainable Development, in: Schweizerische Zeitschrift für Volkswirtschaft und Statistik 134 (3) 1998, S. 251-271.

Peet, J., Bossel, H.: An Ethics-Based Systems Approach to Indicators of Sustainable Development, in: International Journal of Sustainable Development, 3. Jg., 2000, H. 3, S. 221-238.

Phan, T. et al.: A Scientific Review on the Issues of Sustainability in Vietnam During the Period from 2011 to 2021, published by IIETA and is licensed under the CC BY 4.0 license 2024, S. 1261-1270.

Piketti, T.: Das Kapital im 21.Jahrhunder, 5. Aufl., München 2022.

Pittel, K.: Nachhaltige Entwicklung und Wirtschaftswachstum, in: WiSt Heft 9, 2004, S. 537-544.

Porter, M. E., van der Linde, C.: Toward a New Conception of the Environment – Competitiveness Relationship, in: The Journal of Economic Perspectives, 9, 1995, S. 97-118.

Pradhan, P. et al.-: A Systematic Study of Sustainable Development Goals (SDG) Interactions, in: Earth's Future 2017.

Prebisch, R.: The Economic Development of Latin America and its Principal Problems, New York: United Nations 1950.

Priewe, J.: Begrenzt ökologische Nachhaltigkeit das Wirtschaftswachstum?, in: Zeitschrift für Umweltpolitik & Umweltrecht, 25. Jahrgang, 2/2002, S. 153-172.

Quibria, M. G.: Growth and Poverty Lessons from the East Asian Miracle Revisited, ADBI Research Paper 33, Tokio 2002.

Rahaman, M.M., Varis, O.: Integrated water resources management: evolution, prospects and future challenges. Sustainability: Science, Practice, & Policy 1(1):15-21, 2005. URL: http://d20nn6mxpbiih2.cloudfront.net/sspp-journal/SSPP-v1.1.rahaman.pdf.

Rao, P. K.: Sustainable Development: Economics and Policy, Oxford 2000.

Rat für nachhaltige Entwicklung: Schwerpunkte der nationalen Nachhaltigkeitsstrategie 2004 – Stellungnahme des Rates für Nachhaltige Entwicklung zum Konsultationspapier des Bundeskanzleramtes zum Fortschrittsbericht 2004, Berlin 2004.

Rawls, J.: Eine Theorie der Gerechtigkeit, Frankfurt 1979.

Ray, B.: India - Sustainable Development and Good Governance Issues, Delhi 1999.

Reller, A.: Schont die Digitalisierung Ressourcen? Kurze Bestandsaufnahme zur Dynamik der Digitalisierung, in: v. Hauff, M., Reller, A. (Hrsg.): Nachhaltige

Digitalisierung-eine noch zu bewältigende Zukunftsaufgabe, Wiesbaden 2020, S. 25-34.
Rogall, H.: Ökologische Ökonomie, 2. Aufl., Wiesbaden 2008.
Roorda, N.: Die Komplexität: Peopl, Planet und Profit, in: Roorda, N. (Hrsg.): Grundlagen der nachhaltigen Entwicklung, 2. Aufl., Heidelberg 2025.
Rosenstein-Rodan, P.: Problems of Industrialisation in Eastern and South-Eastern Europe, in: Economic Journal, 53, 1943, S. 202-211.
Rostow, W.: The Economics of Take-off into Sustained Growth, London 1963.
Rothermund, D.: Indien – Aufstieg einer asiatischen Macht, München 2008.
Sachs, J. D.: The Age of Sustainable Development, New York 2015.
Sahoo, P., et al.: Good Governance in India: A Critical Analyses, in: International Journal of Political Science and Governance, 7(7) 2025, S36-41.
Sangmeister, H., Schönstedt, A. H.: Wege und Irrwege zum Wohlstand – Theorien und Strategien wirtschaftlicher Entwicklung, Baden-Baden 2009.
Sangmeister, H.: EZ 4.0 - Chancen, Risiken und viele offene Fragen, in: Sangmeister, H., Wagner, H. (Hrsg.): Entwicklungszusammenarbeit 4.0 - Digitalisierung und globale Verantwortung, Baden Baden 2018, S. 21-32.
Scholz, I.: National strategies for sustainable development between Rio 1992 and New York 2015, in: v. Hauff, M., Kuhnke, C. (eds): Sustainable Development Policy, Routledge, London and New York 2017, S. 68-87.
Schulz, T.W.: Investing in People. The Economics of Population Quality. University of Chicago Press, 1981.
Schumpeter, J.: Theorie der wirtschaftlichen Entwicklung, Berlin 1911.
Scott, B. R.: Reflektionen über ein halbes Jahrhundert Organisationssoziologie in: Senge K., Hellmann, K.-U. (Hrsg.): Einführung in den Neoinstitutionalismus, Wiesbaden 2006, S. 201-253.
Seltemeier, R., Christ, I.: Chencen für nachhaltige Entwicklung durch Digitalisierung, in: Sangmeister, H., Wagner, H. (Hrsg.): Entwicklungszusammenarbeit 4.0 - Digitalisierung und globale Verantwortung, Baden Baden 2018, S. 33-56.
Sen, A.: Lebensstandard und Lebenserwartung, in: Spektrum der Wissenschaft (11) 1993, S. 38-45.
Sen, A.: Ökonomie für den Menschen – Wege zur Gerechtigkeit und Solidarität in der Marktwirtschaft, München, Wien 2000.
Sen, A.: The Idea of Justice, London 2010.
Sen, A.: The Ends and Means of Sustainability, in: Journal of Human Development and Capabilities, Vol. 14, No.1, 2013, S. 6-20.
Singh, S.: Governance in India: Progress, Gaps And The Path Forward, in: VIKSIT BHARAT 2025.

Spash, C.L.: The Shallow or the Deep Ecological Economics Movement? In: Ecological Economics, 93 2013, S. 351-362.
Spash, C.L.: Handbook of Ecological Economics: Nature and Society, London 2017.
Solow, R. M.: A Contribution to the Theory of Economic Growth: in: Quarterly Journal of Economics, 70 (1), February 1956, 65-94.
Solow, R. M.: Intergenerational Equity and Exhaustible Resources, in: Review of Economic Studies: Symposium on the economics of exhaustible re-sources, Vol. 41, 1974, S. 29-45.
Solow, R. M.: Sustainability: An Economist's Perspective, in: Dorfman, R., Dorfman, N. (eds.): Economics of the Environment, 3rd edition, New York 1993, S. 179-197.
Spangenberg, J. H.: Die ökonomische Nachhaltigkeit der Wirtschaft – Theorien, Kriterien und Indikatoren, Berlin 2005.
Stafford-Smith, M. et al.: Integration: the key to implementing the sustainable development goals, in: Sustainability Science 12(6), 2017, S. 911-919.
Sun, H., Mao, W., Dang, Y., Luo, D.: What inhibits regional inclusive green growth? Empirical evidence from China, in: Environmental Science and pollution research international, 29(26), 2022, S. 39790-39806.
Stiglitz, J.: Growth with exhaustible Natural Resources: Efficient and Optimal Growth Paths, in: Review of Economic Studies: Symposium on the Economics of Exhaustible Resources, Vol. 41, 1974, S. 123-137.
Stiglitz, J., Weiss, A.: Credit Rationing in Markets with Imperfect Information, in: American Economic Review, 71, 1981, S. 393-410.
Stiglitz, J.: Some Lessons from the East Asian Miracle, World Bank Research Server 11 (2) 1996, S. 174-180.
Stiglitz, J., Sen, A., Fitoussi, J.P.: Mismeasuring Our Lives. The New Press, New York 2010,
Stiglitz, J.: Der Preis der Ungleichheit - Wie die Spaltung der Gesellschaft unsere Zukunft bedroht, München 2012.
Steurer, R.: Paradigmen der Nachhaltigkeit, in: Zeitschrift für Umweltpolitik und Umweltrecht, 24. Jahrgang, 4/2001, S. 537-566.
Stockmann, R., Menzel, U., Nuscheler, F.: Entwicklungspolitik. Theorien - Probleme - Strategien, München 2010.
Stockmann, R., Meyer, W.: Evaluation of sustainable development, in: v. Hauff, M., Kuhnke, C. (eds): Sustainable Development Policy,Routledge, London and New York 2017, S. 68-87.
Stöver, J. u.a.: Strategie 2030 Indien, Hrsg. HWWI, Hamburg 2014.
Streeten, P.: Unbalanced Growth, Oxford Economic Papers, N.S., 11, 1959, S. 167-190.

Summers, L.: Herausforderung für die Entwicklungsländerforschung, in: Finanzierung und Entwicklung, Sept. 1991, S. 1-6.
Tetzlaf, R.: Neues im Nord-Süd Verhältnis? Warum die SDGs Afrika wohl nicht aus der Globalisierungsfalle helfen, in: Debiel, T. (Hrsg.): Entwicklungspolitik in Zeiten der SDGs, Essays zum 80. Geburtstag von Franz Nuscheler, Duisburg 2018.
The Earth Institute of Columbia University: How Information and Communications Technology can Accelerate Action on the Sustainable Development Goals, Final Report, Ericsson 2018.
Theobald, C.: Zur Ökonomik des Staates – Good Governance und die Perzeption der Weltbank, Baden-Baden 2000.
Todaro, P. T., Smith, S. C.: Economic Development, 13th Edition, Edinburgh u.a. 2020.
Transparency International: Global Corruption Report 2017, Berlin 2018.
Tremmel, J.: Nachhaltigkeit als politische und analytische Kategorie – Der deutsche Diskurs um nachhaltige Entwicklung im Spiegel der Interessen der Akteure, Hochschulschriften zur Nachhaltigkeit, München 2003.
Ul Haq, M.: Der Wandel in der Kreditpolitik der Weltbank, in: Finanzierung und Entwicklung, Jg. 15 (2) 1978.
UN (United Nations): Resolution adopted by the General Assembly on 25 September 2015 - 70/1. Transforming our world: the 2030 Agenda for Sustainable Development, 70. Tagung der Generalversammlung - Tagesordnungspunkte 15 und 116, New York 2015 A/Res/70/1, URL: http://www.un.org/ga/search/view_doc.asp?symbol=A/RES/70/1&Lang=E, Abrufdatum: 27.03.2017.
UN (United Nations): Realizing the Right to Development, New York, Geneva 2013.
UN (United Nations): SDG Report 2018, New York, 2018, https://unstats.un.org/sdgs/report/2018/goal-12/, Abrufdatum: 2.06.2019.
UNCED: Agenda 21, New York 1992.
UNDESA (UN Department of Economic and Social Affairs) (2002): Guidance in Preparing a National Sustainable Development Strategy: Managing Sustainable Development in the New Millennium. URL: www.un.org/esa/sustdev/publications/nsds_guidance.pdf, last accessed 25 February 2015.
UNDESA-DSD: Assessment Report on National Sustainable Development Strategies – The Global Picture 2003; o. O. 04.2004, URL: http://www.un.org/esa/sustdev/natlinfo/nsds/assessmentreport_2003.pdf.
UNEP: Green Economy – Developing Countries Success Stories, United Nations Environment Programme, New York 2010.
United Nations: High-Level Political Forum on Sustainable Development,
New York City 2025

United Nations General Assembly: A/RES/55/2 18 September 2000. United Nations Millennium Declaration, http://www.un.org/ millennium/declaration/ares552e.pdf.

United Nations General Assembly: 66th Session. "The future we want" (A/RES/55/2). New York: United Nations 2012.

United Nations General Assembly: A/RES/68/6 – 9. October 2013. Outcome Document of the Special Event to Follow up Efforts Made Towards Achieving the Millenium Development Goals, http://icpdtaskforce.org/resources/N1343981.pdf.

United Nations Department of Economic and Social Affairs: United Nations Summit to adopt the post-2015 development agenda, https://sustainabledevelopment.un.org/post2015/ summit.

United Nations Environment Programme: Keeping the promise, Annual Report, Geneva 2023.

Usher, W.: The Evolution of Postwar Doctrins in Development Economics, in: History of Political Economy. Annual Supplement to Vol. 28: The Post – 1945 Industrialization of Economics, ed. A. W. Coats 1996, S. 312-336.

Uzzi, B.: Social Structure and Competition in Interfirm Networks: The Paradox of Embeddedness, in: Administrative Science Quarterly 29 (4) 1997, S. 598-621.

Van der Veen, G., Schenau, S. und Balde, K.: Monitoring green growth in the Netherlands – Best practices for a broader international scale, Vorlage für DGINS. 2012

Varshney, A.: Democracy and Poverty. Paper presented at the conference of the World Development Report, 15-16 August, Department for International Development and Institute of Development Studies, University of Sussex 2000.

Vereinte Nationen: Ziele für nachhaltige Entwicklung - Bericht 2018, New York 2018.

Vöö, Vöw u.a.: Heidelberger Erklärung zur Umsetzung und Weiterentwicklung der Deutschen Nachhaltigkeitsstrategie, in: Ökologisches Wirtschaften – „Spezialperspektiven nationaler Nachhaltigkeitsstrategien", H. 3-4, 2003, S. 15-16.

Voigt, S.: Institutionenökonomik, 2. Auflage, Paderborn 2009.

Wackernagel, M., Rees, W.E.: Our Eclogical Footprint - reducing human impact on earth, Gabriola Island 1996.

Wan, G., Hu, X., Liu, W.: China's poverty miracle and relative poverty: Focusing on the roles of growth and inequality, in: China Economic Review, Volume 68, 2021.

Mathis Wackernagel, M., Beyers, B.: Der Ecological Footprint. Die Welt neu vermessen. Europäische Verlagsanstalt, Hamburg 2010.

WBGU: Keine Entwicklung ohne Umweltschutz: Empfehlungen zum Millennium+5-Gipfel, Berlin 2005.

Wellmer, F.-W., Drobe, M.: A quick estimation of the economics of exploration projects - Rules of thumb for mine capacity revisited-The input for estimating capital and operating costs, in BolitinGeologico Y Minero 130(1), 2019, S. 7-26.

Witt, U.: Innovationsförderung als Königsweg zur Nachhaltigkeit? In: Jahrbuch Ökologische Ökonomik – Innovationen und Nachhaltigkeit, Band 4, Marburg 2005, S. 87-94.

WELTBANK: Armut. Weltentwicklungsbericht 1990, Washington 1990.

WELTBANK: Global Economic Prospects and the Developing Countries. Washington 2000.

WELTBANK: Nachhaltige Entwicklung in einer dynamischen Welt – Institutionen, Wachstum und Lebensqualität verbessern (Weltentwicklungsbericht 2003), Washington 2003.

WELTBANK: Chancengerechtigkeit und Entwicklung (Weltentwicklungsbericht 2006), Washington 2006.

WELTBANK: Poverty Reduction and Economic Management Network (PREM), Economic Premise 2013, Washington 2013.

WELTBANK: World Development Indicators 2016, Washington 2016.

WELTBANK: International Debt Statistics, Washington 2019.

WELTBANK: World Development Report 2002: Building Institutions for Markets, New York 2002.

Welthungerhilfe: Fact-Sheet: Nahrungsmittelverschwendung - Hintergründe und Handlungsempfehlungen, Bonn 3/2021.

Wilderer, P.: Sustainable Water Supply and sanitation: backbone of civilization, in: v. Hauff, M., Kuhnke, C. (eds): Sustainable Development Policy, Lon-don New York 2017, S. 297-315.

World Economic Forum: This is the story of India's GDP growth, https://www.weforum.org/agenda/2018/04/india-s-remarkably-robust-and-resilient-growth-story, zuletzt geprüft am 28.05.2019.

Woods, N. (2008): Whose aid? Whose influence? China, emerging donors and the silent revolution in development assistance. In: International Affairs 84 (6), S. 1205-1221.

Woolcock, M.: Social Capital and Economic Development: Toward a Theoretical Synthesis and Policy Framework, in: Theory and Society, Bd. 27, Nr. 2, 1998, S. 151-208.

World Summit on Sustainable Development (WSSD): Plan of Implementation of the World Summit on Sustainable Development, in: WSSD (Hrsg.): Report of the World Summit on Sustainable Development, Nr. A/Conf. 199/20, New York 2002.

World Energy Outlook 2017; https://cdn.pixabay.com/photo/2014/04/02/16/19/map-306920_960_720.png.

WSSD (World Summit on Sustainable Development): Johannesburg Declaration, 2002.

Wu, J. et al.: Information and Communications Technologies for Sustainable Development Goals: State of the Art, Needs and Perspectives, IEEE 2018.

Zeigermann, U.: Governing Sustainable Development through 'Policy Coherence'? The production and circulation of knowledge in the EU and the OECD, in: European Journal of Sustainable Development (2018), 7, 1, S. 133-149.

Ziai, A.: The discourse of development and why the concept should be abandonet, in: Development in Practice, 23 (1), 2013, S. 123-136.

Ziai, A.: Post-Development Premature: Burials and Haunting Ghosts, in: Development and Change, 46 (4), 2015, S. 833-854.

Index

Abbildungsverzeichnis

Tabellenverzeichnis